I0876084

Kohlhammer

Interreligiöser Dialog in gesellschaftlicher Verantwortung

Herausgegeben von Heiner Köster
im Auftrag der Eugen-Biser-Stiftung

Band 3

EUGEN
BISER
STIFTUNG

Peter Antes
Heinrich de Wall (Hrsg.)

Religions- und Weltanschauungsfreiheit

Verfassungsrechtliche Grundlagen und konfessionelle Perspektiven

Verlag W. Kohlhammer

Eugen-Biser-Stiftung
Pappenheimstraße 4
80335 München
Telefon: 0 89/18 00 68-11
Telefax: 0 89/18 00 68-16
E-Mail: kontakt@eugen-biser-stiftung.de
Homepage: www.eugen-biser-stiftung.de

1. Auflage 2018

Gesamtherstellung: W. Kohlhammer GmbH, Stuttgart

Print:
ISBN 978-3-17-032212-7

E-Book-Format:
pdf: ISBN 978-3-17-032213-4

Inhalt

Vorwort

Mit dem vorliegenden Band setzt die Eugen-Biser-Stiftung ihre Publikationsreihe „Interreligiöser Dialog in gesellschaftlicher Verantwortung“ fort, die 2011 mit dem von Peter Graf und Bülent Ucar herausgegebenen ersten Band „Religiöse Bildung im Dialog zwischen Christen und Muslimen“ begründet wurde. Der zweite Band „Wandel durch Dialog. Gesellschaftliche, politische und theologische Aspekte des Dialogs zwischen Islam und Christentum“, herausgegeben von Havva Engin und Michael Reder, wurde im Jahr 2014 veröffentlicht. Der vorliegende Band behandelt das Thema „Religions- und Weltanschauungsfreiheit: Verfassungsrechtliche Grundlagen und konfessionelle Perspektiven“.

Der Band enthält in der Mehrzahl seiner Artikel erweiterte Vorträge der Veranstaltungen „Religionsfreiheit und die interreligiösen Herausforderungen angesichts von Zuwanderung“ und „500 Jahre Reformation: Umgang mit nicht behebbarer Differenz“, welche die Eugen-Biser-Stiftung in Kooperation mit der Evangelischen Akademie in Tutzing durchgeführt hat. Die Autoren sind Experten christlicher, muslimischer und humanistischer Provenienz aus verschiedenen wissenschaftlichen Bereichen; sie werfen dadurch einen interdisziplinären Blick auf das Thema „Religions- und Weltanschauungsfreiheit“.

Ausblick

Der nachfolgende vierte Band der Buchreihe wird das Themenfeld schulische und außerschulische interreligiöse Bildung behandeln, ausgehend von den Grundlagenwerken „Lexikon des Dialogs. Grundbegriffe aus Christentum und Islam“ und „Handbuch Christentum und Islam in Deutschland. Grundlagen, Erfahrungen und Perspektiven des Zusammenlebens“, die von der Eugen-Biser-Stiftung erarbeitet worden und in erster Auflage im Verlag Herder 2013 und 2014 erschienen sind.

Das interreligiöse und interkulturelle Konfliktpotential hat sich in der deutschen Bevölkerung durch die starke Zuwanderung vor allem muslimischer Flüchtlinge seit Mitte des Jahres 2015, die politischen Entwicklungen in der Türkei sowie islamistische Terroranschläge verschärft. Gleichzeitig wird durch populistische und polarisierende Äußerungen und Anschläge ein unversöhnliches Klima gegen den gesellschaftlichen Zusammenhalt geschaffen. Von den Jugendlichen und jungen Erwachsenen wird es wesentlich abhängen, ob Teilhabe in Zukunft gelingt und gesellschaftlicher Zusammenhalt gewährleistet bleibt. Dabei kommt der Fähigkeit der einzelnen Jugendlichen und jungen Erwachsenen, über ihre eigene Religion oder Weltanschauung Auskunft geben zu können und in ein gemeinsames Gespräch zu treten, hohe Bedeutung zu. Dasselbe gilt für die Kommunikationsfähigkeit und das Verstehen von unterschiedlichen Wertvorstellungen.

Mit ihren Bildungsprojekten, die sich im Wesentlichen an Jugendliche und junge Erwachsene mit heterogener Prägung richten, will die Eugen-Biser-Stiftung einen Beitrag zur Herausbildung einer gemeinsamen Wertebasis leisten. Dabei ist es notwendig, Vorurteile, Klischees und manifeste Vorbehalte gegenüber anderen bewusst zu machen und ihre Wirkung zu verstehen, um zu einer vorurteilsbewussten und damit reflexiven Haltung zu gelangen.

Der vorgesehene vierte Band wird sich demgemäß mit den von der Eugen-Biser-Stiftung seit 2015 durchgeführten Projekttagen an Gymnasien, den Erfahrungen im Rahmen von Lehrerfortbildungen, der politischen Bildungsarbeit im Bundesfreiwilligendienst und der Zusammenarbeit mit christlichen und muslimischen Jugendverbänden befassen.

Dank

Unser Dank gilt allen, die zur Fertigstellung und Publikation des Bandes beigetragen haben. In erster Linie sind hier die Autoren zu nennen. Insbesondere danken wir den Herausgebern Herrn Prof. Dr. Heinrich de Wall und Herrn Prof. Dr. Dr. Peter Antes für die kompetente Beratung und die kritische Durchsicht der Texte. Wir danken unserer wissenschaftlichen Mitarbeiterin Frau Anna Petrova für die sorgfältige redaktionelle Betreuung des Bandes sowie Sebastian Weigert und Florian Specker vom Verlag Kohlhammer für die verlegerische Unterstützung.

München, Juni 2018

Heiner Köster
Herausgeber der Schriftenreihe

Stefan Zinsmeister
Vorstand der Eugen-Biser-Stiftung

Religionsfreiheit und Religionsverfassungsrecht in Deutschland

Heinrich de Wall

1. Religionsfreiheit und Religionsverfassung in der aktuellen Diskussion

Wie in vielen europäischen Staaten sind auch in Deutschland Fragen der Religionsfreiheit Gegenstand gerichtlicher Auseinandersetzungen und in breiter Öffentlichkeit geführter Diskussionen. In der jüngeren Vergangenheit ging es beispielsweise

- um die religiös motivierte Beschneidung von Knaben,
- um den Wunsch eines muslimischen Schülers, sein Gebet in der öffentlichen Schule zu verrichten,
- um die Frage, ob einer muslimischen Mitarbeiterin in einem christlichen Krankenhaus das Tragen eines Kopftuches untersagt werden darf.

Häufig geht es dabei nicht nur um die individuelle Religionsfreiheit, sondern auch um die Tätigkeit von Religionsgemeinschaften und deren Stellung in der staatlichen Ordnung. Im letztgenannten Fall wird das besonders deutlich: Darf der Träger eines christlichen Krankenhauses, der der evangelischen oder der römisch-katholischen Kirche zugeordnet ist, seinen Mitarbeitern Vorschriften im Hinblick auf religiös motivierte Bekleidung machen? Hier steht die Religionsfreiheit der muslimischen Mitarbeiterin gegen das Interesse des christlichen Krankenhausträgers, solche religiösen Bekundungen, die mit der eigenen Religion nicht übereinstimmen, zu unterbinden. Auch in den anderen Fällen spielen Religionsgemeinschaften eine Rolle – es sind die durch sie formulierten Lehren, denen die Individuen folgen und die Religionsgemeinschaften sehen sich, wie ihre öffentlichen Stellungnahmen zeigen, auch selbst betroffen. Weitere aktuelle Beispiele für solche Fragen, bei denen es nicht nur um individuelle Religionsfreiheit, sondern auch und gerade um die Rechte von Religionsgemeinschaften geht, sind die Diskussionen um die Einführung des islamischen Religionsunterrichtes an öffentlichen Schulen und theologischer Hochschuleinrichtungen an staatlichen Universitäten in Deutschland.

Damit wird bereits der enge Zusammenhang zwischen der Religionsfreiheit und den rechtlichen Regelungen über die Verhältnisse der Religionsgemeinschaften in der Rechtsordnung deutlich. Dieses Rechtsgebiet wird in Deutschland traditionell „Staatskirchenrecht" genannt. Die Beispiele zeigen aber, dass es nicht allein um die christlichen Kirchen geht, sondern auch um nichtchristliche, insbesondere jüdische und muslimische Gemeinschaften. Daher werden zunehmend die Begriffe der „Religionsverfassung" beziehungsweise des „Religionsverfassungsrechts" etabliert, die auch ich im Folgenden benutze. Es ist eigentlich kaum eine Frage des Religionsverfassungsrechts denkbar, bei der es nicht auch um Religionsfreiheit geht. Diese enge Beziehung zwischen Religionsverfassung und Religionsfreiheit soll hier kurz verdeutlicht werden.

Was so banal klingt, ist im Einzelnen nicht unumstritten. Zwar wird ein Zusammenhang zwischen Religionsfreiheit und Religionsverfassung von niemandem geleugnet. Wie eng diese Verbindung ist, darüber wird aber durchaus kontrovers diskutiert. So wird die Rechtsprechung des Bundesverfassungsgerichts deshalb kritisiert, weil sie das Religionsverfassungsrecht in einen zu engen Zusammenhang mit der Religionsfreiheit rücke und damit „vergrundrechtliche"[1]. Damit werde, so die Kritik, dessen historischer Hintergrund übersehen. Das deutsche Staatskirchenrecht sei nur verständlich als Sonderrecht der christlichen Kirchen[2]. Es sei daher nicht auf, wie man formuliert hat, „Kulturimporte"[3] anwendbar – gemeint sind damit der Islam und muslimische Gemeinschaften.

Dieser Kritik gegenüber soll hier die enge Verbindung zwischen dem Grundrecht der Religionsfreiheit und dem Staatskirchenrecht oder Religionsverfassungsrecht hervorgehoben und damit verdeutlicht werden, dass das Religionsverfassungsrecht eine Konkretisierungs- und Ergänzungsfunktion für die Religionsfreiheit hat. Seine Einzelregelungen sind daher im Lichte der Religionsfreiheit auszulegen, die als universales Menschenrecht für jedermann und für alle Religionen gilt. Es dient nicht der Privilegierung der christlichen Kirchen, sondern der gemeinschaftlichen Ausübung jeder Religion, auch nichtchristlicher.

2. Die Religionsfreiheit und das Selbstbestimmungsrecht der Religionsgemeinschaften

Bei der Auslegung von Art. 4 I, II des Grundgesetzes (GG) selbst, der Religionsfreiheit, steht sein Charakter als Freiheitsrecht im Vordergrund. Er schützt den Bürger vor staatlichen Eingriffen in seine religiöse Freiheit. Um diesen Schutz effektiv zu gestalten, werden die Begriffe der Religion und der Religionsfreiheit inhaltlich äußerst weit ausgelegt. Der freiheitsgewährleistende Staat darf nicht durch eine enge Fassung des Begriffs der Religion und der Religionsausübung einzelne Orientierungen von vornherein aus dem

1 Siehe etwa HILLGRUBER, Christian, Der öffentlich-rechtliche Körperschaftsstatus nach Art. 137 Abs. 5 WRV, in: HEINIG, Hans Michael / WALTER, Christian (Hg.), *Staatskirchenrecht oder Religionsverfassungsrecht*, Tübingen 2007, 213ff. (passim), der freilich ebenfalls die Religionsfreiheit als eine der beiden Säulen des Staatskirchenrechts bezeichnet. In der Diskussion um die „Vergrundrechtlichung" des Staatskirchenrechts fällt auf, dass weniger um einzelne Ergebnisse der Auslegung des Rechts gestritten wird, als um grundsätzliche Einschätzungen.

2 Siehe etwa HILLGRUBER, a. a. O., 225f.

3 So wiederum HILLGRUBER, Christian, Der deutsche Kulturstaat und der muslimische Kulturimport, in: *Juristenzeitung* (JZ) 1999, 538–547, hier 538.

Freiheitsbereich ausgrenzen. Daher wird ein weiter Begriff der Religion zugrunde gelegt, der ganz unterschiedliche Orientierungen umfasst. Judentum, Christentum und Islam gehören selbstverständlich dazu.

Aus demselben Grund ebenso weit gefasst werden die Verhaltensweisen, die von der Religionsfreiheit geschützt werden. Nicht nur das Haben einer Religion beziehungsweise Weltanschauung und nicht nur kultische Handlungen werden geschützt. Vielmehr garantiert die Religionsfreiheit dem einzelnen, „sein gesamtes Verhalten an den Lehren seines Glaubens auszurichten und seiner inneren Glaubensüberzeugung gemäß zu handeln"[4]. Auch diese weite Auslegung dient der Religionsfreiheit. Der Staat muss das religiöse und weltanschauliche Verständnis der Menschen und der Gruppen zugrunde legen, deren Freiheit geschützt werden soll. Selbstverständlich ist auch die Freiheit geschützt, nicht religiös sein zu müssen.

Wie die anderen Grundrechte des Grundgesetzes dient auch die Religionsfreiheit in erster Linie dem Schutz des Bürgers vor staatlichen Eingriffen, der Abwehr von staatlichen Freiheitsbeeinträchtigungen. Die Freiheitsrechte vermitteln dagegen grundsätzlich keine Rechte auf staatliche Leistungen und regeln auch das Verhältnis zu anderen Bürgern nicht. Allerdings ist in der Rechtsprechung und Wissenschaft auch die Funktion der Grundrechte als Schutzpflichten des Staates herausgearbeitet worden. Das Bundesverfassungsgericht hat darauf hingewiesen, dass sich der unmittelbar durch die Deutsche Verfassung angeordnete Schutz der Sonn- und Feiertage (Art. 140 GG in Verbindung mit Art. 139 der Weimarer Reichsverfassung [WRV]) als Ausdruck einer staatlichen Pflicht zum Schutz der Religionsausübung verstehen lässt[5]. Damit hat das Gericht auch dieses Element des Religionsverfassungsrechts, Sonn- und Feiertagschutz, in eine enge Beziehung zur Religionsfreiheit gestellt und damit die Aussage, dass das Religionsverfassungsrecht als Konkretisierung der Religionsfreiheit zu verstehen ist, bekräftigt.

Die Religion wird üblicherweise nicht durch vereinzelte Individuen, sondern gemeinsam mit anderen Menschen ausgeübt. Für das Religionsverfassungsrecht ist es daher bedeutsam, dass die Religionsfreiheit des Grundgesetzes nicht nur die individuelle, sondern auch die kollektive Religionsausübung schützt. Darüber hinaus sind auch religiöse und weltanschauliche Vereinigungen selbst Träger der Religionsfreiheit (korporative Religionsfreiheit). Für die Religions- und Weltanschauungsgemeinschaften wird die Religionsfreiheit durch das Recht der Selbstbestimmung über die eigenen Angelegenheiten in den Schranken des für alle geltenden Gesetzes in Art. 140 in Verbindung mit Art. 137 III WRV GG ergänzt. Mit dieser ausdrücklichen Regelung zum Selbstbestimmungsrecht der Religionsgemeinschaften als eigenem Recht der Religionsgemeinschaften hat das Grundgesetz ausdrücklich hervorgehoben, was in anderen Zusammenhängen erst durch die Gerichte entwickelt werden musste. Der Europäische Gerichtshof

4 Entscheidungen des Bundesverfassungsgerichts (BVerfGE) 32, 98 (106f.), 41, 29 (49); 44, 37 (49).
5 BVerfGE 125, 39 (80 ff.).

für Menschenrechte (EGMR) hat auf der Grundlage der Art. 9 und 10 der Europäischen Menschenrechtskonvention (EMRK) beispielsweise Einflussnahmen des Staates auf die Frage, wer Vorsitzender einer Religionsgemeinschaft ist, als Eingriffe in die Religionsfreiheit eingestuft[6]. In Deutschland ist das ausdrücklich geregelt. Jedenfalls wird deutlich: Das Selbstbestimmungsrecht der Religionsgemeinschaften ist eine Verlängerung der Religionsfreiheit und kann auch aus ihr selbst abgeleitet werden.

3. Trennung von Staat und Kirche

Art. 140 GG i. V. m. Art. 137 III WRV lautet: „Es besteht keine Staatskirche". Staat und Religionsgemeinschaften sind damit in Deutschland getrennt. Trennung von Staat und Kirche beziehungsweise Religionsgemeinschaften bedeutet in erster Linie die Unabhängigkeit der jeweiligen Organisation voneinander. Damit schützt die Trennung auch die Freiheit der Religionsgemeinschaften zur Selbstbestimmung und ihre eigene Religionsfreiheit vor staatlicher Beeinflussung. Vorausgesetzt ist dabei, dass die Religion in gegenüber dem Staat eigenständigen Gemeinschaften organisiert ist. Deren Organe dürfen nicht staatliche Organe sein oder von diesen bestimmt oder abhängig sein. Trennung meint aber nicht den Ausschluss jedweden Kontakts. Sie bedeutet auch nicht, dass die Religionsgemeinschaften von der öffentlichen Diskussion und eigenem Wirken in der Öffentlichkeit ausgeschlossen sind: Wie jeder Bürger und jede Vereinigung dürfen die Religionsgemeinschaften ihre religiösen, aber auch ihre politischen Standpunkte äußern, dürfen Bildungsangebote machen etc. Sie sind Teil der pluralen Gesellschaft.

4. Die religiöse Gleichheit und die religiös-weltanschauliche Neutralität des Staates

Die Religionsfreiheit wird im religionsverfassungsrechtlichen System des Grundgesetzes durch die Gleichheit der Religionen ergänzt, die in Art. 3 III GG, sowie in Art. 33 III GG hervorgehoben wird. Der Staat darf Religionen und Weltanschauungen, ihre Anhänger und Gemeinschaften nicht aus Gründen der Religion bevorzugen oder benachteiligen. Differenzierungen aus anderen Gründen sind dagegen möglich, müssen aber aus sachlichen Gründen von hinreichendem Gewicht gerechtfertigt sein. Aus den Grundsätzen der Religionsfreiheit, der religiösen Gleichheit und der Trennung von Staat und Kirche wird der Grundsatz der religiös-weltanschaulichen Neutralität des

6 EGMR 30985/96 vom 26.10.2000 – *Hasan and Chaush / Bulgaria* (Sammlung [Slg.] 2000–XI, 117 = Entscheidungen in Kirchensachen [KirchE] 42, 444); EGMR E 45701/99 vom 13.12.2001 – *Metropolitan Church of Bessarabia and Others / Moldova* (Slg. 2001–XII, 37 = KirchE 42, 565).

Staates hergeleitet[7], der im Grundgesetz nicht ausdrücklich formuliert wird. Er besagt, dass dem Staat grundsätzlich keine Befugnis zusteht, über Richtigkeit und Qualität weltanschaulicher und religiöser Vorstellungen zu entscheiden. Dafür fehlen ihm die Maßstäbe. Er darf sich auch nicht mit einer bestimmten religiösen oder weltanschaulichen Richtung identifizieren. Der Staat darf allerdings auch nicht etwa die Religionslosigkeit seiner Bürger propagieren. Er ist, wie das Bundesverfassungsgericht formuliert hat, „Heimstatt aller Staatsbürger“[8], ohne Unterschied von Religion oder Weltanschauung.

Dem Grundgesetz ist allerdings ein Konzept, das Staat und Religion gegeneinander abschottet und den Staat dazu zwingt, die Religionen zu ignorieren, nicht zu entnehmen. Es sieht vielmehr selbst in mehreren Vorschriften das Zusammenwirken beider vor. Es beinhaltet auch Elemente der Kooperation, der Förderung und der Rücksicht auf die Besonderheiten der Religionsgemeinschaften. Staat und Religionsgemeinschaften umfassen dieselben Menschen und haben daher Berührungspunkte – Erziehung und Wissenschaft (Art. 7 GG und die Verfassungsvorschriften der Länder zu theologischen Fakultäten), die seelsorgerlichen Bedürfnisse der Soldaten und in Krankenhäusern und Strafanstalten (Art. 140 GG i. V. m. Art. 141 WRV) oder der Schutz von Sonn- und Feiertagen (Art. 140 GG i. V. m. Art. 139 WRV) sind Bereiche, in denen die Verfassungsordnung ausdrücklich religiöse Belange oder die Interessen der Religionsgemeinschaften berücksichtigt. Nach dem Verständnis des Grundgesetzes können legitime Interessen und Anliegen, die die Religionen und Religionsgemeinschaften auch in Bezug auf öffentliche Einrichtungen haben, berücksichtigt werden – aber immer unter Wahrung der Freiheit Anderer, von Gleichheit und Neutralität. Neutralität, nicht Laizität ist das Konzept des deutschen Religionsverfassungsrechts. Öffentliche Einrichtungen, insbesondere Schulen und Hochschulen, sind keine Sphären der Religionslosigkeit. Soll Religiosität hier unterbunden werden, bedarf es dafür wiederum hinreichender, aus der Verfassung selbst abzuleitender Gründe. Der Staat hat in jedem Fall gegenüber den verschiedenen Religionen und Weltanschauungen seine Neutralität zu wahren. Dementsprechend hat das Bundesverwaltungsgericht auch betont, dass es zur Religionsfreiheit eines Schülers gehört, auch in der öffentlichen Schule – außerhalb des Unterrichts – beten zu dürfen. Nur wenn der Schulfrieden dadurch gefährdet ist, darf das Gebet unterbunden werden. Auch das Tragen eines Kopftuches durch Schülerinnen wird in Deutschland als erlaubte Ausübung der Religionsfreiheit verstanden.

5. Neutralität, nicht Laizität: Der Religionsunterricht als Beispiel

Ein Beispiel dafür, wie religiöse Bedürfnisse auch in Einrichtungen des Staates berücksichtigt werden, ist der Religionsunterricht an den öffentlichen Schulen nach

7 BVerfGE 19, 206 (216).
8 BVerfGE 19, 206 (216).

Art. 7 II, III GG, der nach Religionen beziehungsweise Konfessionen getrennt abgehalten wird: als römisch-katholischer, evangelischer, orthodoxer oder jüdischer etc. Unterricht. Dieser dient nicht dazu, dass den Kindern durch den Staat die richtige Religion vermittelt und damit Loyalität zur christlichen Obrigkeit eingeübt wird, wie dies in früheren Zeiten der Fall gewesen sein mag. Vielmehr soll er ein von vielen Eltern für die Erziehung als eminent wichtig angesehenen Bereich, die Religion, den Schülern nahebringen. Damit sollen die Schüler, die nur teilnehmen müssen, wenn die Erziehungsberechtigten dies wollen, auch in religiöser Hinsicht sozialisiert werden. Der Religionsunterricht ist zu Recht als „Ausdruck wahrgenommener Religionsfreiheit durch die Eltern und Schüler" bezeichnet worden[9]. Konsequenterweise kann er für alle, auch nichtchristliche Religionen eingerichtet werden. Neben dem bereits länger existierenden christlichen und jüdischen Religionsunterricht wird in Deutschland nach und nach auch alevitischer und islamischer Religionsunterricht eingeführt. Dass dabei die Religionsgemeinschaften bei der Bestimmung der Inhalte des Unterrichts mitwirken, ist keine unzulässige Verbindung von Staat und Kirche, sondern gerade deren Trennung sowie dem Selbstbestimmungsrecht der Religionsgemeinschaften geschuldet. Nicht der Staat kann definieren, was der religiöse Inhalt des Unterrichts zu sein hat, sondern die Religionsgemeinschaften müssen das tun. Einen ähnlichen Hintergrund haben Mitwirkungsrechte der Kirchen und Religionsgemeinschaften bei der Einstellung des Lehrpersonals an Theologischen Fakultäten und anderen Hochschuleinrichtungen.

6. Fazit: Religionsverfassungsrecht als Ergänzung der Religionsfreiheit

Die hier skizzierten Grundlagen des deutschen Religionsverfassungsrechts zeigen, dass es dazu dient, auf der Basis von Religionsfreiheit, religiöser Gleichheit, Trennung von Staat und Religionsgemeinschaften und der damit verbundenen religiösen und weltanschaulichen Neutralität des Staates ein Verhältnis von Distanz und Kooperation zu schaffen. Es bietet Religionsfreiheit und Möglichkeiten der religiösen Betätigung auch für andere als die etablierten Religionsgemeinschaften. Daher ist es auch nicht verwunderlich, dass beispielsweise muslimische Gemeinschaften in Deutschland das Religionsverfassungsrecht des Grundgesetzes nicht etwa ablehnen, sondern selbst die Möglichkeiten wahrnehmen möchten, die es bietet – etwa bei islamischem Religionsunterricht oder islamisch-theologischen Hochschuleinrichtungen.

Daran wird aber auch deutlich: Die Rechtsordnung darf nicht bei der Gewährleistung rein individueller Religionsfreiheit stehen bleiben. Zur Freiheit der Religionsausübung gehört es auch, dass man sich zur Religionsausübung zusammenschließen darf und dass die so gebildete Gemeinschaft die Aufgaben erfüllen kann, auf die der Einzelne

---

9 WINTER, Jörg, Zur Anwendung des Art. 7 III GG in den neuen Ländern der Bundesrepublik Deutschland, in: *Neue Zeitschrift für Verwaltungsrecht* (NVwZ) 1991, 753–755, hier 754.

bei seinen religiösen Bedürfnissen angewiesen ist. Daher müssen auch den Religionsgemeinschaften die Freiheiten und die Rechte eingeräumt werden, die sie zur Erfüllung dieser Aufgaben benötigen. Es geht darum, den Religionen und Weltanschauungen Freiheit zur Entfaltung ihrer religiösen Lehren zu vermitteln und es den Gläubigen zu erlauben, ihr Leben auch an den Geboten ihrer Religion auszurichten. Dass dabei Konflikte nicht nur mit den Bedürfnissen des Staates, sondern auch zwischen den Rechten der beteiligten Religionsgemeinschaften und Individuen entstehen können, ist unvermeidlich – bei dem eingangs erwähnten Kopftuch-Fall stehen das Selbstbestimmungsrecht der evangelischen Kirche und die Religionsfreiheit der Muslima gegeneinander. Aber auch dabei wird deutlich: Die Religionsfreiheit ist Dreh- und Angelpunkt des Religionsverfassungsrechts.

Religionsfreiheit

Paul Kirchhof

1.

Jeder denkende Mensch will über sich selbst hinausdenken. Er fragt nach seiner Herkunft und seiner Zukunft, dem Ursprung und Ziel seines Lebens, dem Sinn und Wert seines Handelns. Er will wissen, wie aus dem Nichts ein Etwas, aus dem Etwas ein Mensch, aus dem Menschen eine Kultur geworden ist. Doch in diesem Zugang des Menschen zu sich und seiner Welt sind wir grundverschieden. Die Rechtsordnung antwortet auf diese Verschiedenheit mit dem Prinzip der Freiheit. Jeder darf in dieser höchstpersönlichen Angelegenheit seinen eigenen Weg suchen, sich von anderen unterscheiden, ein Christ sein oder einer anderen Religion angehören, religiös oder nicht religiös leben.

Voraussetzung dieser Freiheit allerdings ist, dass das Elternhaus und die staatliche Schule den Menschen in den Raum des Religiösen einführen, damit er entscheiden kann, ob die Religion für sein Leben wichtig ist. Würden wir den jungen Menschen nicht Schreiben und Lesen lehren, wäre das Buch, der Computer, die politische Wahl für ihn nicht zugänglich. Wer nicht gelernt hat, ein Musikinstrument zu spielen, für den stellt sich die Frage nicht, ob er musizieren will. Wer nie die Grundsatzantworten von Religion und Kirche auf seine Existenzfragen kennengelernt hat, wird religiös nicht freiheitsmündig, kann deshalb nicht autonom entscheiden, wie er sich selbst zu den religiösen Fragen stellen wird.

Bei dieser Einführung des Kindes in die Voraussetzungen seiner Freiheit ist selbstverständlich, dass jede Kultur zunächst ihr Lebensverständnis und ihre Lebenssicht vermittelt. An deutschen Schulen wird die deutsche Sprache gelehrt. Wir bringen unseren Kindern unsere Rechenarten bei, lehren sie, mit den bei uns verwendeten Computern umzugehen. In gleicher Weise sollten wir selbstbewusst genug sein, religiös in das Christentum einzuführen, weil dieses unsere Geschichte und unsere Gegenwart, unsere Kultur und unser Recht prägt. Dabei trifft allerdings die Familie und nicht den Staat die Erstverantwortung für die religiöse Entwicklung des Kindes. Die Eltern entscheiden, ob und an welchem Religionsunterricht ihr Kind teilnimmt.

Die Verfassung bietet Eltern und Kindern nicht Freiheit, sondern ein Freiheitsrecht, das nicht durch Faust und Fehde ausgeübt, sondern allein in der sprachlichen Auseinandersetzung vor Recht und Gerichtsbarkeit wahrgenommen wird. Das Schwert, mit dem das Recht durch Einsatz körperlicher Gewalt durchgesetzt wird, trägt grundsätzlich nur die Justitia. Die Parteien streiten allein mit der Macht des Wortes. In diesem

Rahmen des rechtlichen Friedens berechtigt die Religionsfreiheit zum Bekenntnis, zur Verkündigung, zum Gottesdienst, zur beherzten Tat von Barmherzigkeit und Nächstenliebe, zur Entfaltung eines verantwortlichen Gewissens, das sich auch gegen Prinzipien der Macht, der Ökonomie und der Selbstbezogenheit stellt.

2.

Der moderne Verfassungsstaat ist religiös-weltanschaulich neutral. Er bietet Menschen aller Religionen und aller Weltanschauungen die Möglichkeit, in der Friedlichkeit des Rechts in diesem Staat zu leben. Der Staat weiß, dass die religiöse Frage für seine Bürger wichtig ist. Er überlässt aber die Antwort auf diese Fragen – die religiöse Wahrheit – den einzelnen Menschen, den Kirchen und Weltanschauungsgemeinschaften. Wie er die private Lebensgestaltung, die Gründung von Ehe und Familie, die Wahl des Berufes oder die Nutzung des Eigentums dem Grundrechtsberechtigten überlässt, obwohl die dort getroffenen Entscheidungen für das Gelingen der Rechtsgemeinschaft existentiell sind, so gewährt er auch für den Bereich des Religiösen Freiheit.

Keine Kultur wird ohne Religion auskommen. Goethe – eher ein Religionsskeptiker – sagt in seinem West-Östlichen Divan, dass alle Epochen, in denen der Glaube herrscht, fruchtbar für Mitwelt und Nachwelt sind, alle Epochen, in welchen der Unglaube herrscht, vor der Nachwelt verschwinden. Wir stehen nicht vor der Frage, ob wir unsere Hochkultur ohne Religion fortentwickeln können. Erheblich ist allein die Frage, mit welchen Religionen wir leben wollen.

3.

In dem Bemühen um ein friedliches Zusammenleben verschiedener Religionen in einer staatlichen Gemeinschaft haben gerade wir Deutschen die Erfahrung manchen Irrweges gemacht, aber auch die inzwischen bewährte verfassungsrechtliche Lösung guter Nachbarschaft gefunden. Als die Reformation innerhalb des Christentums in Deutschland zwei religiöse Wahrheiten einander entgegenstellte, bemühten sich die Fürsten, diese Wahrheiten für sich zu beanspruchen, um ihre Macht- und Wirtschaftsinteressen letztlich kriegerisch durchzusetzen. Der wahre Glaube sollte durch weltlichen Zwang geweckt, gefördert und durchgesetzt werden. Unglaube und Irrlehre hätten kein Recht auf Duldung. Wenn man in Heidelberg, wo ich lebe, im Wald spazieren geht, sieht man noch heute Befestigungs- und Angriffsanlagen, von denen aus zunächst Tilly, dann Wallenstein die Stadt zu erobern suchten. Aus der christlichen Friedensbotschaft war der Kampf der Christen gegeneinander geworden.

Diese Erfahrung stärkt die Sehnsucht nach Frieden. Anfangs suchte man Frieden durch Regionalisierung der Religionsfreiheit. Der Untertan wurde der Religion zugeordnet, die in dem jeweiligen Fürstentum herrschte. Eine individuelle Religionsfreiheit deutete sich dann in dem Recht auf Freizügigkeit an, dem Recht auszuwandern und ein Gebiet zu suchen, in dem die eigene Religion gelebt wird. Nach und nach entwickelt sich die Gewissensfreiheit, die den Menschen zumindest das Recht gibt, ihre eigene Hausandacht zu pflegen und einem öffentlichen Gottesdienst in einem benachbarten Gebiet ihres Bekenntnisses beizuwohnen. Schließlich werden alle Menschen ohne Unterschied der Religion in den bürgerlichen Rechten gleichgestellt.

Die religiöse Toleranz ist Ausdruck der Gleichheit aller Menschen in Freiheit. Der Staat nimmt sich in seinem Wirkungsbereich zurück, überlässt Wesentliches der Selbstbestimmung der Einzelnen und der organisierten Gesellschaft. Er verzichtet insbesondere auf eine moralische Billigung oder Missbilligung des Religiösen. Er erwartet von den Religionsgemeinschaften, dass sie die religiösen Fragen beantworten, anerkennt die verschiedenen Antworten als rechtlich gleichwertig, um den inneren Frieden unter den Kirchen und Religionen nicht zu gefährden. Diese Religionsfreiheit allerdings war lange Jahre eher eine Religionszweiheit: Sie galt für Katholiken und Protestanten, nicht für andere Religionen. Erst die modernen Verfassungen, die insbesondere in USA von Auswanderern formuliert worden sind, geben allen Menschen das Recht, selbstbestimmt ihre Religion zu pflegen. Sie verstehen alle Menschen als „von Natur frei und unabhängig", ausgestattet mit „gewissen angeborenen Rechten, mit denen sie von ihrem Schöpfer begabt sind", die ihnen kein Vertrag rauben kann. Die Geburtsstunde der Menschenrechte ist auch und insbesondere die Geburtsstunde der Religionsfreiheit als Individualrecht und Jedermanns Freiheit.

Dabei beantwortet die Religionsfreiheit die jeweiligen historischen Anfragen an das Recht, hat deshalb unterschiedliche Inhalte. Die amerikanischen Auswanderer fliehen vor der Staatsgewalt, die sie zu einer bestimmten Religion zwingt. Diese Religionsfreiheit ist die Freiheit vom Staat. Die Religionsfreiheit der französischen Revolution wehrt sich gegen das alte Feudalsystem, das Menschen unterdrückt und demütigt. Zu diesem alten System gehörte auch die Kirche. Die französische Religionsfreiheit ist deshalb vor allem Freiheit von der Kirche. Die Religionsfreiheit in Deutschland setzt seit der Weimarer Verfassung auf die gute Nachbarschaft zwischen Staat und Kirche. Der Staat sichert die äußere Friedensordnung. Die Kirchen pflegen die religiöse Lehre und das religiöse Gemeinschaftsleben. Sie sind in der Regel als Körperschaften des öffentlichen Rechts organisationsrechtlich in die Nähe des Staates gerückt, haben aber Freiheits- und Autonomierechte, die sie vor staatlichen Interventionen schützen. Der Staat weiß, welche Kraft im Religiösen steckt, auch welches Missbrauchspotenzial das Religiöse in sich birgt. Deswegen pflegt und fördert er die Religionen, die Frieden stiften, eine Kultur von Ethos und Moral entfalten, den Menschen zum Denken über sich hinaus und damit zur Selbstlosigkeit veranlassen.

4.

Auch auf den toleranten Umgang mit nicht christlichen Religionen ist das Christentum vorbereitet. Nikolaus von Kues, Kardinal und Bischof von Brixen, hat im Humanismus des 15. Jahrhundert die Grundprinzipien einer friedlichen, freiheitlichen Begegnung der Religionen formuliert. Die Probleme der damaligen Zeit waren den unseren ähnlich. Muslimische Türken hatten das christliche Byzanz erobert. Die Gesellschaft war vom Ausbruch der Wissenschaften fasziniert, begleitete sie aber auch mit Angst. Die Kirche brauchte innere Reformen. Die Menschen hofften auf Frieden zwischen den politischen Mächten und zwischen den Religionen.

In dieser Lage fordert Nikolaus von Kues ein bescheidenes Denken, das die Welt und den Menschen nicht allein rational ergründen will, sondern sich im Staunen vor den neu entdeckten Geheimnissen der Welt zurücknimmt. Später wird Albert Einstein, einer der großen Naturwissenschaftler des vergangenen Jahrhunderts, Ähnliches sagen: „Das Schönste und Tiefste, was der Mensch erleben kann, ist das Gefühl des Geheimnisvollen. Es liegt allem tieferen Streben in Kunst und Wissenschaft zugrunde." Der Mensch empfindet „hinter dem Erlebbaren ein für unseren Geist unerreichbares Verborgensein, dessen Schönheit und Erhabenheit uns nur mittelbar und im schwachen Widerschein erreicht".

Nikolaus Cusanus fordert sodann ein die Religionen verbindendes Denken, das Gegensätze und Gegnerschaften der Religionen aus regionalen Besonderheiten, gewachsenen Kulturen und Riten erklärt. In der Substanz aber suchen alle Religionen, die einen Gott verehren, denselben Gott. Wenn es einen Gott gibt, kann es nur derselbe sein, den der Mensch sucht. Daraus ergibt sich der gegenseitige Respekt der Religionen, das Friedensprinzip bei der Gottsuche, die Rücksichtnahme aufeinander im alltäglichen Leben.

Auf dieser Grundlage fordert Nikolaus Cusanus die beherzte Tat, die nicht ängstlich der Vergangenheit nachtrauert, sondern die Gegenwart besser als zuvor gestaltet. Er warnt vor dem damals noch üblichen Ablasshandel, fordert mehr Denken als Dogmen, kritisiert die Überhöhung des kirchlichen Amtes, macht immer wieder bewusst, dass Gnade nicht durch Riten erkauft werden kann. Christentum ist seit jeher anspruchsvoll.

5.

Das Christentum erlebt gegenwärtig eine dynamische Verbreitung seiner Grundlehre, dass jeder Mensch kraft Geburt eine eigene Würde hat und diese unantastbar ist. Der Mensch ist – so sagt das Christentum – *imago dei*, Ebenbild Gottes. Dieser radikale Freiheits- und Gleichheitssatz wurde im Urchristentum in eine Gesellschaft gesprochen, die noch Herren und Sklaven kannte, sich jetzt aber mit der Botschaft konfrontiert sieht, dass jeder Mensch, weil er Mensch ist, in Würde Freiheit und Gleichheit beansprucht.

Dieser Elementarsatz der Verfassungsgeschichte hat dann über die Jahrhunderte hinweg Höhen und Tiefen erlebt, erreicht erst in unserer Gegenwart weltweite Verbreitung. Das Christentum, das diese Lehre im Humanismus, in der Aufklärung, in den sozialen Bewegungen des 19. und 20. Jahrhunderts erneuert hat, könnte selbstbewusst auf dieses sein Prinzip der Humanität und Friedlichkeit verweisen, behindert sich allerdings oft selbst durch dogmatische Selbsterschwerung seiner Botschaft.

Doch das dem Christentum zugrundeliegende Menschenbild ist damals wie heute überzeugend und einsichtig. Der Mensch entwickelt sich in Wissenschaft, Forschung, Wirtschaftsleben und Recht nach Prinzipien der Vernunft und Rationalität. Aber er will auch lachen und weinen, jubeln und musizieren, dichten und die Welt künstlerisch gestalten. Er will staunen, verehren, lieben, sich verzaubern lassen. Er will hoffen und glauben. Wer dieses Glück der Vielfalt und Offenheit dem modernen Menschen gönnt, findet im Christentum einen verlässlichen Partner. Hier liegt eine große Hoffnung für unsere bedrängte Gegenwart, für eine gelassene, wertungssichere Freiheit.

Zugehörigkeit und Exklusion in Religionen. Interner Pluralismus, Reform und Devianz

Peter Antes

Darstellungen über Religionen zeigen diese als jeweils in sich konsistente Einheit mit einer klaren Botschaft. Dies gilt in gleicher Weise für Selbstdarstellungen durch Vertreter der jeweiligen Religionen wie für Fremddarstellungen durch Fachleute aus der Religionswissenschaft.

So geht etwa die klassisch katholische Dogmatik davon aus, „dass es einen dogmatischen Grundbestand für den christlichen Glauben gibt: das *‚depositum fidei'*. Was davon abweicht, also deviant ist, wird als ‚Häresie' bezeichnet. Dahinter steht eine dogmatische Vorstellung von der Dogmenentwicklung, die bildlich gesprochen, das *‚depositum fidei'* wie die Knospe einer Rose sieht, die aufgeht und alles offen legt, was in ihr enthalten ist. Nichts Neues kommt folglich hinzu, es ist wie beim Kern eines Apfels, aus dem der Apfelbaum sich entwickelt, während Wildwuchs (Häresien) beseitigt und abgeschnitten (Schisma) werden muss, damit der Kern mit seinem gesunden Stamm klar herausgestellt wird und erhalten bleibt. Joseph Ratzinger verfolgt in seiner dogmatischen Auslegung des christlichen Glaubens konsequent diesen Ansatz des *‚depositum fidei'*, ohne den Terminus selbst zu verwenden. Dies gilt gleichermaßen für seine Abhandlung über ‚Auferstehung und ewiges Leben' wie für seine Ausführungen zu Jesus von Nazareth, wobei er offen erklärt, dass er dafür den Glauben zum ‚Konstruktionspunkt'[1] macht."[2] Demgegenüber weiß man aus der Exegese, dass bereits das Neue Testament und in ihm die Evangelien unterschiedliche Christusbilder enthalten, und ein Gleiches gilt auch für das frühe Christentum.[3]

Mit Blick auf den Koran ist der Befund ähnlich. Es gibt dort nicht nur die Unterscheidung zwischen den mekkanischen und den medinensischen Suren, sondern Seyed Mostafa Azmayesh zeigt, dass es in der medinensischen Zeit (622–632 n. Chr.) sogar zwei Typen von Islam gibt: eine vom *„respect for human being"* geprägte göttliche Offenbarung, die vom Propheten Mohammed vorgetragen wurde, und einen beduinischen

---

1 RATZINGER, Joseph (BENEDIKT XVI.), *Jesus von Nazareth. Erster Teil: von der Taufe im Jordan bis zur Verklärung*, Freiburg / Basel / Wien ²2007, 12

2 ANTES, Peter, Am Anfang war die Vielfalt. Anmerkungen zu Vielfalt und Devianz, in: FRANKE Edith / KLEINE, Christoph / MÜRMEL, Heinz (Hg.), *Devianz und Dynamik* (Festschrift für Hubert Seiwert zum 65. Geburtstag; Reihe: Critical Studies in Religion / Religionswissenschaft [CSRRW], Band 8), Göttingen 2014, 24–31, hier 24.

3 Vgl. dazu: CLAUSS, Manfred, *Ein neuer Gott für die Alte Welt. Die Geschichte des frühen Christentums*, Berlin 2015.

Islam, der genau das Gegenteil davon ist, den Zwang zur Bekehrung aller Nichtmuslime propagiert und sich historisch vielfach durchgesetzt hat.[4]

Im Falle des Buddhismus ist die anfängliche Vielfalt noch gewichtiger. Alle Informationen über die Anfangszeit und Lehre des Buddha setzen bereits die große Spaltung in den Theravada- und den Mahayana-Buddhismus voraus, so dass uns die Anfänge des Buddhismus nur in Form einer Vielfalt zugänglich sind, worin sich die unterschiedlichen Positionen und Auslegungen schon widerspiegeln.

Noch größer ist das Auslegungsspektrum in Religionen wie dem Judentum und dem Hinduismus, wo es keinen Konsens mehr darüber gibt, was den Grundbestand der Lehre ausmacht.[5] Trotz der von Anfang an bestehenden Vielfalt gibt es in all den genannten Religionen immer wieder Debatten über zulässige Formen der Zugehörigkeit wie über nicht tolerierbare Richtungen, die nicht mehr dazugehören sollen. Im Folgenden werden daher in einem ersten Schritt drei unterschiedliche Verhaltensmodelle vorgestellt, die in solchen Debatten eine Rolle spielen, dann wird die Frage erörtert, wer letztlich darüber entscheidet, welches Verhaltensmodell im konkreten Fall Anwendung findet. Ein Fazit fasst schließlich die Ergebnisse zusammen.

1. Drei Verhaltensmodelle

Die Religionsgeschichte lehrt uns, dass im Wesentlichen zwei Verfahrensmodelle für die Frage nach der Zugehörigkeit oder Exklusion religiöser Auslegungen entscheidend sind: Integration als Bejahung von Auslegungspluralismus und Exklusion als Verweigerung eines internen religiösen Pluralismus. Ein drittes Modell kommt schließlich noch hinzu: das freiwillige Ausscheiden aus der ursprünglichen religiösen Gruppe.

1.1 Integration als Bejahung von Auslegungspluralismus

Der Streit um das richtige Bekenntnis wurde innerhalb der Geschichte des Christentums mit besonderer Heftigkeit ausgetragen und führte am Ende zu einem internen religiösen Pluralismus von Richtungen, aus dem man den Schluss ziehen könnte, man habe sich zu mehr Vielfalt durchgerungen. Dabei ist allerdings zu bedenken: „Die wahrscheinlich in allen christlichen Gruppierungen verbreitete Überzeugung, dass es nur eine Wahrheit, folglich nur einen Weg zur Wahrheit, nur eine christliche Kirche, nur einen Körper Christi, nur einen Weg zum Heil gebe – diese Überzeugung stand jegli-

---

4 Azmayesh, Seyed Mostafa, *New Researches on the Quran. Why and how two versions of Islam entered the history of mankind,* London 2015, 213f., 240–246.

5 Vgl. dazu die entsprechenden Passagen in: Antes, Peter, *Grundriss der Religionsgeschichte. Von der Prähistorie bis zur Gegenwart*, Stuttgart 2006.

chem Kompromiss entgegen. Die Konsequenz aus der Tatsache, dass es innerhalb des heute so verstandenen antiken Christentums ebenso viele Gruppierungen gab wie außerhalb desselben, war allerdings nicht die Anerkennung der Vielfalt, sondern ein Beharren auf der eigenen Position, eine fanatische Rechthaberei, eine Verleumdung aller Andersdenkenden, letzten Endes aller Christen gegen alle."[6] Im Klartext besagt dies, dass jede Gruppe ihre Interpretation für die einzig richtige hielt und erst der Mehrheitsbeschluss auf den Konzilien die Unterscheidung zwischen der wahren und der falschen Auslegung brachte, so dass das „depositum fidei" jeweils erst im Nachhinein feststand und durchgesetzt werden konnte, wenn dazu die geeigneten Mittel und die politische Unterstützung vorhanden waren. Wo dies nicht der Fall gewesen ist, blieben auch andere Auslegungen bestehen und führten praktisch zu internem Pluralismus, ohne dass er damit theoretisch legitimiert war. Wurden Änderungen in der Auslegung akzeptiert und in das Bisherige integriert, so sprach man von Reformen.

Drei große Brüche hat die Christentumsgeschichte im historischen Verlauf zu verzeichnen und zwar ungefähr alle 500 Jahre einen:

Zunächst die Spaltung in die abendländische Reichskirche und die morgenländischen Kirchen der Armenier, Syrer, Kopten und viele andere mehr als Folge der christologischen Streitigkeiten im Zusammenhang mit den Konzilsentscheidungen von Nicäa (325), wo festgelegt wurde, dass Jesus mit Gott Vater auf einer Stufe steht, das heißt eines Wesens mit dem Vater ist, von Konstantinopel 381, wo ein Gott in drei Personen (Vater, Sohn, Heiliger Geist) zum Glaubensbekenntnis erhoben wurde, von Ephesus (431), wo von Maria ausgesagt wurde, sie habe Gottes Sohn geboren, und von Chalcedon (451), wo von Jesus ausgesagt wurde, er sei wahrer Gott und wahrer Mensch.

Die zweite große Spaltung ereignet sich innerhalb der abendländischen Reichskirche, sie findet 1054 statt: seither gibt es eine lateinische Westkirche (unter der Führung des Papstes / Bischofs von Rom) und die orthodoxen Kirchen des Ostens (unter der Führung ihrer jeweiligen Patriarchen). Ausschlaggebend hierfür waren vor allem Führungsansprüche in der Rangzuordnung unter den Kirchenführern.

Die dritte und bislang letzte große Spaltung ereignete sich innerhalb der lateinischen Westkirche im 16. Jahrhundert. Aus ihr gingen die römisch-katholische Kirche unter der Führung des Papstes und die protestantischen Kirchen hervor. Während Martin Luther und andere Reformatoren im 16. Jahrhundert sich mit ihren Reformforderungen zwar nicht in der katholischen Kirche durchsetzten, sondern nur durch eigene Kirchengründungen ihren Anliegen zum Durchbruch verhelfen konnten, wurde Jan Hus noch hundert Jahre vorher auf dem Konzil von Konstanz (1415) als Ketzer verurteilt und verbrannt.

---

6 CLAUSS, Manfred, a. a. O., 9.

Die Geschichte der Spaltungen wie die der Einigungsversuche zeigt, dass ihre Akzeptanz und ihr Erfolg meist weit mehr von den politisch-sozialen Rahmenbedingungen als von innertheologischen Diskussionen abhängen. Dabei können Eigen- und Fremdwahrnehmungen deutlich auseinanderfallen. Gerade die zuletzt erwähnte Spaltung ist hierfür ein ausdrucksvolles Beispiel: Katholizismus und Protestantismus gelten zum Beispiel in Deutschland als zwei Formen (Konfessionen) innerhalb derselben Religion des Christentums, während in China und Indonesien der Katholizismus als eine eigenständige Religion staatlich zugelassen ist ebenso wie das Christentum (= der Protestantismus) oder der Islam.

Streit um die Duldung anderer Auslegungen ist auch dem Islam nicht fremd. Spätestens seit dem Tode Alis (661 n. Chr.) gibt es bezüglich der Frage der legitimen Nachfolge des Propheten Mohammed für das Leitungsamt (Kalifat) aller Muslime drei unterschiedliche Positionen: die überwältigende Mehrheit der Muslime (Sunniten) hält zum erblichen Kalifat der Umayyaden, die Anhänger Alis (Schiiten) sprechen sich für die Führung durch einen aus der Familie des Propheten aus, während die dritte Gruppe (Kharidjiten) lediglich moralische Forderungen an die Führerpersönlichkeit stellt, selbst wenn es ein abessinischer Sklave wäre. Vor allem die Auseinandersetzungen zwischen den Sunniten und den Schiiten haben immer wieder zu internen Kämpfen geführt und sogar theoretische Debatten dahingehend ausgelöst, ob es zulässig sei, gegen die Schiiten und ihre Herrschaftsansprüche den Djihad auszurufen und militärisch gegen sie zu Felde zu ziehen. Auch wenn sich die gegenseitigen Diskriminierungen und Verunglimpfungen nicht ganz haben beseitigen und oft bis auf den heutigen Tag haben wiederbeleben lassen, so hat sich mehrheitlich die Auffassung durchgesetzt, dass Sunniten wie Schiiten als Muslime anzusehen und zu respektieren sind. Ein Gleiches gilt für die bis heute – wenn auch zahlenmäßig höchst minoritären – Untergruppen der Kharidjiten wie für manch andere Richtung innerhalb des Islam.[7]

Wie die Christen eine ursprüngliche Fremdbezeichnung für sich als Eigenbezeichnung in Antiochia (vgl. Apg 11,26) übernommen haben, so taten es die Hindus im 19. Jahrhundert für sich. Im Unterschied zu den Christen war die Bezeichnung „Hindu“ weit breiter angelegt und umfasste alle traditionellen Religionen Indiens mit Ausnahme der Stammesreligionen oder klar definierter anderer Religionen wie Buddhismus, Jainismus, Judentum, Christentum, Parsen oder Sikhs. Damit gehörten die Vishnu-Anhänger ebenso wie die Shiva-Anhänger und viele andere zu ein und derselben Religion des Hinduismus, ohne dass sie vorher darum wussten. Der Neuhinduismus ist dadurch zu einer neuen Religion geworden, deren Wesensmerkmal es ist, alle Formen der Verehrung des Göttlichen – seien sie personal oder apersonal – als einheitliches Religionsprinzip zu verstehen, gemäß der Aussage des Gottes Krishna in dem für viele Hindus heiligen Buch der Bhagavadgita:

7 Vgl. zum Thema Vielfalt im Islam: BRUNNER, Rainer (Hg.), *Islam. Einheit und Vielfalt einer Weltreligion*, Stuttgart 2016.

Auch die glaubensvoll ergeben andern Göttern Verehrung weihn,
Selbst diese ehren doch nur mich, wenn auch nicht gerade regelrecht,
Denn der Genießer und der Herr von allen Opfern bin nur ich.[8]

Demnach hat jede religiöse Form im Hinduismus ihre legitime Heimat, solange sie sich nicht zur allein gültigen erklärt und damit die anderen ausschließt. Zusammenfassend kann daher gesagt werden – wie es eine Wanderausstellung in Niedersachsen 2016–2017 gezeigt hat[9], dass alle großen Religionen: Buddhismus, Christentum, Hinduismus, Islam und Judentum durch einen internen Auslegungs- und Richtungspluralismus geprägt sind, der weit entfernt ist vom Konzept einer einheitlichen konsistenten Darstellung der vertretenen Position. In der Praxis ist diese Vielfalt dann noch viel größer, wenn man die unterschiedlichen Religionsgemeinschaften im Einzelnen dazu nimmt.[10]

1.2 Exklusion als Verweigerung eines internen religiösen Pluralismus

Die Religionsgeschichte ist reich an Beispielen, die zeigen, dass Einzelne wie ganze Gruppen aufgrund ihrer anderen Auslegung oder Interpretation nicht nur zu Häretikern erklärt, sondern oft auch aus der eigenen Gruppe ausgeschlossen und massiv verfolgt worden sind. Solches lässt sich besonders eindrucksvoll bezogen auf alle drei großen Umbrüche in der Christentumsgeschichte belegen. Besonders bemerkenswert ist dies für den Umgang mit Abweichlern in der Reformationszeit. Während alle Reformatoren gegen die durch kirchliche Autoritäten vorgegebenen Glaubensauslegungen zu Felde zogen und sich statt dessen auf die Erleuchtung des Einzelnen durch den Heiligen Geist bei der Bibellektüre beriefen, gestanden sie diese Erleuchtung den Wiedertäufern nicht zu, sondern maßen deren Aussagen am eigenen religiösen Deutungsmonopol. Eine Ausstellung im Ostfriesischen Landesmuseum Emden sowie in der Mennonitenkirche Emden zeigte 2014 unter dem Titel: „Die Wahrheit ist untödlich. Martyrium und Protestantismus“[11], wie vielen treuen Christen diese Art des Umganges mit der Wahrheit das Leben kostete. Die Auswanderung der Pilgrim Fathers aus England in die USA ist ein weiteres Beispiel für Intoleranz im Umgang mit der religiösen Wahrheit. Die Ausgrenzung von Freikirchen (zum Beispiel Baptisten, Methodisten) oder Jehovas Zeugen durch die protestantischen Landeskirchen in Deutschland galt fast bis zum Ende des 20. Jahrhunderts als Norm.

8 *Bhagavadgita – des Erhabenen Sang*, übertragen von Leopold von Schroeder, Düsseldorf 1959, 60, Neunter Gesang 23–24a.

9 Vgl. dazu Katalog von *Religramme. Gesichter der Religionen.* Eine interaktive Wanderausstellung, hrsg. vom Haus kirchlicher Dienste der Evangelisch-lutherischen Landeskirche Hannovers, Hannover 2016.

10 Vgl. dazu: *Religionen in Hannover*, hg. vom Haus kirchlicher Dienste der Evangelisch-lutherischen Landeskirche Hannovers, Hannover 2016.

11 Vgl. http://www.landesmuseum-emden.de/1432–0–3, aufgerufen am 24.4.2016.

Religiöse Intoleranz ist jedoch nicht auf das Christentum beschränkt. Beispiele dafür gibt es in allen großen Religionen. Hier soll jedoch genügen, auf den Islam als weiteres Beispiel zu verweisen. Zu nennen ist in diesem Zusammenhang das oft brutale Vorgehen der islamischen Orthodoxie gegen Mystiker (Sufis). Stellvertretend dafür sei der Fall des Mystikers al-Hallâdsch genannt, der 922 n. Chr. in Bagdad (Irak) zum Tode verurteilt und hingerichtet wurde, nur weil seine Auslegung der Religion mit der der Mehrheit der Theologen (Mutakallimûn) nicht übereinstimmte.[12] Zu erwähnen ist in diesem Zusammenhang auch der Umgang des Mainstream-Islam mit der Ahmadiyya-Bewegung: Ahmadiyya Muslim Jamaat (AMJ), die sich auf den aus dem indischen Subkontinent stammenden Mirza Ghulam Ahmad (1835–1908) als Gründer beruft.

„Anhänger der AMJ verstehen sich selbst uneingeschränkt als Muslime, gelten aber spätestens seitdem die Islamkonferenz in Mekka die AMJ in einer Rechtsauskunft (fatwa) 1974 aus der islamischen umma (Gemeinschaft) ausschloss, vielen Muslimen als heterodox.

Die wesentliche Ursache für theologische Differenzen zwischen Ahmadis und anderen Muslimen liegt im Anspruch Ghulam Ahmads begründet, der erklärte, der prophezeite Messias, Mahdi und Reformer des Islams zu sein.“[13]

Die Folge davon ist, dass die pakistanische Regierung 1984 Blasphemiegesetze erließ, „welche den Ahmadis untersagten, sich in der Öffentlichkeit wie Muslime zu verhalten oder sich als solche zu bezeichnen, da der Glaube der Ahmadis, dass es auch nach dem Propheten Muhammad einen Propheten geben könne, als ‚Beleidigung des Propheten' verstanden wird.“[14]

1.3 Freiwilliges Ausscheiden aus der ursprünglichen religiösen Gruppe

Neben dem Ausgeschlossenwerden aus der Religionsgemeinschaft gibt es auch ein freiwilliges Ausscheiden. Dies kann für Einzelne durch Konversion geschehen beziehungsweise wenn sich – wie etwa im 19. Jahrhundert in Iran – schiitische Muslime Baha'u'llah anschließen und die Religionsgemeinschaft der Bahai gründen. Ein Gleiches gilt schon früher – im 15. Jahrhundert – für die Gründung der Religionsgemeinschaft der Sikhs in Indien.

Das Christentum selbst kann hier ebenfalls als Beispiel angeführt werden. In einem längeren Distanzierungsprozess ist aus einer an Jesus als den Messias glaubenden jüdi-

12 Vgl. dazu: SCHIMMEL, Annemarie, *Al-Halladsch – Märtyrer der Gottesliebe. Leben und Legende,* ausgewählt, übersetzt und eingeleitet von Annemarie Schimmel, Köln 1968.

13 HÜBSCH, Khola Maryam, Ahmadiyya in Deutschland, in: ROHE, Mathias / ENGIN, Havva / KHORCHIDE, Mouhanad / ÖZSOY, Ömer /SCHMID, Hansjörg (Hg.), *Handbuch Christentum und Islam in Deutschland. Grundlagen, Erfahrungen und Perspektiven des Zusammenlebens*, Freiburg / Basel / Wien 2014 (2 Bände), Band 1, 171–185, hier 171.

14 HÜBSCH, Khola Maryam, a. a. O., 175.

schen Gruppierung eine eigenständige Religion geworden, die nicht nur hart gegen Abweichler in den eigenen Reihen (Häretiker) vorging, sondern ebenso gegen die Heiden und die Juden. Nach ihrem christlichen Verständnis waren nämlich nur die Christen „die wahren Juden, ihnen standen die falschen Juden gegenüber, jene also, die immer noch nicht begriffen hatten, dass der Messias längst gekommen war.“[15]

Ein besonders interessantes Beispiel, wie eine Gruppe ihre bisherige religiöse Verortung und Zugehörigkeit verlässt und eine neue Identität anstrebt, ist das Alevitentum in der Diaspora. Die in der Türkei beheimatete Religionsgemeinschaft galt über Jahrhunderte als eine im 13./14. Jahrhundert entstandene Untergruppe innerhalb des schiitischen mystisch ausgerichteten Islam. Charakteristisch für sie ist, dass sie von den fünf Säulen des Islam bis auf das Glaubenskenntnis alle anderen (fünfmaliges tägliches Gebet, Fasten im Monat Ramadan, Pflichtabgabe [*zakât*]) nicht für verbindlich hält. Zudem kennen die Aleviten keine Moscheen, sondern Versammlungshäuser (*Cemevi*), in denen keine Sitzungsordnung nach Geschlechtern getrennt besteht. Auch die Verschleierung der Frau ist bei den Aleviten unüblich.

„Seit Anfang des neuen Jahrtausends gewinnen innerhalb der alevitischen Gemeinden in Europa und Deutschland allmählich Positionen an Bedeutung, welche die eigene Glaubensrichtung außerhalb des Islams verorten und deren islamische Traditionen lediglich als religiösen Überzug bewerten.

Entscheidende Unterstützung erfuhr diese Haltung durch Hasan Kalavuz, den Vorsitzenden des höchsten religiösen Gremiums der Föderation der Aleviten-Gemeinden in Deutschland, Dedeler Kurulu – sich zusammensetzend aus den wichtigsten Autoritäten –, der 2003 öffentlich festhielt, dass sich das Alevitentum nicht mit den Grundpfeilern des Islams decke und daher ‚eine eigenständige Religion‘ darstelle. Diese Positionierung forcierte die Spaltung der alevitischen Glaubensgemeinde in der Migration, die mittlerweile darüber diskutiert, ob ein ‚Alevitentum ohne Ali‘ möglich ist. Die Diskussionen mündeten in jüngster Zeit in den Ausspruch ‚der Ali der Aleviten ist nicht der wahhabitische Ali‘.“[16]

Tatsache ist, dass die Diskussion um die Zugehörigkeit des Alevitentums zum Islam unter den Aleviten in der Migration deutlich an Schärfe zugenommen hat, weil sich viele junge Aleviten mit dem islamischen Erbe nicht mehr identifizieren wollen und die Anerkennung ihrer Religionsgemeinschaft als Körperschaft des öffentlichen Rechts anstreben. Andererseits blieben aber auch die muslimischen Reaktionen auf diese Debatte nicht aus. Bezeichnend dafür ist, dass der zwischen der Niedersächsischen Landesregierung und den islamischen Verbänden DITIB und Schura ausgehandelte und 2016 in die Anhörung gegebene Staatsvertragsentwurf die Aleviten nicht einschließt, sondern auf Betreiben von DITIB und Schura ein eigener Vertragsentwurf mit der alevitischen Gemeinde ausgehandelt werden musste, was die angestrebte Abspaltung höchst amtlich unterstützt und gewissermaßen besiegelt.

---

15 CLAUSS, Manfred, a. a. O., 15.

16 ENGIN, Havva, Das Alevitentum – der vorderasiatische ‚Kultur-Islam‘, in: *Handbuch Christentum und Islam in Deutschland. Grundlagen, Erfahrungen und Perspektiven des Zusammenlebens*, Band 1, 129–170, hier 156.

2. Wer entscheidet letztlich über Zugehörigkeit und Exklusion?

Mit Blick auf das frühe Christentum gilt: „Im Zentrum der Entscheidungen über den richtigen Weg, sei es im Streit um die Natur Christi oder in anderen Auseinandersetzungen, stand stets der Herrscher. Und alle, ob Konstantin, Constans, ConstantiusII. oder Theodosius I., waren von Beratern umgeben, die wir allerdings häufig nicht kennen. Bei Theodosius II. können wir zwei Frauen ausmachen, die sich in seiner unmittelbaren Nähe aufhielten und über erheblichen Einfluss verfügten: die Kaiserinnen Pulcheria (399–453), seine Schwester, und Athenaïs (400–460), die Gattin des Herrschers. [...] Einer der zentralen Bereiche, in denen die beiden Kaiserinnen gegensätzliche Positionen vertraten, war die Religionspolitik, und so geriet schließlich auch Christus, besser gesagt der Streit um die Natur Christi, zwischen die zwei Frauen. Was Pulcheria wie Athenaïs dazu bewog, sich für die eine oder andere Seite zu engagieren, wissen wir nicht. Es drängt sich der Verdacht auf, dass die Entscheidung der einen Frau die andere unweigerlich auf die Gegenposition festlegte.“[17]

Es ist das Bündnis mit der politischen Macht, das über Zulässigkeit oder Exklusion bestimmter theologischer Auslegungen entscheidet. Das Überleben des Arianismus unter den Germanen ist allein dadurch begründet, wobei nicht nur der Herrscher selbst, sondern auch einflussreiche Persönlichkeiten aus seiner Entourage dafür ausschlaggebend sein konnten. Gleiches gilt für den erfolgreichen Verlauf der Reformation. Ohne die Unterstützung durch Friedrich III. von Sachsen und andere Fürsten des Reiches wäre Luther sicher ebenso als Ketzer verbrannt worden wie vor ihm Jan Hus und andere. Nicht anders ist die Situation für die Muslime: die Verurteilung der Ahmadiyya-Bewegung als nicht islamisch oder das freiwillige Ausscheiden einer religiösen Richtung des Alevitentums aus der bestehenden islamischen Religionsgemeinschaft, wenn sich dafür eine Chance bietet.

Fazit

Kein anderes Kriterium als das Bündnis zwischen theologisch dominierenden Gruppen und der politischen Macht ist letztlich für die Umsetzung von Entscheidungen im Sinne von Zugehörigkeit und Exklusion ausschlaggebend.

17 CLAUSS, Manfred, a. a. O., 427f., 429.

Religionsfreiheit aus christlicher Sicht*

Richard Heinzmann

1.

Von seinem Ursprung her und seinem Wesen nach ist das Christentum eine Religion der Freiheit. Diese Feststellung ist nicht interpretationsoffen, sie gilt ohne jeden Vorbehalt und ohne jede Einschränkung. In den biblischen Schriften findet sich zwar keine Abhandlung über Freiheit, ganz zu schweigen von einer ausdrücklichen Reflexion auf dieses Problem. Das Evangelium setzt jedoch als Ganzes Freiheit voraus. In seinen Worten – und noch mehr in seinem Tun – bezeugt Jesus, dass seine Botschaft ein „Ruf der Freiheit" ist, die sich in der Liebe realisiert (Ernst Käsemann).

Nach dem Zeugnis der Schrift hat Gott aus Freiheit die Welt geschaffen und in Freiheit eine Geschichte mit dem Menschen aufgenommen. Gott hat den Menschen als denkendes und damit freies Wesen geschaffen, deshalb muss der Mensch in Freiheit auf den Anruf Gottes antworten, wo immer dieser ihn trifft. Der Mensch ist moralisches Subjekt, in seiner Freiheit befindet er über sich selbst, in Verantwortung vor Gott ist er Herr seines Handelns. Deshalb muss auch der Glaube an Gott ein Akt personaler Freiheit sein. Im Glaubensvollzug verwirklicht sich der Mensch – Gott antwortend und damit in Verantwortung vor Gott – als Person. Alle wesentlichen Sachverhalte, von denen die Offenbarung spricht, setzen dieses Verständnis des Menschen als Wesen endlicher Freiheit voraus. Zwang und Glauben schließen sich gegenseitig aus. Dafür stehen große Zeugen der christlichen Tradition der ersten Jahrhunderte – wie etwa Paulus und Ambrosius – oder des Mittelalters – wie beispielsweise Peter Abaelard und Thomas von Aquin.

Vorher jedoch kam es bereits bei Augustinus (354–430) zur Krise und schließlich zum Bruch mit der genuin christlichen Freiheitslehre. Die weitere Geschichte der Kirche steht, was diese zentrale Frage betrifft, in diametralem Gegensatz zur ursprünglichen Botschaft. Was waren die Gründe für diesen Bruch, für diese folgenschwere falsche Weichenstellung, welche die Kirche für Jahrhunderte bis an die Grenze ihrer christlichen Identität belasten sollte?

---

* Der Text geht auf einen Beitrag von Richard Heinzmann zurück, der unter dem Titel „Religionsfreiheit und der Wahrheitsanspruch der Religionen" veröffentlicht wurde in: HEINZMANN, Richard (Hg.), *Kirche – Idee und Wirklichkeit. Für eine Erneuerung aus dem Ursprung*, Freiburg i. Br., 2014, 172–179.

2.

Der tiefste Grund für diese Fehlentwicklung liegt in der Begegnung des jungen Christentums mit der griechischen Philosophie der Spätantike. Dieser philosophische Horizont, mit dem die frühe Kirche konfrontiert wurde, gibt dem Allgemeinen der Idee den unbestrittenen Vorrang vor dem Einzelnen. Der christliche Personalismus konnte sich in diesem Denkhorizont nicht entfalten. Die allgemeine Wahrheit der christlichen Botschaft und das durch diese Botschaft vermittelte Heil standen im Vordergrund theologischer Reflexion. Der Glaubensakt des einzelnen Menschen und damit der geschichtliche Vollzug wurden mit solchem Nachdruck auf den Inhalt bezogen, dass der subjektive Aspekt, und damit das Element der Freiheit, stark in den Hintergrund traten. Das hatte unmittelbar zur Folge, dass die Liebe, die im Glaubensakt ihren Ausdruck findet, dem Gehorsam, der sich auf die Inhalte des Glaubens bezieht, untergeordnet wurde.

Augustinus kommt gerade wegen seiner grundsätzlichen Bedeutung für die Theologie in diesem Prozess eine besonders verhängnisvolle Rolle zu. Er hat in seiner späten Schaffensphase nicht nur die Religionsfreiheit abgelehnt, sondern ausdrücklich zur Gewaltanwendung aufgerufen. Zunächst war er der Überzeugung, niemand dürfe zum Glauben gezwungen werden. In der praktischen Auseinandersetzung mit Häretikern wandelte sich seine Überzeugung. Wenn es um das Heil geht, darf der Mensch nicht nur, er muss sogar dazu gezwungen werden.

Auch in der Beurteilung der Kirche geht Augustinus über seine frühere Position hinaus, indem er sie in seiner späten Phase mit der transzendenten Wahrheit selbst gleichsetzt. Unter diesen Voraussetzungen ist Religionszwang dann nicht nur erlaubt, sondern auch besser als Toleranz. Damit ist die Grundlage geschaffen, auch politische Macht in Anspruch zu nehmen und deren Einsatz zur Durchsetzung religiöser Wahrheit zu rechtfertigen. So steht am Ende bei Augustinus das verhängnisvolle und christlichem Geist zutiefst widersprechende Wort: „*compellite intrare* – zwingt sie einzutreten“ (Epistula 93, II 5). Die Verwerfung der Religionsfreiheit war damit theoretisch begründet. Es gilt nun der Grundsatz: „*extra ecclesiam nulla salus* – außerhalb der Kirche kein Heil“! Augustinus vertrat schließlich die Meinung, Zwang als solcher sei neutral, entscheidend sei allein, wozu jemand gezwungen werde.

Einen starken Impuls erhielt diese Entwicklung dadurch, dass das Christentum unter Kaiser Theodosius zur Staatsreligion (392) wurde. Es nahm die Stelle des heidnischen Staatskultes ein und wurde zur offiziellen Religion des Römischen Reiches. Von Verfolgten wurden die Christen zu Verfolgern.

Die weitere Profangeschichte des Christentums entwickelt sich – auch nach der Kirchenspaltung –, was die Würde des Menschen und damit die Religionsfreiheit betrifft, aus diesen Vorentscheidungen mit einer gewissen inneren Notwendigkeit. Man braucht nur an die Stichworte „Inquisition“, „Kreuzzüge“, „Zwangsmissionierung“ oder „Hexenverbrennung“ zu erinnern, um einzusehen, dass solches Verhalten mit dem Christentum nichts zu tun hat. Für Jahrhunderte wurde die christliche Botschaft nun in einem ihrer zentralen Anliegen durch eine antichristliche Theorie und Praxis geprägt.

3.

Noch im 19. Jahrhundert – die Aufklärung hatte bereits großen Einfluss auf das abendländische Denken – hat das katholische Lehramt in zahlreichen Verlautbarungen die Religionsfreiheit mit größter Entschiedenheit verworfen. Gleichwohl hat die Theologen über die Jahrhunderte dieses zentrale Problem nicht losgelassen. Ihre Bemühungen kamen schließlich auf dem Zweiten Vatikanischen Konzil (1962–1965) zum Durchbruch und zum Tragen.

Zum Abschluss des Konzils wurde *„Dignitatis humanae"* (DH), die Erklärung über die Religionsfreiheit, verabschiedet. Obwohl diese Declaratio vom Freiheitsbewusstsein des heutigen Menschen ausgeht, versteht sie sich nicht als Zugeständnis an eine zufällige Zeitströmung, sie nimmt vielmehr die geschichtliche Situation zum Anlass, über die Sache selbst neu und grundsätzlich nachzudenken.

Besondere Beachtung verdient die Tatsache, dass zunächst eine *allgemeine Grundlegung der Religionsfreiheit* geboten wird. Sie stützt sich – und das ist von außerordentlich hohem Gewicht – ausschließlich auf die menschliche Vernunft. Die Argumentation ist unabhängig von jeder religiösen oder weltanschaulichen Vorgabe und deshalb von jedem Menschen nachvollziehbar und überprüfbar. Danach betrachtet sie die auf rationale Weise aufgezeigte Würde der Person und die daraus resultierende Religionsfreiheit *im Lichte der Offenbarung*. Das Recht auf religiöse Freiheit, so erklärt das Konzil, ist „auf die Würde der menschlichen Person begründet, so wie sie durch das offenbarte Wort Gottes und die Vernunft selbst erkannt wird" (DH 2).

Als Person, als Bild Gottes, wie es in der Schrift heißt, trägt der Mensch seinen Sinn in sich selbst. Er existiert nicht als Funktion in einem größeren Ganzen, sondern um seiner selbst willen und muss deshalb seine Existenz in Freiheit vollziehen. Dazu zählt an erster Stelle die freie Glaubensentscheidung. In dieser Singularität steht der Mensch in unvertretbarer Verantwortung vor Gott, und darin gründet seine unantastbare Würde. Dieses Verständnis des Menschen hat seine tiefsten Wurzeln im jüdisch-christlichen Glaubensdenken. Wenngleich die Offenbarung die Religionsfreiheit als solche nicht ausdrücklich lehrt, so impliziert sie doch die Prinzipien, aus denen Religionsfreiheit mit Notwendigkeit abgeleitet wird (vgl. DH 9).

Diese Existenzweise der Person konkretisiert sich im Gewissen, an das der Mensch, selbst wenn er subjektiv irrt, unablösbar zurückgebunden bleibt. Das konkrete Gewissen steht seinerseits immer unter dem Anspruch der Wahrheit oder zumindest des Suchens nach der Wahrheit. Daraus folgt die zentrale Aussage: Der Mensch „darf also nicht gezwungen werden gegen sein Gewissen zu handeln. Er darf aber auch nicht daran gehindert werden, gemäß seinem Gewissen zu handeln, besonders im Bereiche der Religion" (DH 3).

Freiheit – und somit auch Religionsfreiheit – resultiert aus dem von Gott gewollten Wesen der Person. Es ist keine Anmaßung des Menschen, Gott nimmt vielmehr, wie es in unserem Text weiter heißt, „Rücksicht auf die Würde der von ihm geschaffenen menschlichen Person, die nach eigener Entscheidung in Freiheit leben soll" (DH 11).

Es gibt keine Instanz, die den Menschen zwingen dürfte und könnte, gegen seine Einsicht und Überzeugung zu handeln, und zwar auch unter Berücksichtigung der Tatsache, dass sich der Mensch irren kann. Das gilt auch für Gott selbst, denn er hat den Menschen in solchem Maß an sein Gewissen gebunden, dass er durch Zwang den Menschen als Wesen der Freiheit zerstören würde. Religiöse Freiheit ist deshalb nicht nur ein Recht, auf das man bei Bedarf verzichten könnte, sondern sie ist auch eine Pflicht. Sie gründet nicht „in einer subjektiven Verfassung der Person, sondern in ihrem Wesen selbst" (DH 2).

Aus diesen Überlegungen ergibt sich eine Konsequenz von universaler Tragweite: Die Religionsfreiheit zählt zu den Menschenrechten. Religionsfreiheit wird nicht von irgendjemandem verliehen oder zugestanden, man hat sie nicht, weil man einer bestimmten Religion oder einem bestimmten Volk oder Staat angehört, sondern ganz einfach, weil man Mensch ist. Sie kann deshalb auch von keiner weltlichen oder geistlichen Instanz aberkannt werden. Diese Freiheit findet nur dort ihre Grenzen, wo Recht und Würde anderer Menschen und wo „die gerechten Erfordernisse der öffentlichen Ordnung" verletzt werden (DH 4).

Schließlich noch ein letzter Gedanke. Als Person ist der Mensch von Natur aus Mitmensch. Diese dialogische Struktur bringt es mit sich, dass das Recht auf Religionsfreiheit auch eine gesellschaftliche Dimension hat. Nicht nur der Einzelne muss frei sein von Zwang in religiösen Dingen, auch die religiösen Gemeinschaften, die aus der sozialen Natur des Menschen von selbst erwachsen, haben diesen Anspruch – ein Sachverhalt von bedrängender Aktualität. Unter dem Vorbehalt, dass die berechtigten Belange der „öffentlichen Ordnung nicht verletzt werden" (DH 4), haben religiöse Gemeinschaften das Recht, nach ihren eigenen Normen den öffentlichen Kult auszuüben und ihr Leben nach ihren eigenen religiösen Grundsätzen zu ordnen. Sie müssen ihre Amtsträger frei wählen können und dürfen „bei der öffentlichen Lehre und Bezeugung ihres Glaubens in Wort und Schrift" (DH 4) keine Behinderung erfahren. Auch müssen solche Gemeinschaften darin frei sein, die „besondere Fähigkeit ihrer Lehre zur Ordnung der Gesellschaft und zur Beseelung des ganzen menschlichen Tuns zu zeigen" (DH 4).

Während der Anspruch des Einzelnen auf Religionsfreiheit im allgemeinen als berechtigt respektiert wird, tun sich viele Zeitgenossen schwer, das damit unmittelbar gegebene gleiche Recht religiöser Gemeinschaften nicht nur notgedrungen zu akzeptieren, sondern ebenso als Menschenrecht anzuerkennen und dafür einzutreten.

4.

Der folgenschwere Bruch mit dem Ursprung, von dem eingangs die Rede war, wurde mit der *Declaratio* grundsätzlich überwunden. Mit der Rückkehr zur Anthropozentrik hat sich christliches Denken erneut an seinen genuinen Wurzeln ausgerichtet. Das bedeutet einen Wandel bei der Setzung der Prioritäten. An die Stelle des Anspruchs der Wahrheit formulierter Sätze und Glaubenslehren traten das Recht und die Würde des einzelnen Menschen. In diesem Vorgang hat sich die Grundeinsicht durchgesetzt: Religionsfreiheit impliziert kein Urteil über die Wahrheit einer Religion, sie zählt vielmehr zu den universalen und unverzichtbaren Menschenrechten.

Das Christentum als Religion der Freiheit ist offen für den heute so notwendigen und unverzichtbaren interreligiösen Dialog.

Religionsfreiheit und religiös begründete Gewalt aus islamischer Sicht – ein koranhermeneutischer Beitrag

Ömer Özsoy

1. Einführung

Der Islam steht nicht erst seit den zeitgenössischen Anschlägen in Amerika und Europa unter dem Generalverdacht, eine Religion des Krieges und der Gewalt zu sein. Vielmehr gehen die Wurzeln dieses Verdachtes und der Angst vor dem Islam größtenteils auf das christliche Mittelalter zurück.[1] Auch sind sie noch in vielen Publikationen der westlichen Islamforscher aus dem 19. und 20. Jahrhundert zu spüren und kamen nicht zuletzt vor wenigen Jahren wieder in der Regensburger Rede des vormaligen Papstes Benedikt XVI. erneut zum Vorschein. Dem jetzigen Papst Franziskus möchte ich deshalb meinen herzlichen Dank dafür aussprechen, dass er während seiner Afrikareise, die er im November 2015 nur wenige Tage nach den Terroranschlägen in Paris antrat, seinen Vorgänger korrigierte und vor einer pauschalen Verurteilung des Islams und der Muslime warnte. Man könne eine Religion nicht für ungültig erklären, weil es einige Gruppen – oder an einem Punkt der Geschichte viele Gruppen – gebe, die Fundamentalisten seien. Die Terroristen seien einfach gottlos und es habe in der Geschichte schon immer religiös motivierte Kriege und Konflikte gegeben. Auch Christen hätten Religionskriege geführt und müssten um Vergebung bitten. Religiöser Fundamentalismus sei nicht religiös, weil Gott darin fehle.[2]

In der Tat gab es in der Menschheitsgeschichte immer wieder Epochen, in denen die Gewalt durch Inanspruchnahme von Heiligkeit legitimiert wurde. Es gab aber auch immer Epochen, in denen kein anderes Mittel im Kampf gegen soziales Unrecht, Verfolgungen, gar blutige Angriffe auf unschuldige und schwache Gruppen von Menschen übrig blieb als der Rückgriff auf Gewalt. So sind wir ja aktuell angesichts der erschütternden Entwicklungen „in Syrien, dem Irak, Nigeria, Pakistan, Paris, und, viel unmittelbarer, in Gestalt von traumatisierten Flüchtlingen aus dem Nahen Osten und aus Afrika" wieder so einer Situation ausgesetzt,[3] in der die Staaten auf Maßnahmen zurückgreifen müssen, welche die Gewalt nicht kategorisch ausschließen können.

1 OMERIKA, Armina, Keine Zauberformel gegen religiöse Gewalt: Zu den Bedingungen und Möglichkeiten einer historisch-kritischen Lesart der religiösen Texte, in: *Frankfurter Zeitschrift für islamisch-theologische Studien* 2 (2015), 163–171.

2 „Der Papst warnt vor pauschaler Verurteilung des Islam", in: *Frankfurter Allgemeine Zeitung*, 30.11.2015; online: http://www.faz.net/aktuell/franziskus-papst-warnt-vor-pauschaler-verurteilung-des-islams-13941630.html.

3 OMERIKA, Armina, a. a. O., 163.

Dass in allen unserer Offenbarungsschriften Skandalverse vorliegen, verdankt sich solchen und noch schlimmeren historischen Epochen. Eine Deutung von kriegerischen Aussagen beziehungsweise Aufrufen zur Gewalt in den Offenbarungsschriften als absolute Legitimierung der Gewaltanwendung ist daher nur durch ihre anachronistische und gottlose Lektüre möglich und als eine fundamentalistische Vergewaltigung dieser Schriften zu beurteilen. Dies gilt auch für den Koran und den Umgang mit ihm. Gerade hier sind wir in den letzten Jahrzehnten mit einer etablierten Allianz konfrontiert zwischen Terroristen, die sich auch zum Islam bekennen, und islamfeindlichen Hasspredigern, die gemeinsam darauf beharren, die in Form von terroristischen Angriffen ausgeübte Gewalt durch den Koran zu legitimieren, gar aus ihm abzuleiten. Was an der aktuellen Debatte über den Islam kritisch anzumerken ist, ist die Überislamisierung aller Phänomene, in denen irgendwie muslimische Akteure auftauchen. Diese vorherrschende Tendenz, alle Probleme der Muslime auf den Islam zu reduzieren und den Grund und somit auch die Lösung im Islam zu suchen, dient nur der eben angesprochenen Allianz und führt zu einer Blindheit gegenüber den eigentlichen Gründen und somit möglichen Lösungen. Auch Muslime sind letztlich – und vor allem – Menschen.

In seiner ideellen Dimension gründet der gewalttätige Islamismus, worauf meine geschätzte Kollegin Armina Omerika in ihrem Aufsatz zutreffend aufmerksam macht, nur zum Teil auf einer spezifischen, höchst selektiven und ahistorischen Lektüre der religiösen Texte:

„Er ist indes vielmehr eine Lesart der Welt und der Geschichte, eine Interpretation des eigenen Kontextes und der gegenwärtigen Situation, die, mit religiöser Begrifflichkeit gerahmt und überfrachtet, heilsgeschichtlich überformt werden. Unter bestimmten Voraussetzungen resultiert diese Lesart der Welt in Handlungsanweisungen, die sich in Gewalt entladen können. Salafismusforscher wie Quintan Wictorowicz haben so bereits vor Jahren auf die entscheidende Rolle der Interpretation des gegenwärtigen Kontextes – einer Lektüre der Welt also – für die unterschiedliche Positionierung von salafistischen Gelehrten in Bezug auf den militanten Jihad hingewiesen (Wictorowicz 2006, 214). Auch Hans Kippenberg macht in seinen Untersuchungen der religiös legitimierten Gewalt auf die heilsgeschichtlichen Rahmungen der Situation aufmerksam, aus denen sich unter gewissen Voraussetzungen gewaltzentrierte ‚Handlungsskripte' ergeben (Kippenberg 2008).“[4]

In diesem Zusammenhang sei auch kritisch angemerkt, dass es ebenso als eine Überislamisierung anzusehen ist, immer wieder von einer vermeintlich islamischen Welt beziehungsweise muslimischen Ländern, gar Staaten zu reden. Welche Instanz entscheidet darüber, warum diese Staaten und Länder islamisch sind und ob und inwiefern sie die Eigenschaft „islamisch“ verdienen? Zwei Forscher aus der Universität George Washington, Scheherazade S. Rehman und Hossein Askari, die seit Jahren über die Politik und die Wirtschaft des Nahen Ostens forschen und Regierungen und internationale

4 OMERIKA, Armina, a. a. O., 165.

Organisationen wie die Weltbank beraten, gingen in ihrer Studie „How Islamic are Islamic Countries?“ genau dieser Frage nach.[5] Basierend auf Vorgaben des Islams – in Koran und Sunna – für ein gutes staatliches Handeln haben sie insgesamt 208 Staaten danach bewertet, wie konform ihr staatliches Handeln mit den islamischen Werten ist. Das Ergebnis überrascht – oder aber auch nicht: Islamische Werte werden in nichtislamischen Staaten viel besser umgesetzt als in islamischen Ländern, denen es misslingt, die Werte ihres eigenen Glaubens in Politik, Wirtschaft, Recht und Gesellschaft umzusetzen. Die Länder, in denen die islamischen Werte am besten umgesetzt werden, werden angeführt von Neuseeland (Platz 1), Luxemburg (Platz 2) und Irland (Platz 3). In den Top 10 taucht kein einziges Land mit einer mehrheitlich muslimischen Bevölkerung auf. Deutschland befindet sich auf Platz 17, noch vor den USA (Platz 25) und allen „islamischen“ Staaten. Das erste „islamische“ Land in der Liste ist Malaysia auf Platz 33, gefolgt von Kuwait auf Platz 48. Die Türkei befindet sich weit abgeschlagen auf Platz 103 – ganze 42 Plätze hinter Israel (Platz 61). Staaten wie der Iran (Platz 163) oder Saudi Arabien (Platz 131), die sich gerne als Inbild eines islamischen Staates präsentieren, versagen, geht es nach der Studie, gänzlich darin, die islamischen Standards einzuhalten.[6]

Vor diesem Hintergrund muss ich ehrlich zugestehen, dass selbst ich es leid bin, wenn ich immer wieder von gut meinenden Muslimen höre, der Islam habe mit Gewalt nichts zu tun, im Koran sei von Gewalt nicht die Rede. Ich kann zwar solche Äußerungen sehr gut nachvollziehen als Äußerungen von Menschen, „die sich in einer nicht selbst verschuldeten Zwickmühle sehen, in der sie Zustände und Ereignisse erklären und entschuldigen müssen“[7]. Als ein muslimischer Theologe stimme ich natürlich zu, dass der Islam eine Religion des Friedens ist und die koranische Offenbarung, auch in ihren kriegerischen Passagen und gerade in ihnen, auf eine friedliche Welt, eine gerechte Sozialordnung und ein freiheitliches Zusammenleben hinauswill. Dem Koran Gewaltlosigkeit zuzuschreiben, scheint mir aber zu wenig differenziert, denn a) stimmt das nicht, das heißt der Koran lehnt den Rückgriff auf Gewalt nicht kategorisch ab, und b) Friede bedeutet nicht unbedingt Gewaltlosigkeit. „In Übereinstimmung mit der Achtung der Menschenrechte bedeutet praktizierte Toleranz weder das Tolerieren sozialen Unrechts noch die Aufgabe oder Schwächung der eigenen Überzeugungen“, heißt es ja auch in der UNESCO-Erklärung über die Prinzipien der Toleranz (Artikel 1, Absatz 4).

Durch die Ignoranz beziehungsweise Leugnung des Vorkommens von kriegerischen Aussagen im Koran werden nicht nur die Geschichte vernichtet und auf Deutungsebene der Koran verfälscht, sondern es geht auch die Grundlage einer Betrachtung der Entwicklungsstadien verloren, zu welchen die koranische Offenbarung ihre Adressaten

---

5 REHMAN, Scheherazade S. / ASKARI, Hossein, How Islamic are Islamic Countries?, in: *Global Economy Journal*, 10/2 (2010).

6 Eine Kurzfassung der Ergebnisse findet sich unter: http://dtj-online.de/islamische-welt-studie-islamische-werte-36731.

7 Ebd.

subsequent angeleitet hat. Indem der Koran die aktuelle Gewalt in der Offenbarungszeit nicht übersehen, sondern angesprochen und ihre Anwendung offen geregelt hat, hat er den Menschen im Arabischen Halbinsel des 7. Jahrhunderts religionsfreiheitliche Grundsätze verliehen, die m. E. heute noch revolutionär sind: Im Allgemeinen ist den Menschen, die wegen ihres Glaubens oder ihrer Meinung bekämpft werden, erlaubt, Widerstand zu leisten und sich zur Wehr zu setzen. In Sure 22,39–40 heißt es:

> *„Denjenigen, die bekämpft werden, ist die Erlaubnis (zum Kämpfen) erteilt worden, weil ihnen (vorher) Unrecht geschehen ist – Gott hat die Macht, ihnen zu helfen. Denn wenn Gott die Leute nicht befähigt hätte, sich gegeneinander zu verteidigen, wären (alle) Klöster und Kirchen und Synagogen und Moscheen – in denen Gottes Name reichlich lobgepriesen wird – sicherlich zerstört worden.“*

Wenn es also um eigene Meinungs- oder Glaubensfreiheit geht, *darf* man sich zur Wehr setzen. Wenn aber andere, schwache und unschuldige Menschen unterdrückt werden, dann wird es zu einer moralischen Pflicht, sich für deren Glaubens- und Meinungsfreiheit einzusetzen, wie es in Sure 42,42 heißt:

> *„Vorgehen kann man nur gegen die, die gegen die Menschen freveln und (überall) im Land unberechtigterweise Gewalttaten ausüben. Sie haben (dereinst) eine schmerzhafte Strafe zu erwarten.“*

Oder wie es in Sure 4,75 bekräftigt wird:

> *„Warum wollt ihr denn nicht um Gotteswillen und um der Unterdrückten willen kämpfen? Jene Männer, Frauen und Kinder, die sagen: „Herr! Bring uns aus dieser Stadt hinaus, deren Einwohner frevlerisch sind, und schaff uns deinerseits einen Freund und einen Helfer!“*

2. Religionsfreiheit im Koran[8]

Vor diesem Hintergrund werde ich im Folgenden den exegetischen Versuch wagen, auf der einen Seite den berühmten Toleranzvers in Sure 109,6 als einen Aufruf zur Distanzierung von den Polytheisten zu erweisen und auf der anderen Seite religionsfreiheitliche Aspekte aus den so genannten Skandalversen in Sure 2,191–193 herauszuarbeiten.

Ich nehme an, dass die als Toleranzvers berühmte Passage in Sure 109,6 allgemein bekannt ist, in der es heißt: „*Ihr habt eure Religion, und ich habe meine Religion.*“ Dieser Vers wird ja von muslimischen Teilnehmenden in fast allen Begegnungen mit nicht-muslimischen Gesprächspartnern und überhaupt gerne dort zitiert, wo der Islam als eine tolerante Religion präsentiert werden soll. Auch in vielen Predigten in Moscheen oder in religiösen Fernsehreden in der islamischen Welt wird der Vers als der klarste Beweis

---

8 Dieser Teil ist ein leicht bearbeiteter Auszug aus einem bereits gedruckten Beitrags des Autors. Vgl. ÖZSOY, Ömer, Zum Ethos der Religionsfreiheit in muslimischer Perspektive“, in: HEIMBACH-STEINS, Marianne / BIELEFELDT, Heiner (Hg.), *Menschenrechtliche Perspektiven im Spannungsfeld von Mission und Konversion* (Judentum – Christentum – Islam. Bamberger interreligiöse Studien, Band 7), Würzburg 2010, 57–60.

dafür vorgetragen, dass der Islam die Religion sei, welche die Religionsfreiheit und Toleranz erstmals gelehrt habe. Eine historische Betrachtung der Sure 109 würde jedoch zeigen, dass sie nicht als eine Anweisung zur Toleranz, die von Muslimen praktiziert werden sollte, zu lesen ist, sondern als eine Aufforderung zum hartnäckigen Widerstand gegen die eigenen Feinde. Sie ist also vielmehr im Sinne des Aufbaus einer Opposition gegenüber den mekkanischen Heiden zu verstehen, wie auch die frühen Korankommentatoren bezeugen. Denn diese Sure gehört sowohl nach islamischer Überlieferung als auch nach westlicher Koranforschung über die Chronologie des Korans zu den frühesten Passagen der koranischen Offenbarung. Sie stammt aus den Zeiten, in denen die Muslime bitterste Quälereien und stärkste Unterdrückungen erleiden mussten. Es waren Jahre, in denen es durchaus möglich war, dass einige aus der jungen islamischen Gemeinde unter ständiger und gewalttätiger Unterdrückung den Islam aufgaben oder sogar getötet wurden. Die Urgemeinde der Muslime war deshalb in Mekka darauf angewiesen, Trost zu empfangen, in jedem Fall aber unbedingt an ihren Auftrag auf der Erde und gerade in ihrem Lande erinnert zu werden. In einem historischen Kontext also, in dem die Muslime nicht Herrscher, sondern Unterdrückte waren, hätten sie ja keine Subjekte der Toleranz gegenüber den herrschenden Ungläubigen sein können, sondern nur Objekte der Toleranz der heidnischen Landsleute. Von dieser Toleranz war jedoch nichts zu spüren, weshalb der Prophet als Führer und Vorbild der Gemeinde aufgefordert wurde, radikal die Religionsfreiheit für seine Gemeinde einzufordern:

> *1 (Muhammad,) Sag: „Ihr Undankbaren! 2 Ich verehre nicht, was ihr verehrt, 3 und ihr verehrt nicht, was ich verehre. 4 Und ich verehre nicht, was ihr verehrt habt, 5 und ihr verehrt nicht, was ich verehre. 6 Ihr habt eure Religion, und ich habe meine Religion.“*

Es ist bemerkenswert, dass einer der wichtigsten religionsfreiheitlichen Aspekte des Korans durch eine um der Toleranz willen vorgenommene Überinterpretation dieser Passage verloren geht, nämlich Widerstand gegen Unterdrückung und Bestehen auf Glaubensfreiheit.

Bei einer genaueren historischen Betrachtung des Korans lässt sich wiederum feststellen, dass in Koranstellen, welche aufgrund ihres kriegerischen Inhalts von vielen modernen Muslimen ignoriert oder überinterpretiert, um nicht zu sagen „verfälscht“, und von vielen nichtmuslimischen Autoren als Zeichen der Intoleranz des Islam großzügig zitiert werden, eigentlich die freiheitliche Grundhaltung zu Glaubens- und Meinungsverschiedenheit steckt. Zu diesen Koranstellen zählen vor allem die so genannten Skandalverse, die in den letzten Jahren der Offenbarung in Medina herabgesandt worden sind und vielen Kommentaren zufolge alle früheren friedlichen Verse aufgehoben hätten – allerdings bliebe dann vom Koran nichts mehr übrig! In Sure 2,191–193 heißt es:

> *„Und tötet sie (die heidnischen Gegner), auf welchem Schlachtfeld immer ihr sie zu fassen bekommt, und vertreibt sie, von wo sie euch vertrieben haben (von Mekka)! Denn die Unterdrückung beziehungsweise Verfolgung ist schlimmer als Totschlag. Jedoch kämpft nicht bei der heiligen Kultstätte (bei der Kaaba) gegen sie, solange sie nicht ihrerseits dort gegen euch kämpfen! Aber wenn sie dort*

gegen euch kämpfen, dann kämpft gegen sie! Derart ist der Lohn der Undankbaren. Wenn sie jedoch damit aufhören (euch zu unterdrücken, zu verfolgen und zu bekämpfen), so ist Gott barmherzig und bereit zu vergeben. Und kämpft gegen sie, bis es keine Unterdrückung mehr gibt, und bis das Urteil (keinen Menschen, sondern) nur noch Gott gehört! Wenn sie jedoch (mit der Unterdrückung, Verfolgung und Bekämpfung) aufhören, darf es keine Übertretung geben, es sei denn gegen die Gewalttäter."

Das Schlüsselwort in dieser Passage lautet *fitna*: „*Und kämpft gegen sie, bis es keine* fitna *mehr gibt.*" Das Wort bedeutet ursprünglich Prüfung, Verfolgung, Unterdrückung und Folter. Der Philologe und Islamwissenschaftler Rudi Paret interpretierte es als Verführung und verstand es als einen „Versuch, Gläubige zum Abfall vom Islam zu verführen".[9] In vielen Korankommentaren wird *fitna* als Unruhe beziehungsweise Aufruhr verstanden und als Unglaube, Götzendienst und Häresie interpretiert. Die sich ursprünglich auf die Unterdrückung der schwachen Muslime durch die herrschenden Heiden von Mekka beziehende Aussage bekam dadurch nachträglich eine Bedeutung, mit der man rechtfertigen konnte, Nichtmuslime oder andersdenkende Muslime als Unruhestifter zu unterdrücken und zu verfolgen. Denn eben dieser Wortlaut bietet sich dadurch für weitgehende Überinterpretationen an, wie beispielsweise: „*Kämpft gegen sie, bis niemand mehr Unruhe stiftet*", „*Kämpft gegen sie, bis niemand mehr ungläubig ist*", „*Kämpft gegen sie, bis niemand mehr anders denkt*" usw.

Der Vers spricht ursprünglich nicht von einer Auseinandersetzung mit denjenigen, die nicht glauben oder anders glauben, sondern von den damals aktuellen kriegerischen Auseinandersetzungen mit den heidnischen Mekkanern, die gegenüber den ersten, noch schwachen Muslimen Gewalt ausübten, um sie zum Abfall vom Glauben zu bewegen, und sie außerdem so lange unterdrückten, bis sie aus Mekka vertrieben wurden. So gesehen geht es in diesen Koranaussagen um nichts anderes, als sich gegen Verfolgung zur Wehr zu setzen, bis niemand mehr wegen seines Glaubens oder seiner Meinung unterdrückt wird. Unterdrückung ist daher nach der koranischen Weltanschauung ein Grund, der den Krieg legitimiert, ihn sogar zur Pflicht macht: „*Die Unterdrückung ist schlimmer als Töten*". Historisch sprach diese Offenbarungspassage die Unterdrückung und Verfolgung der Urgemeinde der Muslime. Ihr kann man aber ein allgemeines Prinzip abgewinnen – wobei es unwichtig ist, wer die Unterdrückten sind und woran sie glauben. Das Ziel eines Kampfes soll demnach die absolute Religions- und Meinungsfreiheit für alle sein, nicht der Zwang, den Islam anzunehmen.

Diese Freiheit geht als ein praktisches Gebot aus Versen des Korans hervor, wie zum Beispiel Sure 2,256, wo es eindeutig heißt: „*Es gibt keinen Zwang in Glaubensangelegenheiten.*"

Sure 10,99 begründet die Religionsfreiheit ontologisch. Das heißt, die religiöse Vielfalt, die selbstverständlich Religionsfreiheit voraussetzt, steht auf dem göttlichen Plan:

---

9 *Der Koran. Kommentar und Konkordanz*, übersetzt von Rudi Paret, Stuttgart ^{4}1989 [1977], 30.

„Und wenn dein Herr gewollt hätte, wären die, die auf der Erde sind, alle zusammen gläubig geworden. Willst du nun die Menschen dazu zwingen, dass sie glauben?“

Schließlich wird die Offenbarung als ein Angebot an alle Menschen dargestellt, wo sie die Freiheit haben, sie anzunehmen oder abzulehnen. Sure 18, 29 bekräftigt dies mit klaren Worten:

„Und sag (Muhammad!): Das (was mir offenbart wird und ich euch verkünde, also der Koran) ist die Wahrheit, die von eurem Herrn kommt. Wer nun will, möge glauben und wer will, möge nicht glauben!“

Zum Schluss lässt sich zusammenfassend explizit sagen, dass der Islam keinen „heiligen Krieg“ kennt, den Kampf in bestimmten Situationen erlaubt und in manchen Situationen ihn zur Pflicht macht, aber niemals als ein Glaubenskrieg, der das Ziel hat, den Glauben zu verbreiten, sondern die Glaubensfreiheit zu schützen. So waren schon die Umayyaden nicht daran interessiert, dass Menschen in eroberten Gebieten zum Islam übertreten, sondern, dass sie Steuern zahlen und sich unterwerfen. Der Anspruch war politisch, freilich mit einem religiösen Beigeschmack. Diese allgemeine Zurückhaltung der Muslime bezüglich der Zwangsmissionierung hängt neben der angesprochenen eindeutigen Positionierung des Korans auch eng mit dem besonderen Wahrheitsanspruch des Korans zusammen, der – im Unterschied zu den beiden früheren monotheistischen Gemeinden, die ein Monopol auf Wahrheit und Heil beanspruchten, – von Beginn an nicht als ein Absolutheits- oder Monopolanspruch konzipiert wurde. Diese monopolistische Haltung der damaligen Juden und Christen wird in Sure 2,111 angesprochen:

„Sie sagen: ‚Nur Juden und Christen können in den Paradiesgarten kommen.‘ Das sind jedoch nur ihre Wünsche […].“

Im Gegensatz dazu vertritt der Koran eindeutig einen inklusivistischen Ansatz, wie aus Sure 2,62 (vgl. Sure 5,69) hervorgeht, mit der ich meinen Beitrag schließen möchte:

„Diejenigen, die glauben (die Muslime) und diejenigen, die dem Judentum angehören, und die Christen und die Sabäer, also alle die, die an Gott und den jüngsten Tag glauben und das tun, was recht ist, ihnen steht bei ihrem Herrn ihr Lohn zu und sie brauchen keine Angst zu haben und sie werden (nach der Abrechnung am Jüngsten Tag) nicht traurig sein.“

Religionsfreiheit aus der Sicht des Judentums

Walter Homolka

Schon zu Jesu Zeiten kannte das Judentum mit den Pharisäern, Sadduzäern, der Qumrangruppe u. a. eine Vielzahl divergierender Glaubensauffassungen. Wir haben diese Erfahrung der Vielfalt dem babylonischen Exil zu verdanken. Damals entstand die erste Diasporagemeinde, die mit einer jüdischen Existenz außerhalb der eigenen Mehrheitsgesellschaft fertig werden musste.

Diese Erfahrung sollte sich als wichtig erweisen. Spätestens nach der Zerstörung des Zweiten Tempels 70 unserer Zeitrechnung wurde das Judentum zu einer in Europa, Nordafrika und dem Nahen Osten ansässigen Religionsgemeinschaft. Die räumliche Entfernung zwischen den Juden in der Diaspora bedingte die Ausbildung unterschiedlicher religiöser Kulturkreise, denen eines gemeinsam ist: Juden waren überall in der Minderheit und auf die Toleranz der Mehrheitsgesellschaft angewiesen. Bis zur Gründung des Staates Israel war diese Erfahrung grundlegend.

Dabei hat sich das Judentum dem jeweiligen Kulturkreis angepasst. Daraus entstand eine der wichtigsten Unterscheidungen: die in Sepharad und Aschkenas. Diese Bezeichnung nimmt dabei Bezug auf die geographischen Verbreitungsgebiete dieser Gruppen im Mittelalter: Das hebräische *sefarad* bezeichnet die iberische Halbinsel, während Aschkenas der damals unter Juden übliche Name für Deutschland und Frankreich war. Unterschiede zwischen sephardischem und aschkenasischem Judentum bildeten sich auf dem Gebiet der Gesetzesauslegung, des Gottesdienstes und der Bräuche aus. Auch entwickelten beide Großgruppen jeweils eine eigene Umgangssprache, die auf der Landessprache basieren. Das Ladino oder Judenspanisch der Sephardim baut auf dem Altspanischen auf und das Jiddisch der Aschkenasim basiert auf mittelhochdeutschen Dialekten und slawischen Elementen. Ab der Frühen Neuzeit wurde das aschkenasische Judentum durch seine Entwicklung in Osteuropa zur bedeutendsten und demographisch größten Gruppe innerhalb des Judentums. Im 18. und 19. Jh. entstanden innerhalb dieses Kulturkreises mit dem Chassidismus, dem Reform-, konservativen und neo-orthodoxem Judentum die religiösen Richtungen, die gegenwärtig von Bedeutung sind. Diese Vielfalt innerhalb des Judentums ist nicht Freiheit von Religion, sondern Freiheit für Religion und damit Freiheit, um Verantwortung übernehmen zu können.

Denn dem Menschen wird schon bei der Offenbarung des Willens Gottes ein hohes Maß an Mitwirkung gegeben. Der andauernde Prozess menschlicher Interpretation wird so zum stetigen Offenbarungsprozess, der weit über das einmalige Sinaigeschehen hinausgeht. Wir können verborgene Wahrheiten und Ansichten entdecken, es entstehen Neuerungen, durch die ich als menschlicher Interpret zum Mitschöpfer werde. „Glaube" erhält so für mich einen ganz hohen Plausibilitätsgrad. Er wird zu einer spannenden Entdeckungsreise aller religiösen Glaubenstraditionen auf dem Weg, den Willen Gottes zu erfassen.

Was aber tun die, die nicht als Juden geboren sind oder zum Judentum gefunden haben? Die der jüdischen Religion wesentliche Vorstellung der Gottesebenbildlichkeit aller Menschen bedeutet für Juden wie Nichtjuden, dass beiden ein Erkenntnisweg zu Gott offen steht und beide die Möglichkeit besitzen, die Vernunft als Mittel zur ethischen Vollendung anzuwenden. Juden glauben keineswegs, die allein seligmachende Offenbarung zu besitzen[1]. Einer der großen Systematiker des Judentums, Rabbiner Kaufmann Kohler, hat das 1910 so formuliert:

„Das Judentum, das weder ein blosses Religionssystem noch ein blosses Volkssystem ist, sondern ein Völker vereinender Gottesbund sein will, hat keine abgeschlossene Wahrheit und wendet sich an keinen abgeschlossenen Teil der Menschheit. […] Das Christentum und der Islam […] bilden einen Teil der Geschichte des Judentums. Zwischen diesen Weltreligionen nun mit ihren grossen Kulturgebieten steht das kleine Judentum als kosmopolitischer Faktor und weist auf jene ideale Zukunft einer in Gott wahrhaft vereinten Menschheit hin, die nur in unausgesetztem Vorwärtsstreben und nach immer vollkommener sich gestaltenden Vorbildern den verheissenen Triumph des Guten, Wahren und Göttlichen auf Erden erlangt, die Verwirklichung des Reiches Gottes."[2]

Dabei verweisen Juden auf Noah und seine sieben Gebote an die Menschheit. Der Fremdling, der im Judentum als „Sohn Noahs" betrachtet wird, ist dabei ganz genauso Geschöpf Gottes, wie der Jude selbst[3]. Durch die sieben noachidischen Gebote als allgemeine Möglichkeit, vor Gott Gerechtigkeit zu erlangen, wird aus dem theologischen Begriff des Menschen als Geschöpf Gottes der politische Begriff des Mitmenschen, des Mitbürgers[4].

Damit tritt die Idee der „Frommen der Völker der Welt" in eine interessante Spannung zum jüdischen Erwählungsbegriff.

Und es wird deutlich: Freiheit erfordert auch Normen.

Doch um welche Normen handelt es sich überhaupt? In der rabbinischen Tradition schwankt die Frage nach der Anzahl der Bestandteile einer solchen universalen Funda-

1 Schon bei Ben Sirach (1, 1–10) findet sich die Unterscheidung zwischen einer generell allen Menschen und einer speziell nur Israel verliehenen Erkenntnis. Die allen Menschen zugängliche Weisheit besteht darin, dass Gott ihnen allen Anteil an seiner Weisheit gibt, mit der er Himmel und Erde geschaffen hat. Vgl. KAISER, Otto, *Des Menschen Glück und Gottes Gerechtigkeit. Studien zur biblischen Überlieferung im Kontext hellenistischer Philosophie*, Tübingen 2007.

2 KOHLER, Kaufmann, *Grundriss einer systematischen Theologie des Judentums auf geschichtlicher Grundlage*, Leipzig 1910, 242f.

3 COHEN, Hermann, *Religion der Vernunft aus den Quellen des Judentum*, Frankfurt a. M. 1929, 139. Vgl. SCHULTE, Christoph, Noachidische Gebote und Naturrecht, in: HOLZHEY, Helmut / MOTZKIN, Gabriel / WIEDEBACH, Hartwig (Hg.), *Religion der Vernunft aus den Quellen des Judentums – Tradition und Ursprungsdenken in Hermann Cohens Spätwerk*, Hildesheim /Zürich / New York 2000, 248.

4 NOVAK, David, Das noachidische Naturrecht bei Hermann Cohen, in: HOLZHEY, Helmut / MOTZKIN, Gabriel / WIEDEBACH, Hartwig (Hg.), *Religion der Vernunft aus den Quellen des Judentums – Tradition und Ursprungsdenken in Hermann Cohens Spätwerk*, Hildesheim / Zürich / New York 2000, 233.

mentalmoral zwischen eins und dreißig[5]. Doch schon bald entwickelte sich die übereinstimmende Vorstellung, dass die Zahl der Gebote sieben sei[6]. Sechs der sieben Gebote seien schon Adam gegeben worden[7], das siebte Noah (Gen 9, 1–6), was ihren universellen Charakter eher noch unterstreicht.

„Sechs Gebote wurden Adam mitgeteilt: a) das Verbot des Götzendienstes, b) das Verbot Gott zu lästern, c) das Verbot Blut zu vergießen, d) das Verbot der Blutschande, e) das Verbot des Raubes, f) das Gebot der Gerichtsbarkeit. […] dem Noah wurde noch das Verbot, Glieder von lebendigen Thieren zum Essen wegzuschhneiden, hinzugesetzt, denn es heißt: ‚Aber Fleisch, in dessen Blute noch Leben ist, sollt ihr nicht essen', folglich sind es zusammen sieben Gebote" (Maimonides).[8]

„[…] als Noachide wird er nicht an das Gesetz Moses gebunden, sondern nur an sieben Vorschriften, die ‚sieben Gebote der Söhne Noahs'… Und diese sieben Vorschriften sind lediglich sittlichen Charakters. […] Der Glaube an den jüdischen Gott wird nicht gefordert" (Hermann Cohen).[9]

Die Erwählung Israels kann so erkannt werden als das, was sie ist: Die Auswahl für eine bestimmte Aufgabe und Funktion im Verhältnis mit Gott führt keineswegs dazu, dass andere Menschen nicht ebenso fromm gegenüber Gott leben und ihm gegenüber Gerechtigkeit erlangen könnten. Denn im Midrasch Schemot Rabba Kapitel V, Vers 9 wird von Rabbi Jochanan berichtet: Ihm zufolge habe Gottes Stimme sich am Sinai erst in sieben Stimmen und dann in siebzig Sprachen geteilt – damit alle Völker außerhalb des Bundes Anteil bekommen an dem, was zu Israel und in Israel gesagt wurde. Das wiederum impliziert, dass das Offenbarungserlebnis als Schritt zur geistigen Befreiung allen Menschen gleichermaßen zuteilwerden soll.

Mit dem Pessachfest erinnern wir Juden uns daran, dass wir selbst Fremdlinge waren in Ägypten und dass wir deshalb allen Fremden unter uns Hilfe und Sicherheit angedeihen lassen sollten. Es gibt deshalb auch ein umfassendes Netzwerk an Regeln, das den Fremden innerhalb Israels Schutz und Rechte sicherten. Und nach dem Verlust der Eigenstaatlichkeit haben Juden Jahrtausende als Fremde unter anderen Völkern gelebt. Deshalb haben die Werte von Religionsfreiheit und Schutz Fremder unter uns einen hohen Stellenwert.

5 Vgl. Babylonischer Talmud (bT), Awoda Sara 64b; bT Hulin 92a–b.

6 Vgl. bT, Sanhedrin 74b. Götzendienst, Unzucht und Blutvergießen bilden die ältesten Grundestandteile; in der 1. Hälfte des 1. Jh. kommen noch Raub und Gotteslästerung dazu. Die Liste von sieben Ge- und Verboten ist spätestens ab der 2. Hälfte des 2. Jh. unserer Zeitrechnung belegt. Vgl. FLUSSER, David, Noachitische Gebote, in: *Theologische Realenzyklopädie*, XXIV, 582.

7 Midrasch Rabba Devarim 2,25 zu Deuteronomium 4,41.

8 Mischne Tora, Melachim 9,1 nach der Übersetzung von Chajim Sack, St. Petersburg 1850–52, Band 5, 501f.

9 COHEN, Hermann, *Religion der Vernunft aus den Quellen des Judentum*, Frankfurt a. M. 1929, 142.

Religions- beziehungsweise Weltanschauungsfreiheit aus humanistischer Perspektive

Arik Platzek

„Die Religionen Müsen alle Tolleriret werden und Mus der fiscal nuhr das auge darauf haben, das keine der andern abruch Tuhe, den hier mus ein jeder nach Seiner Fasson Selich werden."

„alle Religionen Seindt gleich und guht wan nuhr die leüte so sie profesiren Erliche leüte seindt, und wen Türken und Heiden kähmen und wolten das Land Pöpliren, so wollen wier sie Mosqueen und Kirchen bauen."

Friedrich II. von Preußen

Eine Skizze humanistischer Perspektiven

Die folgenden Ausführungen nehmen zum Thema Stellung, indem sie sich auf den erst rund 200 Jahre alten Begriff *Humanismus* beziehen und dies mit einem relativ spezifischen Komplex von Ideen und ethischen Auffassungen, „weltanschaulichen" Vorstellungen und Überzeugungen sowie moralischen Wertungen untersetzen. Dementsprechend äußert sich der Autor hier, indem er sich auf ein bestimmtes weltanschaulich geprägtes *Humanismus-Verständnis* stützt und nicht beansprucht, den Begriff *Humanismus* umfassend oder abschließend geklärt beziehungsweise bestimmt zu haben.

Das diesem Text zugrundeliegende Humanismus-Verständnis begreift Humanismus[1] als eine *Weltanschauung,* eine Haltung beziehungsweise eine *Lebensauffassung*[2], deren grundlegende Orientierungen und Facetten hier nur skizziert werden können. Humanistische Lebensauffassungen fußen auf einem durchaus als Fülle zu bezeichnenden Spektrum von Welt- und Menschenbildern, Philosophien, Ethiken, Idealen, Prinzipien

1 Vgl. dazu: CANCIK, Hubert / GROSCHOPP, Horst / WOLF, Frieder Otto (Hg.), *Humanismus: Grundbegriffe*, Berlin 2016.

2 Das hier „traditionell" verwendete und ebenfalls noch nicht sehr alte Kompositum *Weltanschauung,* dessen Bedeutung im Kontext der Darstellung dieses Humanismus-Verständnisses synonym mit der des Begriffs *Lebensauffassung* (engl.: *life stance*) ist, wird im Folgenden eher „hilfsweise" verwendet, da es nach meiner Ansicht heute kaum in der allgemeinen deutschen Sprache bekannt ist und weniger leicht erkennen lässt, was gemeint sein soll. In juristischen bzw. normativen Kontexten ist *Weltanschauung* jedoch ein etablierter Begriff, sodass im restlichen Aufsatz aus Gründen der Klarheit der Begriff *Weltanschauung* verwendet wird.

und Wertungen, die zwar einerseits nicht umfassend einheitlich oder abschließend bestimmbar sind, die andererseits jedoch ausreichende Gemeinsamkeiten in den grundlegenden Annahmen wie in prinzipiellen Aussagen erkennen lassen, um einen Vorrat an gemeinsamen beziehungsweise geteilten Vorstellungen und gegebenenfalls eine Kooperation in diesem Rahmen möglich zu machen.

Gemeinsamkeiten beziehungsweise Konsense, durch die sich die dem hier zugrundeliegenden Humanismus-Verständnis folgend eine entsprechende Lebensauffassung beziehungsweise Weltanschauung kennzeichnet, sind in der *Amsterdam-Deklaration*[3] knapp zusammengefasst, die im Jahr 2002 nach christlicher Zeitrechnung von der Generalversammlung der *Internationalen Humanistischen und Ethischen Union* beschlossen worden ist. In deren Sinne ist eine Weltanschauung humanistisch, wenn diese ein Recht auf Selbstbestimmung für jedes Individuum als fundamentales Prinzip ebenso wie Prinzipien wie Solidarität, Kritikfähigkeit, Toleranz, Demokratie und Wissenschaftlichkeit anerkennt und vertritt, und die sich nicht auf einen Glauben an überempirische Akteure („Gott", „Götter", andere vergleichbare Phänomene) oder die Existenz einer „realen übernatürlichen" Welt, die in einer Verbindung von wesentlicher Bedeutung mit der „diesseitigen" Welt und dem Leben der Menschen steht, stützt. Darüberhinausgehende Gemeinsamkeiten beziehungsweise Konsense bestehen heute unter anderem in der Auffassung, dass sich nach gegenwärtigem Erkenntnisstand die Lebewesen auf der Erde einschließlich der Spezies Mensch in einem Milliarden Jahre währenden Prozess der Evolution entwickelt haben, und dass das Universum nicht (absolut) deterministisch ist, weshalb auch Menschen in gewissem Umfang eine Freiheit haben, sich zu entscheiden beziehungsweise eine Wahl zu treffen.

Religionsfreiheit ≠ Weltanschauungsfreiheit?

Die hier skizzierte beziehungsweise eine derart grundierte „humanistische" Perspektive versteht des Weiteren das mit den Begriffen *Religion*[4] und *Weltanschauung* Gemeinte nicht als Antonyme oder inhaltliche Gegensätze, sondern als u. a. zwei nur teilweise verschiedene Ausprägungen (elementarer) menschlicher Bedürfnisse, sich individuell und gemeinsam in „der Welt" zu orientieren und mittels eigener Erfahrungen ein Weltbild, einen Lebenssinn und damit auch die individuelle(n) Rolle(n) zu bestimmen. Eine humanistische Perspektive erkennt dabei an, dass die bei der Menschheit vorzufindende Tendenz zur Entwicklung von weltanschaulichen (religiösen) Vorstellungen beziehungsweise von religiösen Gemeinschaften und Kulturen natürlicher Ausdruck eines

3 Volltext abrufbar auf der Website: www.amsterdam-deklaration.de (zuletzt aufgerufen in Juni 2018).

4 Der Autor erkennt an, dass keine abschließende, allgemein anerkannte Definition des Begriffs *Religion* existiert.

kognitiven und kulturellen Entwicklungsprozesses ist – und diese evolutionären Entwicklungen sind sowohl von der Durchsetzung und Verbreitung von Merkmalen beziehungsweise Erscheinungsformen wie auch Irrwegen und Sackgassen gekennzeichnet.

Das Verständnis von einem grundsätzlichen Nebeneinander der Begriffe Religion und Weltanschauung findet sich unter anderem auch in Dokumenten wie der UN-Menschenrechtscharta[5] oder der Europäischen Menschenrechtskonvention.[6] Hierzulande wird der Begriff Weltanschauung jedoch auch als Oberbegriff grundsätzlich vergleichbarer Systeme gesehen, der die vorhandene Fülle religiöser und areligiöser (säkularer) Weltanschauungen umfasst. Insofern erscheinen etwa die christlichen Religionen als religiöse, genauer: monotheistische und abrahamitisch-biblische, (traditionell) eher dogmatische, tendenziell illiberale und relativ stark kollektivistische Weltanschauungen (der jeweiligen Individuen beziehungsweise der von ihnen gebildeten Weltanschauungsgemeinschaften) mit einem deutlichen „Transzendenz"-Bezug beziehungsweise einer Orientierung an überempirischen (beziehungsweise übersinnlichen) Akteuren / Phänomenen. Humanismus ist dem hier zugrundeliegenden Verständnis nach hingegen areligiös beziehungsweise säkular, relativ synkretistisch und pluralistisch, tendenziell liberal, undogmatisch und individualistisch sowie ohne „klassische" „Transzendenz"-Bezüge.

Daraus folgt, dass die Begriffe *Religionsfreiheit* und *Weltanschauungsfreiheit* nicht etwas meinen, das aus einer insoweit profilierten Perspektive im unbedingten Gegensatz steht – auch wenn Auffassungen im Rahmen der „Religionsfreiheit" im Ergebnis durchaus gegensätzlich zu Positionen sein können, die einer auf das diesseitige Leben[7] ausgerichteten, das heißt säkularen beziehungsweise humanistischen Weltanschauung[8] entsprechen.

Aus einer in diesem Sinne säkularen humanistischen Perspektive ist es im Lichte des obigen Verständnisses geboten, Überlegungen zur Weltanschauungsfreiheit nicht nur

---

5 Artikel 18 AEMR: „Jeder hat das Recht auf Gedanken-, Gewissens- und Religionsfreiheit; dieses Recht schließt die Freiheit ein, seine Religion oder seine Weltanschauung zu wechseln, sowie die Freiheit, seine Religion oder seine Weltanschauung allein oder in Gemeinschaft mit anderen, öffentlich oder privat durch Lehre, Ausübung, Gottesdienst und Kulthandlungen zu bekennen."

6 Artikel 9 EMRK: „(1) Jede Person hat das Recht auf Gedanken-, Gewissens- und Religionsfreiheit; dieses Recht umfasst die Freiheit, seine Religion oder Weltanschauung zu wechseln, und die Freiheit, seine Religion oder Weltanschauung einzeln oder gemeinsam mit anderen öffentlich oder privat durch Gottesdienst, Unterricht oder Praktizieren von Bräuchen und Riten zu bekennen. (2) Die Freiheit, seine Religion oder Weltanschauung zu bekennen, darf nur Einschränkungen unterworfen werden, die gesetzlich vorgesehen und in einer demokratischen Gesellschaft notwendig sind für die öffentliche Sicherheit, zum Schutz der öffentlichen Ordnung, Gesundheit oder Moral oder zum Schutz der Rechte und Freiheiten anderer."

7 „Diesseitiges Leben" ist hier zu verstehen als die von einem Individuum biologisch, medizinisch und kognitiv erreichte oder erreichbare Lebenszeit; dieser Phase schließt sich die Möglichkeit eines "Lebens" *jenseits* dieser spezifischen Lebenszeit (d. h. nach dessen „Tod"), etwa durch Nachwirkung in (populär)-kulturellen, politischen, philosophischen, ökonomischen und vielen weiteren möglichen relevanten Lebenszusammenhängen der nach einem Individuum lebenden Menschen an.

8 Selbstverständlich ist und nur der Eindeutigkeit halber sei erwähnt, dass nicht jede areligiöse / säkulare Weltanschauung humanistisch ist, im Sinne des o. g. Humanismus-Verständnisses gibt es auch nicht- und anti-humanistische Weltanschauungen / Lebensauffassungen.

neben solche zur Religionsfreiheit zu stellen, sondern auf einer darüber liegenden Ebene anzusiedeln. Denn wenn auch begrifflich weniger populär und bisher gebräuchlich, schließen Überlegungen zur *Weltanschauungsfreiheit* regelmäßig religiöse Weltanschauungen mit ein. Religionsfreiheit, obwohl als Begriff wohl bekannter, ist also eine Form von Weltanschauungsfreiheit, nämlich die der religiösen, „transzendenz"-bezogenen Weltanschauungen, in ihren individuellen und kollektiven Dimensionen. Der Begriff Religionsfreiheit wäre demgegenüber nicht geeignet, areligiöse Weltanschauungen beziehungsweise Auffassungen in ausreichender Weise miteinzuschließen. Unter dem Begriff Religionsfreiheit können folglich nur Spezialfragen von Weltanschauungsfreiheit adäquat diskutiert werden, nämlich diejenigen Fragen, welche religiöse Weltanschauungen beziehungsweise religiöse Weltanschauungsgemeinschaften insbesondere betreffen.

Erschwert wird dieser Ansatz zur Klärung der Dimensionen von Weltanschauungsfreiheit jedoch bis auf Weiteres nicht nur dadurch, dass der Begriff *Weltanschauung* auch im deutschsprachigen Raum weit weniger bekannt beziehungsweise populär ist als der Begriff Religion. In weiter verbreiteten Sprachen sind außerdem keine äquivalenten Begriffe vorhanden, sodass die Übertragung des hier zugrunde gelegten Verständnisses des Begriffs Weltanschauungsfreiheit in internationale Diskurse nicht einfach ist.

Ich hoffe jedenfalls, dass bis hierher nachvollziehbar werden konnte, warum ich im zweiten Teil dieses Aufsatzes mit dem Begriff Religionsfreiheit eine spezifische Form von Weltanschauungsfreiheit meine.

Dementsprechend verändert beziehungsweise konkretisiert sich auch das Verständnis des Begriffs „negative Religionsfreiheit", da die Vertretung und die Pflege von beispielweise atheistischen Ansichten in erster Linie Ausdruck von (positiver) Weltanschauungsfreiheit ist und nicht etwa bloß als ein Teil „negativer Religionsfreiheit" zu verstehen ist.[9]

Weltanschauungsfreiheit heute

Obwohl es an vielen, nicht allen, Orten auf der Erde während der vergangenen Jahrzehnte beziehungsweise Jahrhunderte teils erhebliche Fortschritte für die Möglichkeiten zur Wahrnehmung von – individueller und kollektiver – Weltanschauungsfreiheit gegeben hat, ist nur in sehr wenigen Ländern eine defizitfreie Situation festzustellen. Am schlechtesten dürfte heute sicherlich die Lage in den Staaten sein, in denen die Abwendung vom Islam (Apostasie) oder die Kritik am Islam mit staatlichen Sanktionen bedroht wird, sowie in den Staaten unter Herrschaft unfreiheitlicher und diktatorischer

9 Es sei der Vollständigkeit halber nur am Rande erwähnt, dass es einzelne Stimmen gibt, welche die Frage stellen, ob *Religions-* bzw. *Weltanschauungsfreiheit* überhaupt als explizit schützenswertes Gut gelten muss, oder ob nicht durch die Achtung diverser anderer Freiheiten bzw. den Schutz anderer Rechtsgüter schon alle unter die Begriffe *Religions-* bzw. *Weltanschauungsfreiheit* fallenden Phänomene menschlichen Verhaltens abgedeckt sind, sodass diese Kategorie eigentlich überflüssig ist.

Regime wie Nordkorea oder China. Diese zwei Staaten veranschaulichen Defizite bei der Achtung der Weltanschauungsfreiheit vor allem dadurch, dass sie religiöse Minderheiten unterdrücken beziehungsweise zu unterdrücken versuchen. Natürlich sind nicht alle Defizite in der Weltanschauungsfreiheit auf derart repressive Regime zurückzuführen oder deren Ursachen damit vergleichbar.

Aber auch in durch das Christentum geprägten Ländern sind teilweise große Defizite festzustellen, etwa durch weitreichende staatliche Privilegierungen von Kirchen aufgrund mangelhafter staatlicher Neutralität.

Im Folgenden werde ich anhand weniger ausgewählter Kategorien Dimensionen einer ausreichenden oder sogar guten Gewährleistung der Möglichkeit zur Wahrnehmung von – säkular-areligiös und religiös geprägter – Weltanschauungsfreiheit skizzieren. Dies zielt darauf, Rahmenbedingungen für das Zusammenleben einer toleranten, friedlichen und benachteiligungsfreien Gesellschaft mit einer weltanschaulich pluralistischen Vielfalt, wie sie in Zukunft voraussichtlich charakteristisch für immer mehr Orte auf dem Planeten sein wird, zu kennzeichnen. Ich werde zugleich auf einige relevante Problemfälle hinweisen. Dabei orientiere ich mich zunächst an den Kategorien, wie sie in vieljähriger Tradition rechtlicher Gesetzgebungs- beziehungsweise juristischer Rechtsprechungspraxis entwickelt worden sind: individueller und kollektiver Weltanschauungsfreiheit.

Eine grundlegende Definition des Begriffs der Weltanschauungsfreiheit muss sich dabei nicht maßgeblich von den Definitionen unterscheiden, wie sie im westlichen und europäischen Kulturkreis für die Beschreibung von Religionsfreiheit entwickelt worden sind – sie verzichtet jedoch durch die Bezeichnung als solche darauf, religiöse Formen begrifflich (als etwa natürlich gegeben) als solche zu privilegieren und säkulare Weltanschauungen damit sprachlich als Sonderfall zu konnotieren.[10]

Im internationalen Kontext ist diese begriffliche Feinheit aufgrund des Fehlens sprachlicher Äquivalente heute zwar ohnehin kaum von Bedeutung. Allerdings muss es schon zu denken geben, wenn es für die Bezeichnung säkularer (ob areligiös, atheistisch, agnostisch oder religiös-indifferent grundiert) weltanschaulicher Auffassungen und die damit verbundenen Haltungen beziehungsweise Lebensentwürfe und Lebensweisen vielfach nicht einmal ein geeignetes Wort gibt.[11]

10 Siehe auch: „Liebe kulturell Unbehauste – das ist euer Problem!“, eine Analyse nach einem Essay der Kulturstaatsministerin Monika Grütters in der ZEIT vom 9. Mai 2018: www.humanistisch.net/13953/ (zuletzt aufgerufen in Juni 2018). Vgl. auch: „Diskriminierend ist das auf jeden Fall“, Interview mit dem Sprachwissenschaftler Anatol Stefanowitsch, erschienen in humanistisch! Das Magazin Nr. 2/2018 (S. 28/29), auch abrufbar unter: www.humanistisch.net/17958/.

11 Auch in anderen Sprachen vorhandene Begriffe wie etwa *Atheismus* sind jedenfalls nicht geeignet, da dieser und ähnliche lediglich spezifisch philosophische Aspekte des Denkens, einer Haltung oder eines Weltbilds bezeichnen und im Rahmen solch eines ohnehin schon äußerst begrenzten Bedeutungspotenzials – hier – auch primär eine Negation als wesentlichen Bedeutungsinhalt umfassen. Der Breite und der Vielgestaltigkeit der durch den Begriff *Weltanschauung* (im hier zugrundeliegenden Verständnis)

Individuelle Weltanschauungsfreiheit

Wie eingangs erwähnt, räumt das hier geäußerte Humanismus-Verständnis der Fähigkeit und Möglichkeit zur Selbstbestimmung einen hohen Stellenwert ein.

Dieses gilt auch schon für Heranwachsende in jungen Lebensjahren, weshalb ich anhand dieses Lebensfeldes die Komplexität und mögliche Problemlagen kurz veranschaulichen will.

Humanistische Auffassungen gehen davon aus, dass Menschen ohne „überempirisch gegebene" – jedenfalls spezifisch artikulierte, weltanschaulich-religiöse – Vorstellungen oder Lebenssinn- und Daseinsvorgaben in die Welt kommen. Nicht gänzlich unkritisch aus humanistischer Perspektive gesehen werden insofern die bei einigen Religionen beziehungsweise Religionsgemeinschaften üblichen weltanschaulichen (religiösen) frühkindlichen Zuordnungen beziehungsweise Konfessionalisierung von nicht-religionsmündigen Kindern anhand der Weltanschauung beziehungsweise dem religiösen Bekenntnis (Konfession) ihrer Eltern. Zugleich ist zweifellos das elterliche Erziehungsrecht anzuerkennen, weswegen sich beispielsweise staatliche Stellen nur in ganz bestimmten Ausnahmefällen dazu befugt sehen dürfen sollten, in diese elterliche (religiöse) Erziehung von Kindern und Heranwachsenden einzugreifen, nämlich wenn etwa Gesundheit und Leben in den Augen von wohlverständigen Dritten dadurch bedroht werden.[12] Hingegen sollten Staaten, in denen die individuelle Weltanschauungsfreiheit gewährleistet sein soll, in ihrem Handeln die konfessionellen Zuordnungen, wie sie innerhalb von Religionsgemeinschaften traditionell praktiziert werden, nicht ohne Weiteres übernehmen, sondern sich gegenüber diesen mit Neutralität und Distanz verhalten.

Der Schutzweck derartiger Regelungen wäre es, dass im Sinne des Rechts zur individuellen weltanschaulichen Selbstbestimmung lediglich die von Eltern (und anderen Familienangehörigen) ohnehin schon mitgegebenen Orientierungen wirken und staatliche Institutionen nicht als zusätzliche Akteure der Vertiefung einer frühkindlichen konfessionellen Zuordnung fungieren.[13]

---

erfassten bzw. zu erfassenden Aspekte von menschlichen Personen sowie ihren individuellen und kollektiven Handlungs-, Orientierungs- und Organisationsformen könnte es durchaus entsprechen, dass sich keine abschließende Definition des Begriffs finden lässt, ähnlich wie dies ja auch beim Begriff Religion der Fall ist. Um diese der *Religion* äquivalente Breite, Tiefe und Vielschichtigkeit von Aspekten weltanschaulicher Identitäten und Haltungen zu verdeutlichen, beziehen sich neben dem Autor schließlich (auch) deshalb Menschen und Organisationen auf beispielsweise den (offeneren und mehr gefüllten) Begriff *Humanismus*, um ihre weltanschauliche und ethisch-moralische Orientierung zu kommunizieren.

12 Es ist ein historisch vielfach belegtes Charakteristikum von Diktaturen, dass staatliche Stellen versuchen, in erheblichem Maße und insbesondere gegen den Willen der Eltern Zugriff auf die weltanschauliche Orientierung nicht-religionsmündiger Kinder zu erhalten.

13 Davon zu unterscheiden ist es, wenn die Förderung der weltanschaulichen Bildung durch staatliche Stellen und gemäß den Interessen von Eltern und Kindern unterstützt, bspw. durch die Möglichkeit zum *freiwilligen* wertebildenden und bekenntnisorientierten Unterricht (Religionsunterricht, Humanistische Lebenskunde, Ethik) an öffentlichen Schulen. Insofern kann das hier in Berlin praktizierte Modell aus humanistischer Perspektive als beanstandungsfrei gelten, während das in anderen Bundesländer

Die problematischsten Ausprägungen staatlicher Vertiefung konfessioneller Zuordnung sind heute in einigen islamischen Ländern zu beobachten, in denen auch staatlicherseits jedes von muslimischen Eltern geborene Kind ebenfalls als Muslimin beziehungsweise Muslim gilt – und im Falle der späteren Abwendung vom Islam diese mit gesetzlicher Strafe bis hin zur Todesstrafe bedroht werden. In der Türkei sehen sich (religiöse) Minderheiten wie die Mitglieder des Alevitentums mittels der islamischen „Religionskunde" an den Schulen einer staatlich gestützten frühkindlichen Konfessionalisierung ausgesetzt.

Auch bei anderen Religionen finden sich noch mildere Formen frühkindlicher Konfessionalisierung. Von besonderer Relevanz ist jedoch insbesondere die staatliche Neutralität derartigen Praktiken gegenüber, im Sinne der Gewährleistung des weltanschaulichen Selbstbestimmungsrechts im Rahmen einer Betrachtung aus der Ex-post-Perspektive des späteren Erwachsenen.[14]

Auch in der Bundesrepublik Deutschland gibt es hier noch Defizite, begründet vor allem in der Stellung von (christlichem) Religionsunterricht als Pflichtfach in diversen Bundesländern bei gleichzeitigem Fehlen säkularer Alternativen dazu ab Klassenstufe Eins. Eine volle Gewährleistung der individuellen Weltanschauungsfreiheit für sowohl Lernende wie auch deren Eltern besteht, wenn die Teilnahme an einem Religionsunterricht objektiv freiwillig ist und es adäquate wertebildende Alternativen für diejenigen gibt, die keinen Religionsunterricht (mehr) wünschen. Vorbildlich realisiert worden ist das für diesen Themenbereich bisher allein in Berlin.

Die Weltanschauungsfreiheit sowohl von Heranwachsenden, als auch von deren Eltern ist ebenfalls betroffen, wenn keine ihren weltanschaulichen Auffassungen entsprechenden Kita-Plätze zur Verfügung stehen, weil sich die große Mehrheit der Einrichtungen in konfessionell profilierter Trägerschaft befindet.[15]

---

bestehende Modell eines Pflichtfachs Religion nebst Fehlen von vollwertigen säkularen Alternativen dazu, durchaus problematisch ist.

„Es ist nicht Aufgabe des Staates, dafür Sorge zu tragen, dass eine Religionsgemeinschaft ihren Mitgliedern ihre religiösen Lehren vermittelt. Wenn der Staat Religion für nützlich hält, so kann er den Religionen dabei helfen, dies zu tun, und er hilft ihnen, indem er einen solchen Unterricht an Schulen zulässt und finanziell fördert. Für ein Pflichtfach gibt es jedoch keine Rechtfertigung." (aus: HEINRICHS, Thomas, *Religion und Weltanschauung im Recht: Problemfälle am Ende der Kirchendominanz (Humanismusperspektiven)*, Aschaffenburg 2017, 191f.).

14 Aufmerksame Leserinnen und Leser werden hier vermutlich die Frage stellen, wie meine Haltung zur Jungenbeschneidung im Judentum ist, die auch in Deutschland in den vergangenen Jahren Gegenstand teils sehr kontroverser gesellschaftlicher und politischer Debatten war. Meine Haltung ist, dass dieser Brauch durchaus eine kritische Diskussion verdient, die das Kindeswohl nicht vernachlässigt. Zugleich wäre es keine gute Politik, einen für diese religiöse Tradition seit vielen tausend Jahren konstitutiven Brauch quasi ad hoc zu einem einzelnen einschlägigen Urteil gesetzlich zu unterbinden. Hier sollte innerreligiöse Reformdiskussionen und der Betroffenen-Selbstorganisation in ausreichender Zeit die Möglichkeit zu Veränderung aus eigener Kraft gegeben werden. Mit dem inzwischen beschlossenen, insbesondere auch medizinische Sorgfaltspflichten betonenden Gesetz wurde daher m.E. eine vorläufig gute Lösung für die Kontroverse nach dem „Kölner Urteil" gefunden.

15 Hier sollte politisches Handeln der Kommunen auf die weltanschauliche Pluralität vor Ort reagieren, etwa durch Anpassungen der Trägerstruktur. Käme man dabei zu der Feststellung, dass diese Pluralität

Die Weltanschauungsfreiheit des religionsmündigen beziehungsweise erwachsenen Individuums muss freilich ebenfalls vollumfänglich gewährleistet werden. Unzweifelhaft stehen diesem Zustand alle staatlichen Regelungen entgegen, die „Blasphemie" oder „Apostasie" sanktionieren, aber auch religionspolitische Strukturen, die eine Zuordnung zu bestimmten vorgegebenen Konfessionen verlangen, wie dies etwa in Indonesien der Fall ist, oder die Anhänger bestimmter weltanschaulicher Auffassungen von Ämtern ausschließen (wie in einigen US-Bundesstaaten, wo selbsterklärte „Atheisten" bestimmte Ämter nicht wahrnehmen dürfen) oder die auf andere Weise einen Druck zur konfessionellen Zuordnung ausüben.

Die individuelle Weltanschauungsfreiheit von erwachsenen Musliminnen und Muslimen ist durch Kopftuchverbote betroffen, sofern diese als ein Ausdruck der Selbstbestimmung getragen werden.[16] Die Weltanschauungsfreiheit von konfessionsfreien Studierenden in Deutschland ist durch das Fehlen eines vom BMBF größtenteils finanzierten Begabtenförderungswerkes betroffen, wenn andere Studierende mit religiöser Orientierung die Chance auf konfessionell orientierte Begabtenförderung haben und dadurch im Vorteil sind.

Gerade auch in Bezug auf Konfessionsfreie bestehen in der Bundesrepublik Deutschland noch sozial weit erheblichere Defizite, da aufgrund der teilweise monopolartigen Aufstellung der kirchlichen Wohlfahrtsverbände in einigen Regionen und der Ausnahmen durch das Allgemeine Gleichbehandlungsgesetz bei der Anstellung von Bewerbern auch für nicht-verkündigungsnahe Stellen ein sozialer Konfessionalisierungsdruck entsteht, der der Weltanschauungsfreiheit entgegenläuft. Dass die kirchlichen Träger in immer mehr Regionen nur noch wenig Gebrauch von ihrer Möglichkeit zur Auswahl nach Konfession machen, da sie andernfalls nicht genug Arbeitnehmerinnen beziehungsweise Arbeitnehmer finden, ändert an der Problemlage nichts Wesentliches. Es ließen sich noch zahlreiche weitere ähnliche Beispiele aufzählen.

Grundsätzlich ist also für die Weltanschauungsfreiheit die staatliche Neutralität von großer Bedeutung – und letztlich nicht anders als für die Meinungs-, Kunst- oder Versammlungsfreiheit und andere Grundrechte. Gesetzliche Eingriffe können nur in der Abwägung mit den Grundrechten Anderer gerechtfertigt sein. Weltanschauungsfreiheit nimmt insofern keine hervorgehobene Stellung ein, es ist im Verhältnis kein „großes Grundrecht", wie dies in der Vergangenheit vereinzelt behauptet wurde.

---

nicht im Sinne einer paritätischen Vergabe sinnvoll abzubilden ist, sollten nicht-konfessionell profilierte Einrichtungen angeboten werden.

16 Auch sog. „Burka-Verbote" berühren die Weltanschauungsfreiheit, allerdings ist diese Ganzkörperverhüllung (einschließlich des Gesichts) ein besonderer Fall, da es aus humanistischer Perspektive nur schwer vollstellbar ist, dass diese Verhüllungen ein Ausdruck (mündiger) weltanschaulicher Selbstbestimmung sind.

Kollektive Weltanschauungsfreiheit

Ähnlich vielgestaltig wie die Situation und Probleme bei der individuellen Weltanschauungsfreiheit in den Ländern stellt sich aus humanistischer Perspektive die Lage bei der Gewährleistung kollektiver Weltanschauungsfreiheit heute dar.

Von Bedeutung ist für dieses Thema, dass es eine erheblich längere Tradition der Regelung kollektiver Religionsfreiheit gibt als die der individuellen Religionsfreiheit, die sich erst mit der Entwicklung freiheitlich-demokratischer Staaten zu entfalten begann und heute als (säkulare oder religiöse) Weltanschauungsfreiheit im Zuge der zunehmenden Säkularisierung der Gesellschaften in besonderer Weise einem Perspektivenwandel unterworfen ist.

Eine humanistische Perspektive auf die Frage nach Rahmenbedingungen bei der Gewährleistung kollektiver Weltanschauungsfreiheit betont zum einen den Vorrang der individuellen Weltanschauungsfreiheit, die sich aus der hohen Stellung des Selbstbestimmungsrechts jedes einzelnen Menschen ergibt.

Eine humanistische Perspektive betont zugleich die Rolle von Werten und Prinzipien wie Demokratie, Geschlechtergleichberechtigung, Toleranz und Kritikfähigkeit in ihrem Spannungsfeld zur kollektiven Weltanschauungsfreiheit.

Im Rahmen kollektiver Religionsfreiheit sollten sich religiöse Gemeinschaften für ihre Gemeinschaft intern durchaus auch Regeln geben können, nach denen beispielsweise Führungspersönlichkeiten nicht demokratisch (sondern durch etwa „Gott“) auserwählt werden, die Kritik an von Führungspersönlichkeiten geäußerten Auffassungen verbieten und Frauen den Zugang zu religiösen Ämtern verwehrt wird.[17] Unabdingbare Voraussetzung für die Gewährleistung kollektiver Religionsfreiheit auch zugunsten solcher Regeln muss es allerdings sein, dass die Möglichkeit zum Verlassen solcher Gemeinschaften (Kirchenaustritt) und zur Kritik an diesen religiösen Regeln „von außen“ eindeutig und unbestritten gegeben ist und insbesondere, dass keine staatlichen Strukturen diese Regeln sanktionieren oder eine derartige Sanktionierung begünstigen. In vielen Ländern sind diese Möglichkeiten jedoch bis heute nicht oder jedenfalls nicht vollumfänglich gegeben.[18]

---

17 Grenzen der kollektiven Religionsfreiheit finden sich insofern natürlich ebenfalls in anderen Grundrechten der Individuen, sodass beispielsweise die weibliche Genitalverstümmelung sicherlich auch nicht als im Rahmen kollektiver Religionsfreiheit geschützt sein könnte.

18 Eine interessante Rolle spielt hier auch die behördliche Registrierung von Kirchenmitgliederzahlen bzw. Kirchenaustritten wie es sie in der Bundesrepublik Deutschland gibt. Während das bestehende Modell von säkularen und humanistischen Organisationen kritisiert wird, da konfessionelle Zugehörigkeiten keine besondere staatliche Angelegenheit sein sollten, beneiden atheistisch denkende Personen in anderen Ländern uns offenbar darum. Denn mit dem vor einer Behörde zu erklärenden Austritt kann die Distanzierung von einer Religionsgemeinschaft offenbar symbolisch wirkungsvoller deutlich gemacht werden als ohne. So klagte bspw. ein atheistischer Philippine vor einigen Jahren darüber, dass es in seinem Land keinen amtlichen Kirchenaustritt gibt und die katholische Kirche daher ohne Weiteres alle einst getauften Personen dauerhaft öffentlich als Mitglieder ausweisen kann, anders als die von offiziellen Austrittszahlen geplagte Kirche in Deutschland.

Staatliche Neutralität spielt hier ebenfalls eine bedeutende Rolle. *Zum einen*, da die staatliche Förderung oder Bevorzugung bestimmter Religionen oder Religions- beziehungsweise Weltanschauungsgemeinschaften meist eine Benachteiligung nicht geförderter Gemeinschaften zur Konsequenz hat, die mit Blick auf die Tatsache, dass die Angehörigen der nicht geförderten Gemeinschaften ebenfalls Steuerzahler und auf andere Weise das Gemeinwesen mittragende Personen sind, zumindest fragwürdig ist. *Zum anderen*, da eine staatliche Förderung bestimmter Weltanschauungen, Religionen beziehungsweise solcher Gemeinschaften auch die Gefahr mit sich bringt, die individuelle Weltanschauungsfreiheit zu beeinträchtigen (siehe die Beispiele zu Arbeitnehmern, Kita-Suche und Religionsunterricht im letzten Kapitel).

Dies soll kein Plädoyer dagegen sein, dass staatliche Institutionen in einigen sozialen oder kulturellen Bereichen auch mit religiösen oder säkularen Weltanschauungsgemeinschaften kooperieren könnten beziehungsweise sollten, wie dies zum Beispiel im Rahmen der im Grundgesetz angelegten *kooperativen Laizität* möglich ist[19], um diese als Teil der engagierten Zivilgesellschaft in die Gestaltung des Gemeinwesens einzubinden und deren wertebezogenes Engagement für die Allgemeinheit zu aktivieren und fruchtbar zu machen.

In jedem Fall ist aber für Bürgerinnen und Bürger wie deren politische Vertreter eine erhöhte Sensibilität in diesem Bereich angebracht; unverzichtbar sind Transparenz und eine funktionierende demokratische Kontrolle, um Missbrauch zugunsten einiger Gemeinschaften beziehungsweise Religionen und zum Nachteil von Bürgerinnen und Bürger mit anderer weltanschaulicher Orientierung zu verhindern.

Das beispielsweise in Deutschland vorhandene „kirchliche Arbeitsrecht“ der großen kirchlichen Wohlfahrtsverbände, das vielfach als Teil eines „kollektiven Selbstbestimmungsrechts“ im Rahmen der (religiös-kirchlichen) Weltanschauungsfreiheit gerechtfertigt wird, steht daher auch zu Recht in der öffentlichen Aufmerksamkeit und Kritik[20] – jedenfalls solange die Einrichtungen ganz oder zum größten Teil durch öffentliche Haushalte und Leistungsentgelte der Allgemeinheit finanziert werden. Zu Recht in der Aufmerksamkeit und Kritik stehen in Deutschland ebenfalls die sogenannten Staatsleistungen als pauschalisierte Zuwendungen der Länder an die Kirchen und einige kleinere

19 Auch wenn dies in Deutschland bisher leider eher sehr einseitig zugunsten der großen Kirchen und ausgewählter kleinerer Religionsgemeinschaften praktiziert wurde.

20 In Art. 137 WRV, der über Art. 140 GG in das Weltanschauungs- und Religionsverfassungsrecht inkorporiert ist, heißt es: „Jede Religionsgesellschaft ordnet und verwaltet ihre Angelegenheiten selbständig innerhalb der Schranken des für alle geltenden Gesetzes.“ – Hier ist die Rede von „ordnen“ und „verwalten“ „innerhalb der Schranken des für alle geltenden Gesetzes“, weshalb über das erwähnte „kirchliche Selbstbestimmungsrecht“ durchaus gestritten werden kann.

Religionsgemeinschaften, zumindest solange, bis deren Transparenz und demokratische Legitimation auch aus Sicht der Konfessionsfreien ebenfalls unstrittig ist.[21]

Kirchenförmigkeit in Recht und Politik

Ein letzter und hierzulande wichtiger Punkt, den ich in diesem Beitrag zum Abschluss erwähnen will, berührt sowohl Aspekte der individuellen wie kollektiven Weltanschauungsfreiheit in ihrem Verhältnis zur staatlichen Neutralität.

Eine der wesentlichen Voraussetzung für die Gewährleistung von Weltanschauungsfreiheit, in deren Rahmen keine religiöse oder säkulare Weltanschauung beziehungsweise eine Weltanschauungsgemeinschaft durch die öffentliche Hand privilegiert oder durch weltanschauungs- und religionspolitische Strukturen benachteiligt wird, ist die Neutralität des Staates. Es ist ein Kennzeichen weltanschaulich nicht-freiheitlicher Länder, dass es unverkennbare Privilegierungen für die einen oder Benachteiligungen für die anderen gibt.

Eines der im Hinblick auf die Weltanschauungsfreiheit der in der Bundesrepublik Deutschland heute zentralen Defizite besteht in der Privilegierung kirchenförmiger Religionen beziehungsweise religiöser oder weltanschaulich geprägter Wertegemeinschaften. Verankert in gesetzlichen Regelungen und im politischen Denken gehört das Problem Kirchenförmigkeit zu den wesentlichen Ursachen, dass trotz eines enormen Wandels der weltanschaulichen Landschaft während der letzten Jahrzehnte fast keine der anderen religiösen und säkularen weltanschaulichen Gruppen im Rahmen des bestehenden Inkorporationsmodells integriert werden konnten.[22]

Kirchenförmigkeit in Recht und Politik bedeutet, dass zur Integration und Partizipation im Rahmen des deutschen Inkorporationsmodells und der im Grundgesetz angelegten kooperativen Laizität mit einer Trennung zwischen Staat und Religion einerseits sowie der Möglichkeit zur Zusammenarbeit andererseits, das formelle Vergemeinschaftungsmuster der allermeisten christlichen Religionsgemeinschaften, die Kirche, als wesentliche Voraussetzung gilt. Doch im Vergleich der religiösen und säkularen Weltanschauungen ist das Modell kirchlicher Vergemeinschaftung ein Spezialfall. Weder der Islam noch das Judentum, noch auch frühere Formen des Christentums, oder das Alevitentum, der Buddhismus oder auch der (säkulare) Humanismus kennen diese Form

---

21 Drei Landesverbände des Humanistischen Verband Deutschlands erhalten ebenfalls solche Staatsleistungen auf Gleichbehandlungsbasis, ein weiterer eine vergleichbare öffentliche Förderung. Der Verband fordert eine Erneuerung dieser Finanzierungsstrukturen, die den Forderungen nach Transparenz, demokratischer Legitimation, staatlicher Neutralität und finanzieller Verhältnismäßigkeit entspricht.

22 Lesenswert dazu auch: SPEER, Sven, Deutsche Religionspolitik im Kontext des Islam – Ursachen und Auswirkungen der Re-Formation von Religionspolitik als Integrationspolitik, in: ANTES, Peter / CEYLAN, Rauf (Hg.), *Muslime in Deutschland. Historische Bestandsaufnahme, aktuelle Entwicklung und zukünftige Forschungsfragen*, Wiesbaden 2017, 115–150.

der Vergemeinschaftung mit den formell hohen Organisationsgraden (unter Einbeziehung einer Vielzahl von passiven „Mitgliedern“[23]), wie sie für Kirchen typisch sind. Anderen Weltanschauungen sind diese Vergemeinschaftungsformen fremd oder widersprechen den weltanschaulichen Selbstverständnissen teilweise sogar.

Ein weltanschaulich neutraler Staat müsste diese Unterschiede respektieren. Kirchenförmigkeit kann insofern nicht als legitime Voraussetzung zur Integration, Partizipation und Kooperation in Hinblick auf die individuelle wie kollektive Weltanschauungsfreiheit gelten. Faktisch ist sie das in weiten Teilen von Recht und Politik in Deutschland jedoch bis heute.

Eine höchst aktuelle Herausforderung besteht also darin, ein auch für die religiösen und säkularen Weltanschauungen neben dem Christentum taugliches Modell zu entwickeln, das einerseits die Eigenheiten der jeweiligen Religions- und Weltanschauungsgemeinschaft (die diese auch sein können, ohne als e. V. oder als KdöR konstituiert zu sein) respektiert und zugleich sicherstellt, dass es dabei nicht zu unberechtigten Vereinnahmungen weltanschaulich anders orientierter Menschen kommt.

So repräsentiert ein – hier lediglich als Beispiel angeführter – Moschee- oder Cem-Verein sicherlich mehr als die 20 im e. V. zur Erhaltung von etwa der Bausubstanz tätigen Personen, wie dies eine wöchentliche Besucherzahl von 300 Personen nahelegt. Andererseits würden sich Aleviten zu Recht wehren, als Muslime von einem islamischen Verband vereinnahmt zu werden. Und Konfessionsfreie, die sich als freie „Christen“ sehen, wahrscheinlich auch gegen die Vereinnahmung durch einen Humanistischen Verband.

Das Verlangen nach Kirchenförmigkeit bietet hier für alle Betroffenen keine tragfähige Lösung, welche die individuelle wie kollektive Weltanschauungsfreiheit respektiert – mit Ausnahme natürlich der als solche etablierten Kirchen. Doch in der heutigen, weltanschaulich pluralistischen und funktionell ausdifferenzierten Gesellschaft werden neue Maßstäbe gebraucht. Der Bezug auf lediglich eine Kenngröße ist für ein seriöses und kluges politisches Handeln jedenfalls nicht sinnvoll, und staatliche Neutralität als Voraussetzung für die Gewährleistung von Weltanschauungsfreiheit ist auf diese Weise kaum angemessen zu realisieren.

23 Die Zugehörigkeit zur „Sunna“ im Islam oder die Eigenschaft, jüdisch zu sein, im Judentum sind nicht in diesem Sinne als Mitgliedschaft in einer „Körperschaft“ konzipiert.

Christlich-Islamischer Dialog: Chancen und Grenzen aus soziologischer und christlich-theologischer Sicht

Michael N. Ebertz

Was heißt ‚Dialog'?

Der Begriff des Dialogs wird gegenwärtig nicht nur inflationär verwendet – es macht schon das Wort von der ‚Dialog-Industrie' die Runde. Der Ausdruck Dialog wird auch außerordentlich vielfältig gebraucht, sowohl was seine kommunikative Gattungsbestimmung als auch die Erwartungen im Hinblick auf die Ziele, Leistungen und Funktionen des damit Gemeinten angeht. Die Pluralisierung in der Semantik des Dialogbegriffs spiegelt damit selbst die gesellschaftlichen Voraussetzungen wider, die ihn zu einem Wortfavoriten haben werden und die Dialog-Postulate inner- wie außerkirchlich haben anschwellen lassen: nämlich die auch lebensweltliche und in der modernen Gesellschaft wachsende Erfahrung von Differenz. Von ihr nimmt man an, sie mittels der ‚Unterredung' intermediär überschreiten zu können. Gilt dies auch für die wachsende Erfahrung religiöser Pluralität beziehungsweise Differenz, die ja nicht nur die Wirklichkeit zwischen den Religionen betrifft, sondern auch innerhalb der Religionen? Nicht nur ‚das Christentum' wird – auch und gerade in Deutschland – als religionsintern heterogen erfahrbar, sondern zunehmend zum Beispiel auch ‚der Islam', dem „im Judentum die Behauptung der partikulären Erwählung des Volkes Israel ein verfälschender Verstoß gegen die in Wahrheit universale und gleiche Heilszuwendung Gottes zu allen Menschen" ist, ähnlich wie ihm „im Christentum die Entstehung der Christologie als Verstoß gegen die Absolutheit Gottes"[1] gilt.

Ein schon älteres, 1993 verabschiedetes, aber keineswegs veraltetes Papier des Zentralkomitees der deutschen Katholiken (ZdK), an dem ich mich unter anderem orientiere, heißt „Dialog statt Dialogverweigerung"[2]. Seine Aussagen haben sich auf die *intra*religiöse – innerkatholische – Verständigung bezogen, sie sind aber auch hilfreich für die *inter*religiöse Verständigung. Es unterscheidet zwei Typen des Dialogischen:

---

1 UHDE, Bernhard, *Warum sie glauben, was sie glauben. Weltreligionen für Andersgläubige und Nachdenkende*, Freiburg 2013, 128.

2 ZDK, Dialog statt Dialogverweigerung. Wie in der Kirche miteinander umgehen?, in: SCHAVAN, Annette (Hg.), *Dialog statt Dialogverweigerung. Impulse für eine zukunftsfähige Kirche*, Kevelaer 1994, 25–73 (siehe auch: http://www.zdk.de/veroeffentlichungen/ erklaerungen/detail/Dialog-statt-Dialogverweigerung-Wie-in-der-Kirche-miteinander-umgehen--57H/, aufgerufen im März 2017).

1. eine eher personenorientierte und personengebundene „interpersonale Kommunikation“, in der vorwiegend die persönlichen Identitäten und (private, intime) Beziehungsebenen – etwa in Paar- oder Kleingruppenbeziehungen (Freundschaften, Familien, Glaubensgesprächsgruppen) – thematisch werden, und

2. eine eher sachorientierte Kommunikation zwischen Organisationen oder Teilsystemen einer Organisation, genauer gesagt zwischen Rollenträgern als Repräsentanten von „,Welten‘, die aus strukturellen Gründen einander fremd geworden sind“[3], also von unterschiedlich organisierten Lebens- und Erfahrungsbereichen. Dementsprechend heißt es zur Charakterisierung dieses zweiten Dialogtypus im ZdK-Papier auch: „Die Dialogpartner sind in diesem Falle als Personen wenigstens zum Teil austauschbar, da sie in der Regel als Organ einer Personenmehrheit oder einer bestimmten Organisation auftreten. Dialog besagt in diesem Falle ein Sich-Einlassen auf das Anliegen des anderen als Repräsentanten, weniger auf die Beziehung zu ihm als Person“[4]. Dass auch dieser Inter-Organisationsdialog nicht ausschließt, ja es ihm dienlich sein kann, dass die Vertreter der einzelnen Welten sich auch als Personen wechselseitig wahrnehmen und achten und sie Fähigkeiten zur Rollendistanz entwickeln, also zeigen, dass sie auch noch andere Rollen innehaben beziehungsweise nicht nur in der repräsentierten einen Rolle aufgehen, sei hier nur angemerkt.

Mit diesem zweiten Dialogbegriff, an den ich mich im Folgenden anlehne, wird ein axiologisches Moment des Dialogischen verknüpft. Seine Hauptelemente können wie folgt benannt werden:

a) das Prinzip der Relationalität oder Repräsentativität der Dialogpartner als der Versuch, die Unterredung nicht zu personalisieren und zu moralisieren;

b) das Prinzip der Offenheit beziehungsweise der inneren Mobilität der Dialogpartner, sich auf einander zuzubewegen;

c) das Prinzip der Als-Ob-Egalität beziehungsweise der Ausklammerung von Machtdifferenzen und struktureller Asymmetrie;

d) das Prinzip der Kohärenz als der Versuch, „die Perspektive derer, die ein anderes ‚System‘ repräsentieren, mit in Betracht zu ziehen“[5] und mit der eigenen Perspektive zu verknüpfen, und

e) das Prinzip der Fragmentarität, theologisch gesprochen, die Grundhaltung des „demütigen Eingeständnisses, dass unser Erkennen und unser Reden ‚Stückwerk‘ ist“[6].

Dass mit der expliziten Benennung solcher Prinzipien weitere impliziert sind, lässt sich unterstellen, so zum Beispiel das Prinzip des Gewaltverzichts – ein zivilisatorisches Prinzip – oder, wie ich es oben bewusst formuliert habe, das ‚Unterredung‘sprinzip, das die Dialogpartner davon abhalten soll, einander „mit Blendwerk und Eroberungswillen

3 ZdK, Dialog statt Dialogverweigerung., a. a. O., 40f.
4 A. a. O., 41.
5 Ebd.
6 Wanke, Joachim, Verbindliches Gespräch. Chancen und Grenzen des Dialogs in der Kirche, in: *Anzeiger für die Seelsorge* 2 (1994), 43–49, hier 45f.

zu begegnen"[7] beziehungsweise zu manipulieren; und freilich auch das Prinzip der ‚geistigen Präsenz' der Dialogpartner.

‚Lernen' als Zweck des Dialogs

Den Zweck eines so axiologisch gerahmten Dialogverfahrens sieht das ZdK-Papier darin, „zu einem über den bloßen Interessensausgleich hinausgehenden Ergebnis zu gelangen"[8]. Wenn ich recht sehe, sucht das Papier mit dieser Formulierung den ‚Dialog' zum einen gegenüber anderen Kommunikationsformen und -zwecken zwischen Organisationen – wie dem Verhandeln zwecks interessegeleitetem, wechselseitigem Zugeständnis oder Kompromiss – abzugrenzen. Zum anderen benennt es als anzustrebende spezifische Leistung des Dialogs das wechselseitige Lernen der Dialogpartner (als Repräsentanten organisierter, aber einander fremd gewordener oder, so lässt sich ergänzen, fremder sozialer Welten). Dies ist ein Akzent, den übrigens schon Karl Rahner setzt, der bereits Dialoge „zwischen einzelnen" und „zwischen gesellschaftlichen Gruppen und Institutionen"[9] unterscheidet. Auch er schreibt, andere Abgrenzungen zu anderen Kommunikationsformen in den Blick nehmend: „Dialog wird ja unternommen mit der Absicht zu lernen, nicht nur zu dozieren, seine eigene Meinung gegebenenfalls zu revidieren, zu nuancieren, zu ändern"[10]. Dialog, so heißt es im ZdK-Papier dementsprechend, „verlangt die Bereitschaft, in bestimmten Fragen von anderen zu lernen, das heißt die Prämissen des eigenen Handelns zu verändern [...] Wenn nur eine Seite lernbereit ist, kann Dialog nicht gelingen"[11]. Der Ausdruck ‚lernen' wird, wenn ich recht sehe, nicht weiter präzisiert. Auch werden keine funktionalen Äquivalente zum Dialog als Mittel des Lernens genannt. Kann nur durch Dialog gelernt werden? In organisatorischen beziehungsweise institutionellen Kontexten wird unter ‚Lernen' in der Regel der Prozess der Anpassung – nicht der Angleichung – einer Organisation oder eines Teils der Organisation an veränderte Situationen und Problemlagen in der Umwelt durch Informationsaufnahme und -verarbeitung zur Vorbereitung von (rationalen) Entscheidungen verstanden.

---

7 JACQUES, Francis, Die Bedeutung des Dialogs für die heutige Gesellschaft, in: JOSEF, Simon / JACQUES, Francis (Hg.), *Dialog als Bedingung der differenzierten Gesellschaft*, Stuttgart 1992, 31–54, hier 33f.

8 ZDK, Dialog statt Dialogverweigerung, a. a. O., 41.

9 RAHNER, Karl, Vom Dialog in der Kirche, in: *Stimmen der Zeit* 92 (1967), 81–95, hier 81.

10 Ebd.

11 ZDK, Dialog statt Dialogverweigerung, a. a. O., 41.

Chancen des Dialogs

Folgt man der einschlägigen Kommentierung Franz-Xaver Kaufmanns, eines der Mitautoren des ZdK-Papiers, geht es beim ‚Lernziel' des Dialogs darum, „unterschiedliche Sichtweisen mit Bezug auf eine Sache zur Kenntnis zu nehmen, um auf diese Weise zu einer besseren gemeinsamen Einschätzung zu gelangen"[12]. Das Lernen durch Dialog, so könnte man sagen, zielt auf das ‚Einfangen' und den Versuch des Nachvollziehens der jeweils vorgestellten Perspektivendifferenz und Multiperspektivität, um die fragmentarische Enge des jeweiligen Erfahrungshorizontes zu überwinden, der „fruchtbaren Andersheit der Gesprächspartner"[13] Raum zu geben sowie der Komplexität und Kontextualität einer Sachlage und damit den von ihr Betroffenen in Wahrnehmungs-, Beurteilungs- und Entscheidungsprozessen gerecht (und immer gerechter) zu werden. Das Stichwort Unterschiedlichkeit der Sichtweise wäre freilich noch weiter zu entfalten – etwa wahrnehmungs-, erlebnis-, kognitionspsychologisch, aber auch milieu- und wissenssoziologisch. Probleme der Selektivität der Wahrnehmung, der „Verschiedenheit der Aufmerksamkeit, der Handlungsperspektive" je nach „der Art der Beteiligung am Geschehen (zum Beispiel ob als Handelnder oder als Beobachter), der Unvollständigkeit von Mitteilungen, der Flexibilität des Gedächtnisses"[14], der Differenz von Laien- und Expertenwissen, der Auslegung von Eigen- und Fremdgruppe, der persönlichen Relevanzen überhaupt usw.[15] – solche Fragen sind in den Humanwissenschaften gut erforscht.

Wie groß bereits die „Vieldeutigkeit der Ereignisse selbst"[16] (Hahn 1988, 351) ist, lässt sich exemplarisch an einer scheinbar so eindeutigen äußeren Handlung, dass ein Mann bei Rot über die Straße fährt, demonstrieren. Erving Goffman[17] zählt in Anlehnung an Austin allein mehr als zwanzig verschiedene Deutungen auf, ohne Vollständigkeit zu beanspruchen: Wo der Mann herkommt, gibt es Zeichen, aber keine Ampeln. – Das Tageslicht war ungünstig und das Ampelsignal nicht zu erkennen. – Der Fahrer ist kürzlich farbenblind geworden. – Er drohte zu spät zur Arbeit zu kommen. – Seine Frau bringt auf dem Rücksitz gerade ein Kind zur Welt. – Der Bankräuber auf dem

12 KAUFMANN, Franz-Xaver, Wie entsteht Autorität, in: SCHAVAN, Annette (Hg.), *Dialog statt Dialogverweigerung. Impulse für eine zukunftsfähige Kirche*, Kevelaer 1994, 123–138, hier 130.

13 LEHMANN, Karl, *Vom Dialog als Form der Kommunikation und der Wahrheitsfindung in der Kirche heute.* Eröffnungsreferat bei der Herbstvollversammlung der Deutschen Bischofskonferenz in Fulda am 19. September 1994, Bonn 1994, 18 in: http://www.dbk.de/fileadmin/redaktion/veroeffentlichungen/vorsitzender/VO_17.pdf (aufgerufen im März 2017).

14 HAHN, Alois, Verständigung als Strategie, in: HALLER, Max (Hg.), *Kultur und Gesellschaft*, Frankfurt a. M. / New York 1988, 346–359, hier 350f.

15 Vgl. SCHÜTZ, Alfred, Der Fremde, in: DERS., *Gesammelte Aufsätze II: Studien zur soziologischen Theorie*, Den Haag 1972, 53–69.

16 HAHN, Alois, a. a. O., 351.

17 GOFFMAN, Erving, *Das Individuum im öffentlichen Austausch. Mikrostudien zur öffentlichen Ordnung*, Frankfurt a. M. 1974, 147f.

Beifahrersitz befiehlt ihm mit einer Pistole, bei Rot durchzufahren. – Da es regnet, ist es sicherer, auf der ölverschmierten Straße auch bei Rot nicht zu bremsen. – Die Bremsen funktionieren gar nicht. – Er hat einfach vergessen, auf die Ampel zu schauen. – Er ist Polizeiinspektor und will die Wachsamkeit der diensttuenden Polizisten testen. – Die Ampel hat einen Defekt und schaltet nicht mehr auf Grün um usw., usw.

Deutlich wird somit zunächst: Dialog als ein besonders geartetes, idealtypisch differenzierbares und auf wechselseitiges Lernen ausgerichtetes Verfahren der Kommunikation zielt weder auf Interessensausgleich, noch, wie häufig unterstellt wird, auf restloses ‚Verstehen' oder ‚Konsens'. Lernen durch Dialog, so darf man schlussfolgern, wird offensichtlich angesichts der komplexen (intra-, interpersonalen und strukturellen) Verhältnisse als nichts Geringeres als die bessere Möglichkeit postuliert, einen Weg ‚zum Besseren' zu finden, worauf offensichtlich niemand mehr einen gesellschaftlich akzeptierten Wissensmonopol-Anspruch hat. Lernen durch Dialog wird angesichts der gegebenen (intra-, interpersonalen und strukturellen) Verhältnisse, so darf vielleicht ebenso geschlussfolgert werden, als das geringere Übel angesehen als das Anstreben von Interessensausgleich, von völligem Verstehen oder gar von Konsens. Von der normativen Abweisung des Interessensausgleichs abgesehen, erweist sich damit das Dialogkonzept des ZdK mit seinem impliziten Verstehens- und Konsensverzicht insofern als hochgradig realistisch, als es – zumindest implizit, so unterstelle ich – von der Unmöglichkeit völligen Selbst- und Fremdverstehens ebenso ausgeht wie von der Unwahrscheinlichkeit von Konsensbildungen. Das phänomenologisch und psychologisch gebildete Wissen um die Transzendenz fremden Bewusstseins (Edmund Husserl) beziehungsweise um die Inkommunikabilität des eigenen Bewusstseins- und Unterbewusstseinschaos (Georg Simmel) einerseits sowie das – auch historisch gesättigte, zivilisatorische – Wissen, dass jeder Versuch, auch und gerade in differenzierten verinnerlichten und organisatorisch formierten Wertüberzeugungen zu einem Konsens zu gelangen, Terror oder Bürgerkrieg auszulösen vermag, legen solche Selbstbegrenzungen des Dialogs nahe; vielleicht auch das Wissen um die „alle rationalen Diskurse [...] verweigernden Ansprüche dessen, was Religion in jeder ernstzunehmenden Form vertritt"[18]. Das Dialogkonzept des ZdK besticht jedenfalls den Soziologen durch seinen Verzicht auf die Überlastung des Dialogischen mit irrealen Erwartungen. Es bricht damit auch „mit einem gewissen Optimismus der klassischen Kultur", deren Dialoge in einen festen Rahmen eingespannt waren, „überragt von einem ihnen vorauseienden Allgemeinen", einer *universitas*, der die Gesprächsteilnehmer angehörten und deren Horizont „im Vorhinein die gegenseitige Übereinstimmung ihrer Rede sicherte"[19]. In den Dialog zu gehen heißt somit: eine friedliche kommunikative Beziehung einzugehen und dabei in einen Lernmodus zu gehen.

18 KAUFMANN, Franz-Xaver, *Religion und Modernität. Sozialwissenschaftliche Perspektiven*, Tübingen 1989, 71f.
19 JACQUES, Francis, a. a. O., hier 42f.

Als interreligiöser Dialog bietet diese spezifische Kommunikationsform der ‚Unterredung' die Möglichkeit, unterschiedliche, zum Teil widersprüchliche Begegnungs- und Handlungsgeschichten mit dem gleichen Gott zu kommunizieren, hegemoniale und fundamentalistische Positionen, die es in jeder Religion gibt, zu überwinden und die Ehrfurcht vor Gott zu steigern, der allein über die Zentralperspektive verfügt.

Grenzen des interreligiösen Dialogs

Der ‚Dialog' ist kein kommunikatives Zaubermittel, auch nicht unbedingt unterhaltsam, sondern anstrengend. Er stößt aber auch auf Grenzen, von denen ich drei herausgreifen möchte. Zum einen hat der interreligiöse Dialog ‚natürliche' Grenzen. So können Religionen „von jeweiligen Sprachen dermaßen geprägt sein, dass sie für Angehörige anderer Sprachgemeinschaften nicht vollständig verstehbar sind"[20]. Obwohl Religionen „Autoritätsdiskurse"[21] pflegen, gehen sie in Sprache nicht auf, sind nur partiell sprach- beziehungsweise dialogfähig:

- Mythen (zwar sprachlich, aber metaphorisch, nicht in diskursive Sprache überführbar);
- Symbole und Rituale (präsentative Formen);
- Utopien, die auf Wunsch- und Zielvorstellungen verweisen, deren Verwirklichung aber nicht unbedingt erwartet, aber als motivierendes Ideal verfolgt wird[22].

Religionen sind, so gesehen, axiomatische und ‚holistische' Sinnwelten.

Zum anderen gibt es noch weitere Grenzen des Dialogs: Das Interesse an Religion, an Religionen, an interreligiösem Dialog ist in der Bevölkerung, insbesondere unter Menschen, die keine theologischen Experten und Expertinnen sind, begrenzt und hochgradig selektiv. Anders als diese, welche „die Lehrmeinungen als besonders relevant beurteilen, beurteilen die Gläubigen Religion [...] stärker unter dem Aspekt des Handelnden. Religion wird im Alltag primär als Feld aktueller und potentieller Handlungen und nur sekundär als Objekt des Denkens erlebt"[23]. Religion wird unter pragmatischen Gesichtspunkten beurteilt und aus dem jeweiligen Erfahrungsbereich ihrer Mitglieder, nicht aus theologischen Logiken heraus zum Thema. Wie bereits Alfred Schütz betonte, ordnet der Handelnde „die Welt um sich herum (als Zentrum) zu einem beherrschbaren Feld und ist deshalb besonders an jenem Ausschnitt interessiert, der in seiner aktuellen und potentiellen Reichweite liegt. Von den Elementen dieses Ausschnittes wählt er jene,

---

20 CHAKKARATH, Pradeep, Welt- und Menschenbilder: Eine sozialwissenschaftliche Annäherung, in: *Aus Politik und Zeitgeschichte* 65 (2015), Heft 41/42, 3–9, hier 5.

21 BOURDIEU, Pierre, *Was heißt sprechen? Die Ökonomie des sprachlichen Tausches*, Wien 1990, 77.

22 Vgl. CHAKKARATH, Pradeep, a. a. O., 8.

23 GELLER, Helmut, Einflussmöglichkeiten und Einflussformen der Kirchen auf das Leben des einzelnen in der Bundesrepublik Deutschland, in: BROCKMANN, Heinz Wilhelm (Hg.), *Kirche und moderne Gesellschaft*, Düsseldorf 1976, 31–60, hier 33.

die ihm als Mittel oder Zwecke für sein ‚Nutzen und Frommen' dienen können, um seine Zwecke zu verfolgen und um Hindernisse zu überwinden"[24]. Diese Relevanzen sind zudem bildungs-, generations- und milieugebunden. Folgt man den Erkenntnissen des Heidelberger Sinus-Instituts, sind nur vier Milieus überhaupt überdurchschnittlich (die ‚Konservativ-Etablierten'; die ‚Traditionellen') oder durchschnittlich (die ‚Bürgerliche Mitte'; die ‚Sozialökologischen') religiös interessiert, während die Mehrheit der Milieus unterdurchschnittliches religiöses Interesse signalisiert: die ‚Expeditiven'; die ‚Adaptiv-Pragmatischen'; die ‚Prekären'; die ‚Performer'; die ‚Hedonisten' und sogar die ‚Liberal-Intellektuellen'. Damit ist auch schon gesagt, dass die jüngeren Generationen der Gegenwart geringeres religiöses Interesse haben als die älteren.

Aber auch der Gegensatz zur religiösen Indifferenz kann dazu führen, einen interreligiösen Dialog abzulehnen: Er speist sich auch aus der ‚fundamentalistischen' Haltung heraus, die statt ‚Indifferenz' ‚Differenz' betont und dem Differenten zugleich einen inferioren Status zuschreibt. Für die fundamentalistische Haltung ist kein Gegenstand indifferent gegenüber einer religiösen Betrachtungsweise, selbst das geringfügigste profane Ereignis ist aus ihrer religiösen Überlieferung heraus interpretierbar. Der religiöse Fundamentalist fühlt sich nirgends unzuständig. Zwar ist von der Sache her schon die Perspektive des Religiösen ‚unbegrenzt' und bildet – wie Andreas Dorschel[25] schreibt – eine Art „Super-Code über allen profanen Codes" (Moral, Wirtschaft, Politik, Recht, Erziehung, Wissenschaft, Massenmedien, Straßenverkehr), aber als fundamentalistisch setzt sie sich erst dann in Szene, wenn sie anhebt, andere – nicht-religiöse Perspektiven – nur als vorletzte – ‚weltliche' – abzuwerten, und es dabei verabscheut, das von ihm vertretene Religiöse seinerseits einer solchen – etwa wissenschaftlichen – Perspektive zu unterziehen. Die fundamentalistische Haltung ist hoch empfindlich, wenn die eigene religiöse Überlieferung von einem außerreligiösen Standpunkt aus betrachtet und damit relativiert wird, gilt ihr doch ein solcher *point of view* als schräge, linkisch-linke, ja ‚unter'-religiöse Perspektive, die das eigentlich Religiöse wie in einem Spiegelkabinett verzerrt. Was auf der Kirmes lustig sein mag und zum Lachen animiert, lässt den Fundamentalisten schon Blasphemie assoziieren, und dieser Vorwurf kommt ihm rasch über die Lippen. Das Religiöse ist kein ‚weltlich' Ding, denkt der Fundamentalist, entzieht sich dem Weltlichen und muss *das Weltliche dominieren* und nicht umgekehrt – auch kognitiv. So neigt der Fundamentalist zum Protest gegen die Befunde einer historisch-kritisch verfahrenden Interpretation ‚heiliger' Texte (z. B. der Bibel oder des Koran) und ‚heiliger' Institutionen. Eine bestimmte „Spielart der progressistischen Exegese" stelle – so zum Beispiel der katholische Fundamentalist – den päpstlichen Primat als „geschichtlich gewordene Erscheinung ohne göttliche Herkunft und Verbindlichkeit"

24 SCHÜTZ, Alfred, Der Fremde, in: DERS., *Gesammelte Aufsätze II: Studien zur soziologischen Theorie*, Den Haag 1972, 53–69, hier 55.

25 DORSCHEL, Andreas, Religion als ‚Teilsystem'? – Zu Niklas Luhmanns ‚Die Unterscheidung Gottes', in: *Österreichische Zeitschrift für Soziologie* 11 (1986), 12–18, hier 16.

dar und hebe „mit ihren sogenannten Ergebnissen die gesamte Verfassung der Kirche aus den Angeln", womit „die Fundamente der katholischen Kirche untergraben" werden würden und es „mit unserer Kirche am Ende"[26] sei. So lebt jeder Fundamentalist aus einer entschiedenen Verweigerungshaltung. Er lehnt es zum Beispiel ab, seine ihm ‚heilig', das heißt unantastbar und unverletzlich geltende religiöse Überlieferung dem Diskurs der Profanwissenschaften zu unterwerfen. So glaubt etwa Franz Schmidberger[27] von der katholischen ‚Priesterbruderschaft Pius X.', dass „die Erbsünde [...] eine Verblendung der menschlichen Vernunft, eine Verkehrung des menschlichen Willens und eine Entfesselung der menschlichen Leidenschaften" sei und „die Welt unter die Herrschaft Satans" gebracht habe. Jene Verweigerung wird somit zu einem identitätssichernden ‚heiligen' Akt, um die religiöse Deutung vor Kontaminationen durch die profanen und das heißt sündhaft, wenn nicht diabolisch belasteten Wissenschaften zu immunisieren. Das Religiöse, so jeder Fundamentalist, müsse das Profane ‚anstecken' und nicht umgekehrt; das Religiöse müsse vor Profanierung geschützt und von Profanierung gegebenenfalls gereinigt werden. ‚Rein' und ‚unrein' wird dem Fundamentalisten – wie ‚heilig' und ‚profan' – ohnehin zur Leitunterscheidung, wobei immer die Frage im Spiel ist, wieweit die Sphäre des Rein-Heiligen reichen soll. Jeder Fundamentalist tendiert dazu, sie maximal auszudehnen und sie schon deshalb überall als bedroht zu sehen. Dabei kann der Fundamentalist auch dem religionsinternen Pluralismus den Purifizierungskampf ansagen, weil er ihn bereits als Zeichen der Verweltlichung beziehungsweise Verunreinigung, ja Verseuchung seiner eigenen Religion interpretiert. So sucht sich der katholische Fundamentalist von Vertretern der ‚nachkonziliaren' Kirche zu segregieren, um den legitimen Code reinzuhalten: „Wenn wir uns von diesen Leuten entfernen, so genau wie von den Personen, die AIDS haben. Man hat keine Lust, es sich zu holen [...], das geistige AIDS, eine ansteckende Krankheit", so der Gründer der Bruderschaft Pius X., Marcel Lefébvre (1905–1991), für den freilich auch Repräsentanten des Protestantismus als kontaminierende Dialogpartner zu meiden sind. Freilich meiden fundamentalistisch Orientierte auch den Kontakt mit Vertreterinnen und Vertretern anderer Religionen, ja sie bekämpfen die Religionsfreiheit im Sinne eines Religionspluralismus, das heißt die Präsenz anderer – konkurrierender – Religionen und Konfessionen. Sie können diese Präsenz als ‚Überfremdung' deuten, trägt doch schon ihre visible Existenz zur Relativierung des eigenen universalen Deutungsanspruchs bei und fördert die Tendenz zu ‚unreinem' Synkretismus. Gegenüber den anderen Religionen beharren sie auf dem Absolutheits- und Überlegenheitsanspruch der eigenen Religion, und dieser müsse nicht nur theoretisch, sondern auch praktisch behauptet werden.

Die Kritik z. B. eines katholischen Fundamentalisten gilt deshalb nicht nur dem Protestantismus, sondern auch – im Rückgriff auf einen „guten, katholischen, gerechten

26 MAY, Georg, *Der Glaube in der nachkonziliaren Kirche*, Wien 1983, 154.
27 SCHMIDBERGER, Franz, ‚Es geht um ganz zentrale Lehrfragen'. Ein Gespräch, in: *Herder-Korrespondenz* 42 (1988), 417–424, hier 421f.

Antisemitismus"[28] – dem Judentum, der Expansion des Buddhismus und des Islam nach Europa, wie er nicht zuletzt im Bau von Meditationszentren und Moscheebauten im öffentlichen Raum zum Ausdruck kommt. „Wenn aber Gott selber auf die Erde niedergestiegen, seinen Weinberg heimgesucht, an einem Kreuz für uns gestorben ist", so fragt im Dezember 2007 ein führendes Mitglied der Piusbruderschaft in Deutschland, Franz Schmidberger, im Mitteilungsblättchen dieser Gemeinschaft rhetorisch, „kann es dann noch andere Heilswege geben außer Ihm? Kann es dann noch einen anderen wahren Propheten geben, der in diese Welt kommen soll (vgl. Joh 6,15), etwa Mohammed? Kann uns dann die Weisheitslehre Buddhas mit der ewigen, ungeschaffenen Weisheit versöhnen? Werden wir dann bei den Millionen Göttern der Hindus Gnade und Leben finden? Kann dann das heutige talmudische Judentum außerhalb Demjenigen [sic!], den seine Vorfahren gekreuzigt haben, das Heil finden?". Den konkurrierenden Religionen beziehungsweise ihren Anhängern schreibt der Fundamentalist, wie an diesem Beispiel zu sehen ist, einen inferioren Status zu. Wenn diese auch Teilwahrheiten enthalten mögen, seien diese „aber in ein insgesamt irriges System eingebunden. In ihm haben sich nämlich an vielen Stellen falsche menschliche Erfindungen breitgemacht, wo die göttliche Offenbarung stehen müsste. Ja alle nichtchristlichen Religionen sind mehr oder weniger stark mit Elementen des Bösen durchsetzt, stehen also letztlich, wie es noch das II. Vatikanum in *Ad gentes divinitus* (Nr. 9 und 14) vorsichtig andeutet, unter der Herrschaft der Finsternis (vgl. Apg 26,18)", so beispielsweise Heinz-Lothar Barth in einem Mitteilungsblatt der Piusbruderschaft (März 2003). Deshalb ist auch der katholische Fundamentalist – wie tendenziell jeder Fundamentalist – Anhänger einer Gesellschaftsordnung, welche dem religiösen Pluralismus und damit der Religionsfreiheit kein Recht einräumt: „Da es nur eine wahre, von Gott gestiftete Religion gibt", so Franz Schmidberger[29], „verbietet sie falsche Religionen und Kultur oder duldet diese allenfalls nach den Grundsätzen der Klugheit, ohne ihnen jemals ein Naturrecht auf Existenz zuzugestehen". Die Kommunikationsform des ‚Dialogs', wie er von mir verstanden wird, kann aus der Perspektive einer fundamentalistischen Position nur als Verrat an der eigenen religiösen Wahrheit verstanden werden und kommt angesichts eines solchen Gegenübers, das sich in jeder Religionsgemeinschaft findet, an massive Grenzen.

28 BLASCHKE, Olaf, Antijudaismus und Antisemitismus im deutschen Katholizismus. Warum die Kirche keine rechtzeitige Verurteilung aussprechen konnte, in: FABER, Richard (Hg.), *Katholizismus in Geschichte und Gegenwart*, Würzburg 2005, 143–156, hier 150.

29 SCHMIDBERGER, Franz, Grundsätze einer christlichen Gesellschaftsordnung, in: *Civitas* 1 (2007), 43–47, hier 45.

Christliche Haltungen des interreligiösen Dialogs

Für manche Christen und Nicht-Christen mag das Dialogkonzept des ZdK auch dadurch bestechend, vielleicht sogar stechend anstößig sein, als es von dem impliziten Glauben daran getragen wird, dass aus christlicher Sicht Konsens und Widerspruchsfreiheit keine der Namen Gottes in der Offenbarung und in der Geschichte sind. Das christliche Offenbarungsverständnis ist:

- nicht thetisch oder monologisch, sondern dialogisch: Gott hat sich – in Jesus Christus – in einen Dialog mit den Menschen begeben: Glaube und Glaubensgemeinschaft stehen in Beziehung mit den vitalen Lebensäußerungen einer Kultur;
- Gotteswort in Menschenwort (das heißt auch die rezeptive und selektive Antwort auf die Selbstmitteilung Gottes), was ausschließt zu wissen, was „Gott selbst" sagt,[30]
- ein (jeweils auch in der Rezeption) historisch-kontextuelles;
- ein plurales (Pluralität von Rezeptionen);
- ein dynamisches;
- kein absolutes (sofern es ja von Menschen vertreten wird) (was existentielle Absolutheitserfahrungen nicht ausschließt).

Der Gott der Christen ist, so hat es einmal Gottfried Bachl formuliert, ein „Gott der Zumutungen"[31], der selbst zur Reflexion aufruft. Denn er gibt in seiner Selbstoffenbarung auch Rätsel auf, jedenfalls auf der Adressatenseite seiner Botschaftskommunikation: „Jetzt sehen wir in einen Spiegel und sehen nur rätselhafte Umrisse, [...] jetzt erkenne ich unvollkommen" (1Kor 13,12). Dieser Gott setze sich neidlos „dem Findeprozess aus und mutet sich der entdeckerischen Kraft der Geschöpfe zu, er will das Ergebnis nicht über sie hinweg erreichen, sondern durch sie, durch ihre innerste Kraft hindurch. Der in seinem Selbstsein unerreichbare Initiator wirft sich in die Rätselgestalt und wird im Herzen des Menschen geboren, der sucht und findet", so Bachl[32] weiter. Gott gibt mit seiner Offenbarung ein Rätsel auf, und „das Rätsel ist eine Aufgabe, die Eröffnung eines Lernprozesses"[33]. „Die Metapher des Rätsels", so Bachl[34], „scheint besser geeignet zu sein als andere Ausdrücke, die Struktur der göttlichen Mitteilung kenntlich zu machen. Auf diesem Weg wird es möglich, drei Momente an der einen Offenbarung hervorzuheben: den wahren Willen Gottes, sich mitzuteilen; die positive Bedeutung der Verschlüsselung, in der das geschieht; die Chance der Mündigkeit, die

---

30 Vgl. BECHMANN, Ulrike, ‚Jede Zeit braucht Kraft gegen die Gewalt', in: *Bibel heute* 53 (2017), 8–10, hier 8.

31 BACHL, Gottfried, *Wir leben mit einem Gott der Zumutungen. Sexauer Gemeindepreis für Theologie*, Heft 13 (1997).

32 A. a. O. 13.

33 A. a. O., 10.

34 A. a. O. 14.

den Empfängern der Mitteilung gegeben wird". Ob die Metapher des Rätsels auch Akzeptanz seitens der islamischen Dialogpartner gewinnen kann, weiß ich nicht. Die christliche Glaubensgemeinschaft jedenfalls lässt sich somit auch als eine Such- und Rätselgemeinschaft begreifen, für die auch der Dialog mit dem Islam eine spezifische theologische Lernfunktion erhält, die über ein friedliches In-Beziehung-Gehen und In-Beziehung-Bleiben hinausreicht. Christlich gesehen, kann der christlich-islamische Dialog, der sich als kommunikatives Lernen bestimmen lässt, ein wichtiger Beitrag im christlichen Lernprozess sein, am Rätsel der Offenbarung zu arbeiten.

Fazit

So plädiere ich dafür, den interreligiösen Dialog nicht mit Erwartungen zu überfrachten (Dialog ist eine Unterredung angesichts bleibender Differenzen), zumal Religion nicht in Sprache aufgeht. Auch ist das Interesse am christlich-islamischen Dialog in der Bevölkerung, gerade auch unter den Jungen in unterschiedlichen Milieus ungleich verteilt. Dennoch ist es sinnvoll, mit dem interreligiösen Dialog in den Lernmodus zu gehen, um die unterschiedlichen Perspektiven kennenzulernen und friedlich in Beziehung zu bleiben, das heißt auch fundamentalistische Absolutheitsansprüche, die es in jeder Religion gibt, zu relativieren. Speziell für Christinnen und Christen kann der christlich-islamische Dialog eine wichtige Anregung in ihrem ‚Kreuzwort-Rätsel'-Prozess sein, da die Offenbarung Gottes selbst in den Lernmodus verweist und nicht alles restlos aufleuchten lässt. Religiös gesehen, können Dialoge die Ehrfurcht vor Gott steigern, der – anders als die zeitlich, sachlich und sozial begrenzten Menschen – allein über die Zentralperspektive verfügt.

Konfessionskrieg und Religionsfriede: Reformationsgeschichtliche Perspektiven

Gunther Wenz

Prolog: Verfassung der Mitte. Bundesrepublikanisches Grundgesetz und Religionsangelegenheiten

In einem im Dezember 2015 in der Münchner Carl Friedrich von Siemens Stiftung zum Thema „Die Verfassung der Mitte" gehaltenen Vortrag hat der amtierende Präsident des Bundesverfassungsgerichts, Andreas Voßkuhle, die Idee der Mitte zur „DNA des Grundgesetzes"[1] und zum Maßstab einer lebendigen Demokratie im Streit wider die Extreme erklärt. Paradigmatisch für eine Verfassungskultur der Mitte und des Maßes sei im Verein mit dem Prinzip des Sozialstaatlichkeit und der Verhältnismäßigkeit der Mittel, dem kooperativen Föderalismus sowie der internationalen Aufgeschlossenheit etc. die „offene Neutralität" des Staates in Religionsangelegenheiten. Nachgerade „in diesem Feld sucht das Grundgesetz die Idee der Mitte zu verwirklichen. Sein Neutralitätskonzept beruht auf dem Zusammenspiel einer Vielzahl historisch gewachsener grundgesetzlicher Bestimmungen (Art. 4 Abs. 1 und 2, 3 Abs. 3 Satz 1, 33 Abs. 2 und 3, 140 GG i. V. m. Art. 136 Abs. 1 und 4, 137 Abs. 1 WRV), deren Fluchtpunkt eine positive Haltung zur religiösen Pluralität ist."[2]

Verwirklicht wird die für den verfassten Rechtsstaat der Bundesrepublik Deutschland kennzeichnende positive Haltung zur religiösen Pluralität durch dasjenige, was Voßkuhle offene Neutralität nennt und von Identifikation und grundsätzlicher Distanz gleichermaßen abhebt. Das Bundesverfassungsgericht habe „hierfür bereits früh die Formel von der ‚wechselseitige[n] Zugewandtheit und Kooperation' von Staat und Religionen geprägt und dieser seither in einer Vielzahl von Entscheidungen Konturen verliehen. Die Perspektive, die das Grundgesetz auf Religionen hat, geht also nicht in der Duldung privater Religionsausübung in den Grenzen des Gemeinwohls auf. Vielmehr schließt sein Anliegen, religiös geprägtes Verhalten umfassend zu schützen, ein, dass in bestimmten Bereichen, etwa dem Gesundheits- und Bildungssektor, das gesellschaftliche Engagement von weltanschaulichen und religiösen Gemeinschaften auch durch staatliche Förderung geschützt wird."[3]

1 VOẞKUHLE, Andreas, *Die Verfassung der Mitte*, München 2016, 27.
2 A. a. O., 34.
3 A. a. O., 35.

Staatliche Neutralität in Religionsangelegenheiten muss nach Voßkuhle nicht zwangsläufig religiöse Indifferenz des Staates bedeuten. Zwar sei die staatliche Unterscheidung von allen Religionsgemeinschaften verfassungsnormativ und jede Form von Theokratie ausgeschlossen. Aber das Unterscheidungsprinzip intendiere nach Maßgabe der Verfassung keinen kämpferischen Säkularismus, sondern eine auf Ausgleich möglicher religiöser Antagonismen bedachte offene Neutralität, welche das zivile Zusammenleben unterschiedlicher Religionsgemeinschaften unter Wahrung ihrer religiösen Freiheit ermögliche. Voßkuhles Juristenkollege Udo Di Fabio spricht in diesem Zusammenhang sogar ausdrücklich von „wohlwollender Neutralität"[4]. Wie immer man terminologisch akzentuieren mag: Die Mitte, die es für den Staat religionsrechtlich zu wahren gilt, ist „nicht ein semi-distanziertes Verhältnis zu den echten oder vermeintlichen religiösen Quellen unserer Kultur und deren Fähigkeit zur (Re)Vitalisierung des bürgerschaftlichen Gemeinsinns. Vielmehr gilt es, das rechte Maß zu suchen, in dem der Staat den auf seinem Gebiet aktiven religiösen Kräften Raum geben kann, ohne ihnen gegenüber in Abhängigkeit zu geraten, vor allem aber ohne dadurch je andere weltanschauliche und religiöse Gruppierungen zu diskriminieren. Die ‚offene Neutralität' garantiert so die Binnenpluralität der weltanschaulichen und religiösen Diskussion, in der der Staat selbst nicht Partei ergreifen darf; zugleich verlangt sie die Sicherung dieses Gesprächsrahmens, indem sie kritische Auseinandersetzungen in der Öffentlichkeit ermöglicht und radikale Bestrebungen in die Schranken des Rechts weist."[5]

Das religionsrechtliche Neutralitätskonzept des Grundgesetzes ist historisch gewachsen und Ergebnis einer Entwicklung, die in der Reformation des 16. Jahrhunderts zumindest ihren Anfang nahm. Gemäß Voßkuhle ist das grundgesetzliche Religionsverfassungsrecht „in seinen Grundzügen immer noch ‚Reformationsfolgenrecht'"[6]. Ein durchaus epochal zu nennendes Datum stellt in dieser Hinsicht der Augsburger Religionsfrieden von 1555 dar. Zwar bildete er, um eine zweite bekannte Stimme des öffentlichen Lebens, den ehemaligen bayerischen Kultusminister und Vorsitzenden des Zentralkomitees der deutschen Katholiken Hans Maier, zu zitieren „noch keinen Auftakt zu genereller Religionsfreiheit"[7], da er nur „Glaubenszweiheit" (Gerhard Anschütz) gewährte und auch dies im Grundsatz nur auf Reichsebene und nicht in den Territorien, wo die Devise galt: *cuius regio, eius religio*. Dennoch stellt der Augsburger Religionsfrieden nach Maiers Urteil einen ersten Schritt der Emanzipation des staatlichen Rechts von religiösen Vorgaben und konfessionellen Streitgegenständen dar, dessen Wirkungsgeschichte von enormer Bedeutung ist. Er war nicht nur „ein entscheidender Schritt zur

4 Vgl. a. a. O., 35 Anm. 78.

5 A. a. O., 36.

6 A. a. O., 34 unter Verweis auf HEINIG, Hans Michael, *Öffentlich-rechtliche Religionsgesellschaften*, Berlin 2003, 74.

7 MAIER, Hans, Der Augsburger Religionsfriede – ein Anfang, kein Ende, in: DERS., *Christentum und Gegenwart. Gesammelte Abhandlungen*, hg. von Ulrich Ruh, Freiburg / Basel / Wien 2016, 337–346, hier: 338.

faktischen Duldung der katholischen und der lutherischen Konfession im Reich“[8], sondern enthielt auch „Bestimmungen, die der persönlichen Entscheidung etwas Raum ließen, wie etwa das Recht, mit Weib und Kind gegen Bezahlung einer Nachsteuer auszuwandern“[9].

Der Augsburger Religionsfriede beendete das Zeitalter der Konfessionskriege in Deutschland nicht definitiv, sondern nur für einen begrenzten, wenngleich verhältnismäßig langen Zeitraum. Trotz des auf ihn folgenden Dreißigjährigen Krieges hat er als epochales Datum zu gelten und zwar nicht zuletzt deshalb, weil im Westfälischen Frieden von Münster und Osnabrück 1648 auf die Bestimmungen von 1555 zurückgegriffen wurden. Einige Bemerkungen zum historischen Kontext dieses Jahres werden im Folgenden vorgetragen in der Annahme, dass ein kultivierter Umgang mit nicht behebbaren Differenzen religiös-konfessioneller Art ohne Ausbildung und Befestigung der Prinzipien von Religions- und Gewissensfreiheit sowie der Nichtidentifikation von Staat und Kirche beziehungsweise von rechtlich verfasstem und grundgesetzlich geordnetem Gemeinwesen und Religionsgemeinschaften weder damals noch heute zu gewährleisten ist.

Der Universalmonarch und das Ende des Mittelalters

Von Mai bis Juli 1552 wurde in Passau zäh verhandelt. Das Ergebnis der Verhandlungen war der sog. Passauer Vertrag, der am 15. August selbigen Jahres vom damaligen Kaiser des Heiligen Römischen Reiches deutscher Nation, Karl V. (1500–1558), und den Reichsfürsten, die soeben erfolgreich den Aufstand gegen den Monarchen geprobt hatten, ratifiziert wurde. Der Vertrag sah zwar keinen immerwährenden Frieden, aber immerhin einen Waffenstillstand zwischen den Streitparteien vor, der bis zum nächsten Reichstag eingehalten werden sollte. Der Kaiser verpflichtete sich, auf die Interimsregelungen zu verzichten, die seit 1547 gefangenen evangelischen Fürsten freizugeben und wieder in ihre Herrschaften einzusetzen sowie konfisziertes Kirchengut der Protestanten zurückzuerstatten und als rechtmäßigen Besitz anzuerkennen. Was war geschehen?

Im Frühjahr 1547, fünf Jahre vor den Passauer Verhandlungen, schien Kaiser Karl V. am Ziel seines politischen Strebens angelangt zu sein. Am 24. April hatte er bei Mühlberg an der Elbe die Truppen des sächsischen Kurfürsten vernichtend geschlagen. Am 19. Mai kapitulierte Wittenberg, einen Monat später wurde Landgraf Philipp von Hessen gefangengesetzt. Damit war der sog. Schmalkaldische Krieg, dessen düsterer

---

8 MAIER, Hans, Compellere intrare. Rechtfertigungsgründe für die Anwendung von Gewalt zum Schutz und zur Ausbreitung des Glaubens in der Theologie des abendländischen Christentums, in: a. a. O., 386–404, hier: 398.

9 A. a. O., 398 f. Vgl. ferner: MAIER, Hans, Religionsfreiheit – alte und neue Fragen, in: a. a. O., 347–364.

Vorabend für die Protestanten durch Luthers Tod am 18. Februar 1546 in Eisleben weiter verdunkelt worden war, faktisch beendet und zugunsten des Kaisers entschieden. Es folgte der so genannte Geharnischte Reichstag zu Augsburg vom September 1547 bis Juni 1548, auf dem Karl nicht nur die Zurückführung der Protestanten zum Katholizismus und damit die Wiederherstellung der religiösen Einheit im Reich zu erlangen, sondern auch die gewachsene Machtstellung der Stände, in Sonderheit der Territorialfürsten, einzuschränken suchte.

Schien die religiöse Frage durch das Augsburger (beziehungsweise Leipziger) Interim zumindest vorläufig und bis auf weiteres gelöst, so formierte sich schon bald eine fürstliche Opposition, an deren Spitze sich Moritz von Sachsen (vormaliger kaiserlicher Verbündeter und mittlerweile Kurfürst geworden) stellte. Statt darüber zu räsonieren, ob Moritz den Beinamen Judas von Meißen zurecht trägt, soll kurzer Prozess gemacht werden: Durch einen raschen Feldzug revoltierender Fürsten im März 1552 in seinem Innsbrucker Lager überrascht und über Nacht um alle seine Erfolge gebracht, musste der Kaiser sein Heil in der Flucht suchen. Seinem Bruder, König Ferdinand, verblieb es, als Sprecher der neutral gebliebenen Stände und als Vermittler zwischen Reichsoberhaupt und Rebellen den Passauer Vertrag auszuhandeln. Zwar bezeichnet dieses Vertragswerk noch keine bindende Einschränkung kaiserlicher Rechte oder die offizielle Rücknahme von Karls kirchlicher Reunionspolitik. Doch faktisch antizipierte es bereits den Augsburger Religionsfrieden von 1555, der den Zerfall der religiösen Einheit im Reich rechtlich anerkannte und mit der Idee einer unio imperii et ecclesiae der Ära Karls insgesamt ein Ende bereitete.

Am 21. September des Jahres 1558 starb der Kaiser in der weltfernen Einsamkeit des spanischen Hieronymitenklosters Sant Yuste, in dessen engen Umkreis er sich Ende 1556 amts- und daseinsmüde zurückgezogen hatte. „Die Mönche, die der rätselhafte Gast so rasch wieder verlassen hatte, erlebten wunderbare Dinge. Im Zimmer des Kaisers grünten zwei Lilienstengel; sie waren gleich groß gediehen, und jeder trug eine Knospe. Der eine entfaltete in der Todesnacht eine strahlend weiße, duftende Blüte, aber der andere erschloß sich nicht. Er verdorrte und verging, ohne daß sein Kelch sich geöffnet hatte. So war die Seele des großen Verzichters aus der Dürre der Vergänglichkeit errettet worden vom Herrn."[10] Der Tod Karls, in dessen Weltreich die Sonne nicht unterging, hat Dichter und Denker von jeher bewegt. Das beweist neben Reinhold Schneider, aus dessen historischem Roman über den Karlssohn und -erben Philipp soeben zitiert wurde, auch das Beispiel Hugo Rahners, nach dessen Deutung mit Karl V. „das alte Kaiserideal ins Grab der Geschichte"[11] sank, wie es durch die Annahme einer elementaren „*unio imperii et ecclesiae*" und die Vorstellung des Reiches als einer integralen

10 SCHNEIDER, Reinhold, Philipp II. oder Religion und Macht, in: DERS., *Gesammelte Werke*, hg. von Edwin Maria Landau, Band I, Frankfurt a. M. 1977, 167–462, hier: 224 f.

11 RAHNER, Hugo, Der Tod Kaiser Karl V., in: DERS., *Abendland. Reden und Aufsätze*, Freiburg / Basel / Wien 1966, 219–235, hier: 219.

religiösen Einheitskultur geprägt gewesen sei. Karls Tod markiere sonach nicht weniger als das prinzipielle Ende des Mittelalters.

Diese These ist historisch nicht unbegründet. Fest steht, dass die ideelle Basis von Karls Regentschaft entscheidend bestimmt war durch den Begriff der „Einheit eines rechtgläubigen kaiserlichen Weltreiches in den Händen der burgundischen Dynastie“[12]. In seiner Studie zur Kaiseridee Karls V. hat P. Rassow dieses Ergebnis einschlägiger Forschungen K. Brandis aufgegriffen und dahingehend modifiziert, dass das dynastische Streben des Monarchen selbst ein bloßes Moment seiner integralen Weltreichsidee darstellte. „In der Tatsache, daß alle jene Reiche und Länder durch den Erbgang in seiner Hand zusammengekommen waren, sah Karl im religiösen Sinne die Bestätigung dafür, daß er berufen sei, auf einer Ebene, die *oberhalb* der einzelnen Staaten lag, seinen Standpunkt zu nehmen und seine Wirksamkeit auszuüben.“[13] Diese Wirksamkeit Karls wurde durch eine seiner Kaiseridee entsprechende große Doppelaufgabe geprägt, nämlich die Wahrung beziehungsweise Wiederherstellung der Glaubenseinheit im Inneren des *Corpus Christianum* und dessen Beschirmung und Verteidigung gegen die von außen andrängenden Ungläubigen.

Grundlegend für die Wahrnehmung der kaiserlichen Zentralaufgaben einer Befriedung der Christenheit im Innern und der Abwehr der Ungläubigen im Äußern war Karls herrscherliches Selbstbewusstsein, zum obersten Schutzherrn der Kirche und Christenheit bestimmt zu sein. Für das Selbstverständnis des Imperators als *„protector“* und *„advocatus (Romanae) ecclesiae“* kann ein Ereignis als paradigmatisch gelten, das sich am 30. Jahrestag seiner Geburt (der zugleich Gedenktag der Schlacht bei Pavia war) zugetragen hat. Karl, der sein reiches dynastisches Erbe spanisch-burgundisch-habsburgischer Provenienz längst angetreten hatte, wurde damals, am 24. Februar 1530, in Bologna von Papst Clemens VII. zum Kaiser des Heiligen Römischen Reiches deutscher Nation gekrönt, nachdem er zwei Tage zuvor bereits die eiserne lombardische Krone empfangen hatte. Karls Krönung zum deutschen Kaiser sollte die letzte sein, die ein Papst vollzogen hat.

Nach erfolgten kirchlichen Feierlichkeiten ließ es sich Karl dem Vernehmen nach trotz beflissener Abwehrgeste von Clemens nicht nehmen, dem Papst die Steigbügel zu halten und dessen Pferd ein Stück weit zu führen, bis er dann behände sein eigenes Ross bestieg. Wie immer man diese illustre Szene zu beurteilen hat, in einer Hinsicht ist sie unzweideutig und in charakteristischer Weise signifikant: Obwohl Karl bereits mehrfach unter Beweis gestellt hatte, dass er alles andere als papsthörig war, so war er doch auch ehrlich und vorbehaltlos gesonnen, seinen Eid zu halten, den er vor seiner Krönung unter Berufung auf das Zeugnis der Evangelien bei Gott und dem Hl. Petrus geschworen hatte, nämlich allezeit und mit allen Kräften ein Beschützer und Behüter der päpst-

---

12 BRANDI, Karl, Karl V., in: *Preußische Jahrbücher* 214 (1928), 23–31, hier: 31.

13 RASSOW, Peter, *Die Kaiser-Idee Karls V. dargestellt an der Politik der Jahre 1528–1540*, Berlin 1932, 5 f.

lichen Hoheit und der römischen Kirche zu sein, deren Freiheit er nicht nur nicht anzugreifen, sondern beständig zu erhalten und zu fördern sich verpflichtete. Die Verpflichtungskraft dieses Schwures erwuchs unmittelbar aus Karls Kaiseridee, deren Implikat sie war.

Der Niedergang des nach dem Urteil Hugo Rahners „letzten abendländischen Kaiser(s)“[14], dessen auf eine religiöse Einheitskultur im Sinne einer *„unio imperii et ecclesiae“* angelegte Reichsidee durch die noch in der Sterbestunde seinem Testament beigegebene Verfügung strenger Bestrafung der Häretiker ein letztes Mal bekräftigt wurde, begann bereits Jahre vor Karls Tod und ist veranlasst nicht nur durch wachsende physische Hinfälligkeit des Regenten, sondern vor allem durch den fortschreitenden Verfall politischer Realisierungsmöglichkeiten der skizzierten Kaiseridee, welche Karls Wirken von Anbeginn kennzeichnete. Hatte Karl bereits den Passauer Vertrag von 1552 nur mit Vorbehalt angenommen, so lehnte er den Augsburger Religionsfrieden vom 25. September 1555, der mit zwei paritätischen Religionsständen rechnete und die Reformation Augsburgischer Konfession reichsrechtlich anerkannte, dezidiert ab, wofür die förmliche Resignation, deren erster Akt unmittelbar auf den Religionsfrieden erfolgte, der offenkundigste Beleg ist.

Säkularisierung des Reichsrechts

In seinem Werk *„Christianitas afflicta“*, das die unmittelbar um den Augsburger Religionsfrieden gruppierten Ereignisse europäischer Geschichte von der französisch-protestantischen Offensive im Frühjahr 1552 bis zu den Abdankungen Kaiser Karls V. und seiner Abreise aus den Niederlanden nach Spanien 1556 behandelt, hat Heinrich Lutz gezeigt, dass mit dem Scheitern der universalmonarchischen, an der *„unio imperii et ecclesiae“* orientierten Reichsidee Karls die Möglichkeit, die Einheit und Totalität der Christenheit im Sinne des *Corpus Christianum* politisch zu realisieren, definitiv erledigt und vergangen war. So konfliktreich und keineswegs geradlinig sich der Weg auch darstellt, „der von der Machthöhe der kaiserlichen Hegemonie zu der neuen Entfaltung eines Pluralismus politischer und auch kirchlicher Lebenszentren in Europa führte“[15]: Eindeutig ist, dass mit Karl zugleich die von ihm programmatisch vertretene Einheitsordnung von *„politia“* und *„ecclesia“* an ihr geschichtliches Ende gelangt war. Dabei verdient es bemerkt zu werden, wie nachdrücklich Lutz die nicht nur faktische, sondern auch ideelle Bedeutung der Reformation für die Genese des frühneuzeitlichen Europa hervorhebt. Namentlich Luther sei es gewesen, der, „um der Unverfälschtheit der christli-

14 RAHNER, Hugo, a. a. O., 225.
15 LUTZ, Heinrich, *Christianitas afflicta. Europa, das Reich und die päpstliche Politik im Niedergang der Hegemonie Kaiser Karls V. (1552–1556)*, Göttingen 1964, 484.

chen Existenz den Weg zu öffnen, den Gedanken des christlichen Staates leidenschaftlich abgelehnt und unerbittlich die Verschiedenheit von Politia und Ecclesia verfochten" habe. „Das war", so Lutz, „ein Beitrag zum Werdeprozeß des neuzeitlichen Europa, mit dessen herausfordernder Radikalität von nun an jeder Versuch, die religiös-ethische Wertwelt der Christenheit in politisch-rechtliche Ordnungen zu übersetzen, zusammenstoßen mußte."[16]

Wie immer man hier im Einzelnen urteilen mag, fest steht: Die Jahre nach 1552 und zumal das Jahr 1555 haben eine durchaus epochal zu nennende Bedeutung. Was Deutschland betrifft, so besiegelte – um das Wichtigste zu wiederholen – der Augsburger Religionsfriede die konfessionelle Spaltung insofern, als er „beständigen, beharrlichen, unbedingten, für und für ewig währenden" Frieden sowohl für die altgläubigen Reichsstände als auch für die ständischen Vertreter der Augsburgischen Konfession rechtlich zusicherte. Kein Reichsstand sollte künftig wegen seiner Zugehörigkeit zur *Confessio Augustana* reichsrechtlich belangt oder mit Krieg überzogen werden. Ausdrücklich vom Frieden ausgeschlossen blieben hingegen alle, die nicht als „Verwandte des Augsburgischen Bekenntnisses" galten. Damit ist bereits angezeigt, dass mit der Freistellung der CA keineswegs die Gewährung allgemeiner Religionsfreiheit verbunden war. Vielmehr blieb nach Maßgabe des Grundsatzes, der später mit der Formel *„cuius regio, eius religio"* umschrieben wurde, der Religionsentscheid, das sog. *ius reformandi*, ausdrücklich dem Landesherren vorbehalten, während den Untertanen für die Lande der Reichsstände lediglich das Auswanderungsrecht eingeräumt wurde. Allenfalls in Reichsstädten lässt sich eine Frühform des konfessionell paritätischen Staates erkennen.

Hinzuzufügen ist, dass der Fortbestand der geistlichen Fürstentümer im Reichstagsabschied durch das *„Reservatum ecclesiasticum"* gesichert wurde, demgemäß ein die alte Glaubensgemeinschaft verlassender Fürstbischof sein Territorium aufzugeben hatte; das Zugeständnis einer Duldung von zur Augustana gehörigen Rittern, Städten und Gemeinden in geistlichen Territorien wurde lediglich in Gestalt einer Deklaration König Ferdinands, der *„Declaratio Ferdinandea"*, gegeben. Anzumerken ist ferner, dass der Augsburger Religionsfriede nicht ohne weiteres als das „sakrosankte Reichsfundamentalgesetz" in Geltung stand, „das die evangelischen Juristen in ihm verherrlichten und das die moderne Historiographie im Rückblick in ihm sieht. Die katholische Seite hielt noch bis tief in das 18. Jahrhundert daran fest, dass die eigentliche Reichsverfassung des Sacrum Imperium iure divino katholisch bleiben müsse und im unlöslichen Verbund mit der katholischen Kirche verblieben sei. Sie hat deshalb den Religionsfrieden nur als eine begrenzte Ausnahmeregelung kraft Notrechts mit interimistischer Vorläufigkeit bis zur Rückkehr der Abtrünnigen verstanden [...]"[17]. Faktisch freilich wurde diese Annahme immer mehr zur Fiktion, wozu der Religionsfrieden von 1555 historisch das

16 A. a. O., 32 f.

17 HECKEL, Martin, Religionsbann und Landesherrliches Kirchenregiment, in: RUBLACK, Hans-Christoph (Hg.), *Die lutherische Konfessionalisierung in Deutschland*, Gütersloh 1992, 130–162, hier: 147f.

Seine beigetragen hat, so dass es bei aller gegebenen Differenzierungsbedürftigkeit sachlich legitim bleibt, ihn ein epochemachendes Datum zu nennen. Das gilt, unbeschadet gewisser Vorbehalte, in bestimmter Weise auch unter Toleranzgesichtspunkten und unter Aspekten von Religions- und Gewissensfreiheit. Denn so richtig es ist, dass der Augsburger Religionsfrieden entsprechende Freiheit nicht nur nicht gewährte, sondern den Religionszwang in den Territorien eher verstärkte, so beachtenswert ist es doch zugleich, dass „Toleranz erst denkmöglich zu werden (scheint) nach der Legitimierung und Akzeptierung des konfessionellen Dissenses und dem Verzicht auf die alte Einheit des Glaubens“[18].

Einer an großen geschichtlichen Zusammenhängen orientierten historischen Perspektive wird sich der Augsburger Religionsfrieden primär als Ausdruck und Ratifizierung des unaufhaltsamen Endes der mittelalterlich-universalistischen Kaiseridee und ihrer Vorstellung vom Reich als einer *„unio imperii et ecclesiae“* darstellen. Auch wenn das Reichsverfassungsgebot religiöser Einheit nicht völlig aufgehoben und die Friedensbestimmungen auf zwei Religionsparteien beschränkt wurden, verzichtete das Reich 1555 in Augsburg doch faktisch darauf, „die Einheit der Religion herzustellen, und überließ die Bestimmung des Bekenntnisses den Reichsständen“[19]. Von entscheidender historischer Bedeutung ist diese Entwicklung nicht zuletzt deshalb, weil sich in ihr eine „Säkularisierung des Reichsrechts“[20] abzeichnet, nämlich dessen Loslösung von der äußeren Bestimmung durch die kirchliche Gewalt und zugleich von der inneren Bindung an den geistlichen Anspruch dieser wie jener Konfession. Unter dieser und faktisch nur unter dieser Voraussetzung konnte der Augsburger Religionsfriede eine Koexistenzordnung begründen, deren – immerhin jahrzehntelang bewährte – Leistung nachgerade darin bestand, „daß der Glaubensstreit, der weder theologisch beigelegt noch politisch-militärisch entschieden werden konnte, doch mit Hilfe des Rechts im Reich neutralisiert und äußerlich befriedet worden ist, während der geistliche, theologische Kampf weiter loderte“[21].

Die Leistung des Augsburger Religionsfriedens konnte, wie gesagt, nur durch eine ansatzweise vollzogene Säkularisierung des Reichsrechts erbracht werden, die primär die Einheitsidee des Reiches betraf, sofern diese nicht mehr mit der *„unio imperii et ecclesiae“* gleichzusetzen war. „So hat die Säkularisierung der Reichsidee das mittelalterliche Einheitsdenken von Kirche, Reich und Recht zerrissen.“[22] Dies geschah ebenso

18 SCHULZE, Winfried, *Deutsche Geschichte im 16. Jahrhundert. 1500–1618*, Frankfurt a. M. 1987, 264.

19 OESTREICH, Gerhard, Verfassungsgeschichte vom Ende des Mittelalters bis zum Ende des alten Reiches, in: GEBHARDT, Bruno (Hg.), *Handbuch der deutschen Geschichte*, Band 2, neu bearbeitet und hg. von Herbert Grundmann, Stuttgart [9]1970, 360–436, hier: 370.

20 HECKEL, Martin, Weltlichkeit und Säkularisierung. Staatskirchenrechtliche Probleme in der Reformation und im Konfessionellen Zeitalter, in: MOELLER, Bernd (Hg.), *Luther in der Neuzeit*, Gütersloh 1983, 34–54, hier: 47, bei Heckel kursiv.

21 Ebd.

22 A. a. O., 47 f.

zwangsläufig wie notwendig, sofern unter Bedingungen mittelalterlichen Einheitsdenkens von einer Gleichheit differenter Religionsparteien prinzipiell nicht hätte die Rede sein können. Entsprechend wird man behaupten dürfen, dass mit der wie auch immer eingeschränkten Anerkennung religiöser Parität ein historischer Schritt getan worden ist, der die mittelalterliche Einheitskultur im Grundsatz vergangen sein ließ. Die Umbestimmung der mittelalterlichen „*pax christiana*" zu einer Friedensidee, welche auch kirchlich Exkommunizierte zu erfassen vermag und damit die Zuständigkeiten des Ketzerrechts entscheidend einschränkt, bestätigt diese Entwicklung einer Ausdifferenzierung von Recht und Religion, deren geschichtliche Zukunftsträchtigkeit gerade darin zu suchen ist, dass mit der Emanzipation des Rechts von unmittelbaren Einflüssen und Dominanzansprüchen der Religion auch eine Befreiung der Religion einhergeht, sofern deren Belange nicht mehr unter der direkten Bedrohung möglichen Rechtszwangs stehen.

1555 und 1648

Die Befreiung von religiösem Rechtszwang kam, wie mehrfach betont, einstweilen nur den Trägern des „*ius reformandi*" zu, also den Landesherren, welche überhaupt die entscheidenden Vorteile aus dem Augsburger Religionsfrieden ziehen konnten. Indem er die ständischen Belange gegenüber der Zentralmacht im Reich realiter erheblich förderte, unterstützte er den schon seit längerem wirksamen Trend zu machtpolitischer Emanzipation der Fürstentümer des Reichs sowie zu einer Umbildung des mittelalterlichen Territoriums zum Landesstaat. Was sich schon seit dem späten Mittelalter abzeichnet, wird zusehends manifest: Die Territorien, im Vergleich zu denen die Städte eine mehr und mehr nachgeordnete Rolle spielen, bestimmen die geschichtliche Entwicklung im Reich und werden zu Vorreitern moderner Staatlichkeit. Ein entscheidendes Moment dieser Entwicklung ist die immer weiter um sich greifende und immer tiefer dringende territoriale Konfessionalisierung, wie sie durch den Augsburger Religionsfrieden ebenso belegt wie beschleunigt wurde.

Der Religionsfriede von 1555 ermöglichte, was unter den Bedingungen der programmatischen Reichsidee Karls zumindest dem Grundsatz nach ausgeschlossen war: die weitgehend friedliche Koexistenz kirchlich getrennter Konfessionen auf deutschem Boden über eine beachtliche Zeitspanne hinweg. Unbestreitbar ist freilich auch, dass der Augsburger Kompromiss konfessionell bedingte Verfassungskonflikte nicht definitiv auszuschließen in der Lage war. Anfang des 17. Jahrhunderts kamen solche Konflikte zum offenen Ausbruch, um schließlich jenen Dreißigjährigen Krieg heraufzuführen, der weite Teile Deutschlands grundstürzend verheerte. Das erste Jahrzehnt des Krieges brachte Ferdinand II. und der kaiserlichen Seite wichtige Erfolge, die im Sinne einer dezidiert monarchischen Ausgestaltung der Reichsverfassung genutzt werden sollten.

„Es wiederholte sich", wie Gerhard Oestreich im „Handbuch der deutschen Geschichte" schreibt, „die Entwicklung der Jahre 1546–1552 in größerem Rahmen."[23] Am Ende des Krieges kommt man auf das Ergebnis von 1555 zurück.

Der Augsburger Religionsfriede wird bekräftigt und auf die Calvinisten ausgedehnt. Zwei in allen die Religion berührenden Fragen auseinandertretende und nur zu gütlichem Ausgleich befugte Reichstagskurien, das *Corpus Catholicorum* und das *Corpus Evangelicorum*, sollen die konfessionelle Parität repräsentieren und gewährleisten. Auch zeigen sich zum Zwecke des Ausgleichs der fixen Konfessionsverleihungsregel des Normaljahres 1624 Ansätze einer Stärkung der religiösen Rechte des Einzelnen, sofern unter grundsätzlicher Wahrung des konfessionell bedingten Auswanderungsrechts ein landesherrlicher Auswanderungszwang abgewiesen und den von der Konfession des Landesherren abweichenden Untertanen Möglichkeiten der Religionsausübung gewährt werden. Obwohl die erreichte Lösung der religiösen Frage den entschiedenen Protest des Papstes hervorrief, brachte der Westfälische Friede, um noch einmal G. Oestreich zu zitieren, „die große politisch-konfessionelle Krise des europäischen Staatslebens im 17. Jh., die eine ihrer Ursachen im Versuch des Aufbaus einer römisch-katholischen Universalmonarchie hatte, für das deutsche Reich zu einem gewissen Abschluß"[24].

Zur Voraussetzung und mehr noch zur tatsächlichen Folge hatte diese Lösung eine über den Friedensschluss von 1555 weit hinausführende Säkularisierung des Rechts und der sonstigen Lebensordnungen sowie eine massive Beschränkung des ehemals beherrschenden Einflusses der institutionalisierten Religion auf die soziokulturelle Ordnung. Die Katastrophe des Dreißigjährigen Krieges, in die die europäischen Religionskriege des späten 16. und des 17. Jahrhunderts mündeten, ohne eine wirkliche Entscheidung des konfessionellen Streits erbracht zu haben, markiert so in bestimmter Weise den Ausgangspunkt für die endgültige Entstehung der modernen Welt, der Neuzeit, für welche die gesellschaftliche Emanzipation von dogmatischem Einheitszwang und kirchlichen Monopolansprüchen charakteristisch werden sollte.

Epilog: Luthers Lehre von den zwei Regimenten

In seiner Johann von Sachsen gewidmeten Schrift „Von weltlicher Obrigkeit" (WA 11, 246–280) geht Martin Luther davon aus, dass das Friedensgebot Christi und sein Aufruf, auf Gewalt zu verzichten, nicht nur für den auserwählten Stand der Vollkommenen, sondern prinzipiell für alle Christen gilt. Wenn gleichwohl die öffentliche Rechtsgewalt weltlicher Obrigkeit nötig sei, dann deshalb, weil nicht alle Welt aus rechten Christen bestehe. Wäre dies der Fall, dann allerdings bedürfte es keines weltlichen Schwerts noch

23 OESTREICH, Gerhard, a. a. O., 376.
24 A. a. O., 378.

Rechts: Denn das Reich Gottes wäre in der Kraft des Geistes Christi, welcher die Herzen vom Bösen zum Guten und zu vorbehaltloser Liebe dem Nächsten gegenüber bekehrt, auf Erden antizipiert.

Die Obrigkeit, als deren entscheidendes Kennzeichen die Schwertgewalt, will heißen: die rechtlich geordnete Macht, wider Willen zu zwingen, zu gelten hat, ist um des Bösen und des verbleibenden Ungeistes des Nicht- beziehungsweise Antichristlichen willen unverzichtbar. Ihr wesentlicher Sinn, zu dem sie von Gott her bestimmt ist, besteht in dem Zweck, der wuchernden Auswirkung des Unrechts durch Aufrichtung äußerer Schranken zu wehren und Leib und Leben der Untertanen zu fördern sowie vor internem oder externem Angriff zu schützen. Während Gott im Reich zur Rechten, in welchem Glaube und Liebe wohnen, völlig zwanglos und allein durch den Geist des Evangeliums regiert, bedient er sich im Reich zur Linken, in welchem der die Verkehrtheit der Sünde beherrschende Ungeist des Bösen übermächtig zu werden droht, der Zwangsgewalt weltlicher Obrigkeit, um sein Regiment als Schöpfer und Erhalter der Welt zu üben.

Das Amt weltlicher Obrigkeit ist zwar elementar auf das Böse bezogen, ohne dessen Untat es nicht erforderlich wäre, aber unbeschadet dessen an sich selbst ein göttliches Gut, an welchem teilzuhaben und mitzuwirken dem Christen nicht nur erlaubt, sondern um des Nächsten willen geboten ist. Nicht um seiner selbst willen, wohl aber seinem Nächsten zugute hat der Christ nach Luther das Recht und die Pflicht, das Amt weltlicher Obrigkeit zu üben. Innerlich vom Gesetze der Welt befreit, wird der Christ doch äußerlich auch vor dem Einsatz rechtlich geordneter Zwangsgewalt nicht zurückscheuen, wenn es darum geht, Leib und Leben des Nächsten zu schützen.

Mit der Unterscheidung von innerlich und äußerlich, die ebenso wenig wie analoge Differenzierung als Trennung missverstanden werden darf, ist die Grenze markiert, die nach Maßgabe von Luthers Lehre zu Begriff und Wesen gottgewollter weltlicher Obrigkeit gehört: Ihre Zuständigkeit erstreckt sich ausschließlich auf Leib und Leben des äußeren Menschen, während der innere Mensch und das Heil der Seele nicht zu ihrer Disposition stehen und nicht zu ihrer Disposition gestellt werden dürfen. In der Wahrung dieser Grenze liegt die eigentümliche Würde und Christlichkeit weltlicher Obrigkeit begründet; totalitäre Entschränkung hingegen, welche den Unterschied von Leib und Seele missachtet, ist ein sicheres Indiz der Herrschaft des Antichristen, in der unter dem Schein des Rechts das Böse selbst das göttliche Regiment zu usurpieren trachtet. Von daher versteht sich Luthers strikte Absage an alle theokratisch und cäsaropapistisch angelegten Formationen zivilen Gemeinwesens. Eine konkrete Folge davon ist die Forderung der Abschaffung des sog. Großen Bannes, dessen mittelalterliche Ordnung kirchliches Exkommunikationsrecht mit politischer Ächtung unscheidbar verbunden sein ließ, sowie die Ablehnung von Religionskriegen, die als dem Wesen des auf zwanglose Überzeugung ausgerichteten Christentums zuwider und als in sich ungerecht gebrandmarkt werden.

Wo eine Obrigkeit das göttliche Geschäft, die Seelen zu lenken und zu leiten, eigenmächtig zu verrichten beansprucht, da hat dieselbe heillose Verkehrung statt wie dort, wo die Kirche, welche bestimmungsgemäß durch Evangeliumsverkündigung in Wort und Sakrament dem Geiste Christi zu dienen hat, das Schwertamt sich anmaßt. Der theoretische Grund von Religions- und Gewissensfreiheit im Sinne Luthers und der Wittenberger Reformation ist damit gelegt: „Zum glawben kan unnd soll man niemants zwingen." (WA 11, 264, 23) Indem der christliche Fürst, wie er Luther in Gestalt Herzog Johanns vor Augen steht, als Repräsentant weltlicher Obrigkeit die Unterscheidung von *„politia"* und *„ecclesia"* beziehungsweise *„potestas civilis"* und *„potestas ecclesiastica"* achtet und sein Tun und Walten auf die Sicherung und Förderung leiblich-äußerer Sphäre zivilpolitischer Freiheit (auf den Brotkorb, wie es im Katechismus heißt) beschränkt, entspricht er seinem Begriff und wird seinem Amt und Wesen gerecht. Die konkreten Ratschläge, die zum Abschluss der Obrigkeitsschrift erteilt werden und die vor allem für die Einhaltung des Prinzips der Verhältnismäßigkeit der Mittel plädieren, folgen dieser Grundsatzregel und bestätigen sie.

Jenseits aufgeklärter Mythen – der Umgang mit religiöser Differenz und die Säkularisierung des Staates in der Vormoderne

Klaus Unterburger

„Die Welt ist noch auf einen Abend mein".[1] Und dagegen: „Gehn Sie Europens Königen voran. Ein Federzug von dieser Hand, und neu Erschaffen wird die Erde. Geben Sie Gedankenfreiheit."[2] Konfessionelle Intoleranz und die Toleranz der Aufklärung, was pathetisch hier in Friedrichs Schillers Don Carlos aufeinandertrifft, gehören zu den Kernbeständen des Selbstverständnisses der westlichen Demokratien. Toleranz und Religionsfreiheit mussten den Glaubensgemeinschaften erst mühsam in einem Prozess der Zurückdrängung abgerungen werden. Geschichte von Toleranz und Freiheit heißt noch immer meist teleologisch Fortschrittsgeschichte: aus der Finsternis des Absolutheitsanspruchs zum Licht. Reflexartig wird auf verstörende Erfahrungen mit religiös motivierter Gewalt gefordert, dass auch diese Religiosität durch einen Prozess der Aufklärung gezähmt werden müsse.

Die normative Entwicklung scheint ja auf der Hand zu liegen[3], gerade wenn man die Entwicklung des Reichsrechts und der Staatsrechte im deutschsprachigen Raum betrachtet. Die der einen Wahrheit verpflichtete Reichsverfassung, der Religionsfriede von 1555, der auf Dauer, wenn auch mit Wiedervereinigungsauftrag, eine Zweiheit der Konfessionen akzeptieren musste, wobei in der Regel der Landesherr das *ius reformandi* besaß; dann nach dem großen Krieg das Westfälische Friedenswerk, das auch den Untertanen ein *ius exercitii privatum* zubilligte, eine dritte Konfession anerkannte und durch die Normaljahresregelung das Reformationsrecht der Fürsten über die Untertanen beschränkte.[4] Dann haben vielerorts Wirtschaftsinteressen, etwa in Brandenburg, die religiösen Eiferer in Schranken gehalten und zu einer Tolerierung der Existenz Andersgläubiger geführt.[5] In der Aufklärung sind dann nicht nur Religionspatente erlassen wor-

1 SCHILLER, Friedrich, *Don Carlos* III, 9.

2 A. a. O., I, 10.

3 GUGGISBERG, Hans R. (Hg.), *Religiöse Toleranz. Dokumente zur Geschichte einer Forderung* (Neuzeit im Aufbau 4), Stuttgart / Bad Cannstatt 1984.

4 HECKEL, Martin, Itio in partes. Zur Religionsverfassung des Heiligen Römischen Reiches Deutscher Nation, in: DERS., *Gesammelte Schriften. Staat Kirche Recht Geschichte.* Band 2, hg. von Klaus Schlaich (Ius ecclesiasticum 38), Tübingen 1989, 636–736.

5 HASSINGER, Erich, Wirtschaftliche Motive und Argumente für religiöse Duldsamkeit im 16. und 17. Jahrhundert, in: *Archiv für Reformationsgeschichte* 49 (1958), 226–245; BIRNSTIEL, Eckart, Die Aufnahme hugenottischer Glaubensflüchtlinge in Brandenburg-Preußen: Ein Akt der Toleranz?, in: FLICK, Andreas / DE LANGE, Albert (Hg.), *Von Berlin bis Konstantinopel. Eine Aufsatzsammlung zur Geschichte der*

den, die die Existenz, wenn auch zumeist nicht die völlige Rechtsgleichheit verschiedener Glaubensrichtungen legitimierten, sondern auch die grundsätzlichen Forderungen nach religiöser Freiheit erhoben worden.[6] Diese bilden nicht nur die Grundlage der in Amerika 1776 und Frankreich 1789 aufgestellten Menschenrechtserklärungen, sondern auch des Liberalismus des 19. Jahrhunderts, der für die bürgerlichen Freiheiten aller Bürger unabhängig von ihrer Konfession ebenso stand wie für die Trennung von Staat und Kirche.

Toleranz, Fortschritt und Säkularisierung: im heutigen Selbstverständnis gehören diese drei Begriffe zusammen. Umgekehrt heißt dies: In rückständigen Gesellschaften herrschte die Religion, dies bedeutete Intoleranz und Unaufgeklärtheit. Diese Fortschrittsgeschichte ist also verbunden mit einer Religionskritik: Der Staat müsse sich von ihr befreien, müsse Religion privatisieren; jeder religiöse Glaube postuliere, die Wahrheit zu sein, Beweise habe keiner. Die Dominanz des religiösen Glaubens habe also, dies ist die Kehrseite dieser Sicht, Intoleranz, Unterdrückung und Rückständigkeit bedeutet. Dort, wo der Staat nicht die absoluten religiösen Wahrheitsansprüche in die Schranken weise, sei der Religionskrieg die Folge. Eine durch diese Perspektive geprägte Darstellung der deutschen Geschichte hat vor kurzem Tilmann Bendikowski verfasst: Die christliche Religion, im 16. Jahrhundert in Konfessionen gespalten, beanspruche aus sich heraus die Wahrheit zu sein und strebe deshalb danach, die Ketzerei auszurotten. Dies sei die Ursache für die Verwüstungen des dreißigjährigen Religionskrieges gewesen.[7] Die Lösung, Frieden, konnte deshalb nur aus dem Außen, einem Bereich jenseits der Konfessionen kommen.[8] Erst mit dem schwindenden Einfluss der Kirchen seit den 1960er Jahren konnten friedlichere Zeiten anbrechen, doch drängen schon wieder neu Religionen mit ihren Wahrheits- und Heilansprüchen auf den religiösen Markt.[9]

Universaler Wahrheitsanspruch der Konfessionen, allmähliche verfassungsrechtliche Anerkennung von religiöser Pluralität und individuellen Entscheidungsrechten, sukzessive Trennung von Staat und Kirche, diese Tatsachen scheinen die folgende Sichtweise zu belegen: Toleranz und Fortschritt sind die Kehrseite des Prozesses der

Hugenotten und Waldenser (Geschichtsblätter der deutschen Hugenotten-Gesellschaft 35), Bad Karlshafen 2001, 9–33.

6 FORST, Rainer, *Toleranz im Konflikt. Geschichte, Gehalt und Gegenwart eines umstrittenen Begriffs*, Frankfurt a. M. 2003, 352–475; GUGGISBERG, *Religiöse Toleranz*, 245–298; SCHMIDINGER, Heinrich (Hg.), *Wege zur Toleranz. Geschichte einer europäischen Idee in Quellen*, Darmstadt 2002, 249–297.

7 BENDIKOWSKI, Tillmann, *Der deutsche Glaubenskrieg. Martin Luther, der Papst und die Folgen*, München 2016, 73–99.

8 „Waren die Kirchen zu einer solchen Entwicklung fähig und willens? Das eigentliche Problem war ja seit der Reformation ungelöst. Alle Kirchen vertraten unterschiedslos die ehrlich auch so empfundene Überzeugung, allein im Besitz der Wahrheit zu sein. Und jede von der eigenen Überzeugung abweichende Glaubensaussage einer anderen Kirche hielt man deshalb für einen gefährlichen Irrtum, der bekämpft werden musste, weil er die vermeintliche, nämlich die eigene Wahrheit gefährdete. Es existierte nur die eine Wahrheit, dazwischen gab es keinen Mittelweg. Das war seit der Reformation so, und mit diesem Absolutheitsanspruch begegneten sich Katholiken, Lutheraner und Reformierte in Deutschland auch zu Beginn des 18. Jahrhunderts." (a. a. O., 101)

9 A. a. O., 322–338.

Eindämmung der Religion; Säkularisierung und Modernität gehören danach zusammen. Wir mussten uns von der christlichen Religion befreien, um tolerant und modern zu werden, zumindest teilweise und für manche Bereiche. So verbreitet diese Sichtweise aber ist und so tief mit dem modernen Selbstverständnis verknüpft, sie blendet wichtige Entwicklungsstränge aus, die die europäische Religionsgeschichte bestimmt haben. Sie ist letztlich selbst aus dem Parteienstreit zwischen Aufklärern und Liberalen auf der einen Seite und konservativen konfessionellen Christen auf der anderen Seite hervorgegangen, aus einem Parteistandpunkt also. Dies soll im Folgenden in zwei Schritten skizziert werden. Anschließend soll gefragt werden, ob es bereits spezifisch vormoderne Verfahrenspraktiken gab, nicht behebbare religiöse Differenz akzeptabel zu machen.

Modernisierung als Vereindeutigung und Vereinheitlichung

Die These, dass erst die säkularisierende Verdrängung der Religion aus ihrer Dominanz über Staat und Gesellschaft eine positive Akzeptation von Freiheit und religiöser Pluralität ermöglicht habe, ist einem anachronistischen Mittelalterbild verhaftet, das sich in Aufklärung und Romantik ausgebildet hat. Zum europäischen Mittelalter gehört die Differenz: Juden, aber auch Muslime lebten mit der christlichen Mehrheitsgesellschaft zusammen[10]. Erst die radikaleren und universalen Ansprüche des Reformpapsttums hatten im zweiten Jahrtausend etwa ein neues Verhältnis zu religiöser Gewalt, zur Durchsetzung der göttlichen Gerechtigkeit zur Folge[11] und erst im Hoch- und Spätmittelalter nahm die Akzeptanz religiöser Differenz vielerorts ab, kam es zu Restriktionen, Vertreibungen und Extinktionen[12]. Hier ist zunächst einmal ganz grundsätzlich zu konstatieren, dass die Extensivierung und Intensivierung von Geltungsansprüchen parallel geht mit der Entwicklung territorial vereinheitlichter Herrschaft. Dieser Prozess der Territorialisierung[13] bedeutete, dass personale Herrschaftsbeziehungen gebündelt wurden, so dass geschlossene Territorien entstanden, die dann immer mehr normiert und

10 BORGOLTE, Michael, Christen, Juden, Muselmanen. Die Erben der Antike und der Aufstieg des Abendlandes 300 bis 1400 n. Chr., München 2006; DERS. (Hg.), Unaufgebbare Pluralität der Kulturen? Zur Dekonstruktion und Konstruktion des mittelalterlichen Europas (Historische Zeitschrift, Beiheft 32 [Neue Folge]), München 2001.

11 ALTHOFF, Gerd, *„Selig sind, die Verfolgung ausüben." Päpste und Gewalt im Hochmittelalter*, Darmstadt 2013.

12 BATTBERG, Friedrich, *Das Europäische Zeitalter der Juden. Zur Entwicklung einer Minderheit in der nichtjüdischen Umwelt Europas*, Band 1: *Von den Anfängen bis 1650*, Darmstadt 1990, 123–165; TISCHLER, Matthias M. / FIDORA, Alexander (Hg.), *Christlicher Norden – muslimischer Süden. Ansprüche und Wirklichkeiten von Christen, Juden und Muslimen auf der Iberischen Halbinsel im Hoch- und Spätmittelalter*, Münster 2011; AUFFARTH, Christoph, Das Ende des Pluralismus: Ketzer erfinden, um sie zu vernichten, in: DERS. (Hg.), *Religiöser Pluralismus im Mittelalter? Besichtigung einer Epoche der europäischen Religionsgeschichte* (Religionen in der pluralen Welt. Religionswissenschaftliche Studien 1), Münster 2007, 79–142.

13 UNTERBURGER, Klaus, *Das bayerische Konkordat von 1583. Die Neuordnung der päpstlichen Deutschlandpolitik nach dem Konzil von Trient und deren Bedeutung für das Verhältnis von weltlicher und geistlicher Gewalt* (Münchener Kirchenhistorische Studien 10), Stuttgart 2006, 100–102.

administrativ durchdrungen werden konnten.[14] Es ist nicht so, als ob es im Mittelalter bereits eine potente, alles kontrollierende Zentralgewalt gegeben hätte, sondern diese entstand erst im Prozess der Territorialisierung als moderner bürokratischer Flächenstaat, im Reich vor allem auf der Ebene der Herzöge und Fürsten, in Frankreich eher als zentrale Königsgewalt. Der Prozess ging also von der Vielheit und der lokalen Ebene zum Einheitsstaat und nicht umgekehrt. Andernorts war er weniger erfolgreich: Polen war in der frühen Neuzeit – auch im Vergleich zum Reich – weitgehend eine Adelsrepublik.[15]

Der Prozess der Konzentration und Territorialisierung von Herrschaft korrespondierte mit einer zunehmenden Vereindeutigung dessen, was als christlich verstanden und akzeptiert wurde. Gemessen an modernen Vorstellungen war das Mittelalter hier eher uneindeutig und synkretistisch.[16] Die tatsächlichen Glaubenswelten der überwiegend illiteraten Bevölkerung im Mittelalter zu verstehen, ist aufgrund der Quellenlage ein ungemein schwieriges Unterfangen. Eine interessante Perspektive eröffnet die Analyse von Inquisitionsakten und Gerichtsprotokollen, auch wenn deren Schreiber natürlich Gebildete und Agenten einer rechtgläubigen Obrigkeit waren. Ihr Ziel war es ja, abweichendes Verhalten und heterodoxe Glaubenswelten zu dokumentieren. Natürlich stellt sich das Problem, ob ihre Sinnzuschreibungen mit den Deutungen der Befragten selbst korrespondierten, doch eröffnen sich von hier aus wenigstens Zugänge zu populären Vorstellungswelten und Praktiken, die in der mittelalterlichen Geschichtsschreibung und Theologie selbst keine Rolle spielten. Carlo Ginzburg als einer der Pioniere dieser Forschungsrichtung konnte zeigen, wie im Friaul noch im 17. Jahrhundert in der ländlichen Vorstellungswelt alte magische Praktiken, Vorstellungen von Hexerei und dem notwendigen nächtlichen Kampf gegen den Teufel und zahlreiche agrarisch-kultische Praktiken Realität waren und sich mit der katholischen gottesdienstlichen Praxis synkretistisch mischten .[17] Andere Studien arbeiteten heraus, wie sehr die Frömmigkeit in Süditalien zur selben Zeit noch von agrarisch-magischen Vorstellungswelten durchdrungen gewesen ist.[18] So ist es also alles andere als Zufall, dass der systematische Kampf gegen die Hexerei erst im Spätmittelalter einsetzte und vor allem ein Phänomen

---

14 SCHUBERT, Ernst, *Fürstliche Herrschaft und Territorium im späten Mittelalter* (Enzyklopädie Deutscher Geschichte 35), München 1996, 1–49; REINHARD, Wolfgang, *Geschichte der Staatsgewalt. Eine vergleichende Verfassungsgeschichte Europas von den Anfängen bis zur Gegenwart*, München ^{2}2000, 125–209.

15 BÖMELBURG, Hans-Jürgen / KIZIK, Edmund, *Deutsch-polnische Geschichte. Frühe Neuzeit: Altes Reich und Alte Republik. Deutsch-polnische Beziehungen und Verflechtungen 1500–1806*, Darmstadt 2014.

16 „Christliches Mittelalter – diese Überschrift führt nur dann nicht in die Irre, wenn man aus ihr nicht eine Verwurzelung christlicher Glaubenslehren in den Köpfen der meisten Menschen ableitet. Eine solche Verwurzelung hätte einen systematisch ausgebildeten Pfarrklerus vorausgesetzt – den aber hat erst die Reformation bzw. in der katholischen Kirche die Gegenreformation geschaffen." (BOOCKMANN, Hartmut, *Einführung in die Geschichte des Mittelalters*, München ^{8}2007, 118)

17 GINZBURG, Carlo, *Die Benandanti. Feldkulte und Hexenwesen im 16. und 17. Jahrhundert*, Frankfurt a. M. 1980 (Die italienische Erstausgabe erschien 1966).

18 DE ROSA, Gabriele, *Vescovi, popolo e magia del Sud. Ricerche di storia socio-religiosa dal XVII al XIX secolo*, Neapel 1971.

der Frühen Neuzeit gewesen ist. Nun wurde Recht systematischer angewandt, waren Administration und Exekutive intensiviert; nun folgten die Obrigkeiten verstärkt der Leitidee, für die Reinheit der Gottesverehrung zu sorgen und das Laster aus der Gesellschaft auszumerzen; freilich musste dieses verdichtete obrigkeitliche Handeln auch mit der Bereitschaft von unten, aus der Bevölkerung, korrelieren, damit es zu Verfolgungswellen gegen Hexerei kam.[19]

Christianisierung im Mittelalter bedeutete also zunächst einmal das Verschmelzen des Christentums mit einer archaischen Kultur und Religiosität; das Christentum wurde formal übernommen, integrierte aber eine urtümlich-einfache Religiosität, die durch die Betonung von Ritus und ritueller Reinheit, magische Beeinflussbarkeit des Übernatürlichen, das prinzipielle Funktionieren eines *do-ut-des*-Prinzips und die Notwendigkeit sühnender materieller Opfer geprägt war.[20] Diese allgemeine Charakteristik prägte das europäische christliche Mittelalter und bildete die Voraussetzung für Prozesse der Individualisierung, Ethisierung, Intellektualisierung und Verinnerlichung christlicher Religiosität, vor allem in den Klöstern und in den Städten im Hoch- und Spätmittelalter.[21] Dieser Synkretismus hatte die nichtintendierte Nebenfolge, dass viele Handlungen und Verhaltensweisen, die in der Neuzeit eindeutig christliche Identitätsmarker wurden, noch mehrdeutig (*ambiguus*) konnotiert waren. Dieses Streben nach Vereindeutigung prägte auch immer mehr die Schultheologie; die *via moderna* hatte ab etwa 1300 als zentrales Anliegen, Begriffe und Sprache als Instrumentarium des Denkens zu klären.[22] Das Streben nach Sicherheit in der Frühen Neuzeit führte sukzessive zu einer Verengung bei jenen theologischen Positionen, bei denen im Mittelalter noch plurale Anschauungen geherrscht hatten.[23]

Säkularisierung des Staatszwecks

Gab es also eine spezifisch mittelalterliche Duldung von Andersheit und Differenz, die erst allmählich der sukzessiven Modernisierung, Uniformierung und dem Streben nach Vereindeutigung zum Opfer fiel, so ist auch eine andere Grundannahme der wirkmächtigen aufgeklärt-liberalen Befreiungskonzeption fraglich: Nach dieser haben sich erst die Staaten von den Vorgaben der Religion befreien müssen, um Pluralität zulassen zu können. Der Staat dient dem Gemeinwohl; wird dieses so definiert, dass darunter auch die

19 BEHRINGER, Wolfgang, *Hexen. Glaube, Verfolgung, Vermarktung*, München ^{3}2002, 32–74.

20 ANGENENDT, Arnold, *Geschichte der Religiosität im Mittelalter*, Darmstadt 1997, 1–44.

21 Vgl. a. a. O., 44–88.

22 HOENEN, Maarten J. F. M., Nominalismus als mittelalterliche Spekulationskontrolle, in: *Recherches de théologie et philosophie medievales* 73 (2006), 349–374.

23 UNTERBURGER, Klaus, Von der Ambiguität zur Eindeutigkeit. Die frühneuzeitliche Konfessionalisierung, in: ANSORGE, Dirk (Hg.), *Pluralistische Identität. Beobachtungen zu Herkunft und Zukunft Europas*, Darmstadt 2016, 103–119, hier 108–112.

wahre Religion fällt, so hat der Staat die Pflicht, diese zu schützen und zu fördern, irrtümliche Kulte und Praktiken aber zu beseitigen. Dabei ist die Differenzierung zwischen geistlichen und weltlichen Aspekten von Herrschaft keineswegs selbstverständlich, sondern eher als Sonderentwicklung der west- und mitteleuropäischen Religionsgeschichte zu interpretieren. In archaischen Gesellschaften ist Herrschaft sakral und Sakralität prägt alle Bereiche von Herrschaft; die christliche Kirche hat dann aber vor allem im Westen immer mehr einen Bereich beansprucht, der spezifisch „geistlich" und so den „weltlichen" Herrschern entzogen ist.[24] Mit der Rezeption der aristotelischen Philosophie wurde dann auch deren Deutung des Gemeinwesens als etwas, das dem Menschen natürlich ist und das dem Menschen zur Verwirklichung und Vervollkommnung diene, rezipiert.[25] Je nach Konzeption des Verhältnisses der philosophischen Vernunft zur übernatürlichen Offenbarung musste auch zwischen natürlichem und übernatürlichem Ziel des Menschen unterschieden werden; dennoch hatte der gemeinwohlorientierte Staat die Ermöglichung des Seelenheils seiner Untertanen zu gewährleisten und Gefährdungen desselben abzuwehren.

Dies bedeutete im Mittelalter also nicht, dass die staatliche Gewalt nicht der wahren Religion dienen und sie schützen sollte, auch wenn er selbst nicht mit dieser identisch war. Dennoch war hier bereits die Grundlage dafür gelegt, dass Staat und Kirche je eigenen Finalitäten folgten, auch wenn diese sich in gewisser Weise ergänzten. Für das Mittelalter wäre es eine anachronistische Sicht zu meinen, bei diesem Differenzierungsprozess seien die Staaten die Akteure einer Trennung gewesen. Die Analysen der Politik des Reformpapsttums haben vielmehr gezeigt, dass es die kirchlichen Ansprüche gewesen sind, die die Herrscher als Laien in einer rein weltlichen, dienenden Rolle sehen wollten.[26] Die Gesetzgebung dieses Reformpapsttums war dann aber wieder prägend für das kanonische Recht, das seit Ende des 12. Jahrhunderts systematisch gelehrt und weiter entwickelt wurde und auf das sich spätere kirchliche Ansprüche in der Folge immer wieder stützten.[27] Wenn dagegen von Seiten der Könige und Fürsten die Unmittelbarkeit ihrer Herrschaft von Gott betont wurde, so hatte dies etwas Reaktives, wollte man sich doch nicht einer päpstlichen Oberaufsicht und Direktive unterstellen, die Herrschaft zu einer bloßen Hilfsfunktion des weltlichen Armes für die Kirche umgedeutet hätte.

Mit der Territorialisierung der Herrschaft, dem Ausbau und der Systematisierung des Gerichts- und des Steuerwesens kam es vermehrt zu den vom Spätmittelalter bis ins 18. und 19. Jahrhundert hinein immer wieder ausgetragenen Konfessionskonflikten

24 ERKENS, Franz-Rainer, *Herrschersakralität im Mittelalter. Von den Anfängen bis zum Investiturstreit*, Stuttgart 2006.

25 OTTMANN, Henning, *Geschichte des politischen Denkens. Von den Anfängen bei den Griechen bis auf unsere Zeit*, Band II/2: *Das Mittelalter*, Stuttgart / Weimar 2004, v. a. 129–168, 203–223, 260–276.

26 WEINFURTER, Stefan, *Canossa. Die Entzauberung der Welt*, München 2006.

27 ULLMANN, Walter, *Die Machtstellung des Papsttums im Mittelalter. Idee und Geschichte*, Graz / Wien / Köln 1960, 520–598.

zwischen Staat und Kirche. Erneut hier das Bild, das mit den Mythen von einem zunehmenden Ausbau der staatlichen Jurisdiktion auch über die Religion und einer säkularisierenden Selbstemanzipation der Staaten kaum in Einklang zu bringen ist. Besonders im katholischen Bereich forderte man seit dem 16. Jahrhundert verstärkt von Seiten der Kirche nicht nur die Immunitäten des Klerus und der geistlichen Dinge aus der staatlichen Rechtssphäre, sondern auch grundsätzlich, dass der Staat sich bei allen geistlichen Dingen (kirchliche Ämter, Ehe und andere Sakramente, Kirchengebäude usf.) auf den rein finanziellen Aspekt beschränken sollte, der dem geistlichen, von der Kirche definierten Ziel zu dienen habe.[28] Bei all diesen Konflikten hatten die Staaten ihren Standpunkt gewohnheitsrechtlich begründet, während die Kirche systematisch und damit auf Veränderung zielend argumentierte. Man kann sicher nicht sagen, dass von geistlicher Seite eine Trennung von Kirche und Staat propagiert worden wäre. Dennoch wurde die Finalität des staatlichen Rechts auf eine weltliche Ebene reduziert. Die Staaten konnten dabei niemals akzeptieren, dass sie lediglich Instrument des kirchlichen Willens sein sollten. Sie verteidigten die Unabhängigkeit der weltlichen Rechtssphäre. Diese Selbstbeschränkung war also zu einem guten Teil Folge der kirchlichen, extensiver werdenden Ansprüche.[29] Im 18. Jahrhundert war man dazu übergegangen, diese Ansprüche weniger historisch-gewohnheitsrechtlich, als vielmehr systematisch, aus dem Wesen der Territorialgewalt fließend, zu begründen. Zudem zog man daraus Konsequenzen und erklärte sich nun zunehmend als nicht für die Sphäre der Übernatur zuständig. Toleranzpatente entstanden, durch die eine Pluralität von Kulten wenigstens geduldet wurde.[30] Als territoriale Verschiebungen, besonders durch die Neuordnung der Staaten in Gefolge der napoleonischen Kriege, zum Erwerb von anderskonfessionellen Gebieten führten, nahm man eine zwischen den Konfessionen weitgehend neutrale Haltung ein. Dies korrespondierte mit der Forderung der Religionsfreiheit als Menschenrecht. Dieser Forderung, die vom sich formierenden Liberalismus aufgegriffen und emphatisch als Kern der Emanzipation von klerikaler Willkür nun propagiert wurde – auch wenn sie sich als Verfassungsprinzip auch im 19. Jahrhundert nicht überall und ohne weiteres durchsetzte –, sah man nicht mehr an, dass ihre Entstehung – zumindest

---

28 BÜCKING, Jürgen, *Frühabsolutismus und Kirchenreform in Tirol (1565–1665). Ein Beitrag zum Ringen zwischen „Staat" und „Kirche" in der Frühen Neuzeit* (Veröffentlichungen des Instituts für europäische Geschichte 66), Mainz 1972; UNTERBURGER, Klaus, *Das bayerische Konkordat von 1583. Die Neuordnung der päpstlichen Deutschlandpolitik nach dem Konzil von Trient und deren Bedeutung für das Verhältnis von weltlicher und geistlicher Gewalt* (Münchener Kirchenhistorische Studien 10), Stuttgart 2006, 100–102; REINHARDT, Rudolf, *Die Beziehungen von Hochstift und Diözese Konstanz zu Habsburg-Österreich in der Neuzeit. Zugleich ein Beitrag zur archivalischen Erforschung des Problems „Kirche und Staat"* (Beiträge zur Geschichte der Reichskirche in der Neuzeit 2), Wiesbaden 1966.

29 REINHARDT, Rudolf, Bemerkungen zum geschichtlichen Verhältnis von Kirche und Staat, in: *Theologie im Wandel. Festschrift zum 150jährigen Bestehen der katholisch-theologischen Fakultät an der Universität Tübingen 1817–1967*, München / Freiburg i. Br. 1967, 155–178.

30 HECKEL, Martin, *Staat und Kirche nach den Lehren der evangelischen Juristen Deutschlands in der ersten Hälfte des 17. Jahrhunderts* (Ius ecclesiasticum 6), München 1968, v. a. 109–112 und 241–244.

im katholischen Europa – sich auch den expandierenden, reformerischen Ansprüchen der Kirche verdankte.

Akzeptation von religiöser Differenz in vormodernen Gesellschaften

Lassen sich so die aufgeklärt-liberalen Vorstellungen von einem unduldsamen mittelalterlichen religiösen Einheitsstaat und von einer konservativen Kirche, von der sich der Staat emanzipiert hat, in dieser Einseitigkeit nicht halten, dann stellt sich in einem dritten Schritt die Frage, welche Konzepte und Verfahren die Vormoderne entwickelt hatte, um mit religiöser Differenz umgehen zu können. Grundsätzlich ist hier jedenfalls zu konstatieren, dass nicht einfach Pluralität und Toleranz linear zugenommen, sondern dass Ideale von Einheit und das Ertragen von Differenz sich gewandelt haben und in diesem Prozess verschiedenen Verfahren des Umgangs mit Differenz eine zentrale Rolle zukam.[31] Eine befriedigende Analyse dieser komplexen Verschiebungen wäre dabei erst nach zahlreichen vergleichenden Studien möglich. Immerhin können einige generalisierende Aussagen aber getroffen werden:

(a) Herrschaft zielte zunächst einmal darauf ab, die *pax* und die gute Ordnung zu bewahren.[32] Religiöse Divergenz konnte so als Illoyalität interpretiert werden, musste dies aber nicht; letzteres war umso wahrscheinlicher, wenn die Glaubensdifferenz nicht mit oppositionellen politischen Tendenzen einher ging[33] und schon gewohnheitsrechtlich und durch ältere Privilegien gesichert war.

(b) Eine entscheidende Rolle bei der Akzeptanz religiöser Devianz trotz eigener dezidierter Glaubensüberzeugung spielte die Differenz zwischen öffentlicher und privater Kultpraxis. Die Rechte der Konfessionen waren nicht abstrakt und gleich. Es genügte aber vielfach, wenn die herrschende Religion exklusiv den öffentlichen Raum besetzte, etwa alleine bei staatlichen Feiern präsent war oder

31 PAULMANN, Johannes, Verfahren zur Bewältigung religiös-konfessioneller Differenz – eine gesellschaftliche und politische Herausforderung in der europäischen Neuzeit. Einleitende Bemerkungen, in: DERS. / SCHNETTGER, Matthias / WELLER, Thomas (Hg.), *Unversöhnte Verschiedenheit. Verfahren zur Bewältigung religiös-konfessioneller Differenz in der europäischen Neuzeit* (Veröffentlichungen des Instituts für Europäische Geschichte Mainz, Beiheft 108), Göttingen 2016, 9–17, hier v.a. 15.

32 PTASZYŃSKI, Maciej, Religiöse Toleranz oder politischer Frieden? Verhandlungen über den Religionsfrieden in Polen-Litauen im 16. und 17. Jahrhundert, in: PAULMANN, Johannes / SCHNETTGER, Matthias / WELLER, Thomas (Hg.), *Unversöhnte Verschiedenheit. Verfahren zur Bewältigung religiös-konfessioneller Differenz in der europäischen Neuzeit* (Veröffentlichungen des Instituts für Europäische Geschichte Mainz, Beiheft 108), Göttingen 2016, 161–178, hier v. a. 170f.

33 Wie sehr erst der politische Gegensatz in den Vorgängen um das Interim konfessionell abgegrenzte Identitäten in Augsburg entstehen ließ, zeigt: ZELINSKY HANSON, Michele, *Religious Identity in an Early Reformation Community. Augsburg, 1517 to 1555* (Studies in Central European History 45), Leiden / Boston 2009, 139–215.

die öffentlich sichtbaren Kirchen besaß.[34] War so auf einer symbolischen Ebene der Überordnung Ausdruck gegeben, so musste diese nicht von jedem Untertan auch privat eingefordert werden. Mitunter wurden aber auch von Minderheiten – besonders von den Juden – bei Herrschaft konstituierenden oder zum Ausdruck bringenden Akten symbolische Unterwerfungsakte abverlangt.[35]

(c) Neben dem Verfahren, die Anerkennung auf die öffentliche Sphäre zu reduzieren, war eine weitere Möglichkeit die Separation und Segregation, was vor allem seit dem Übergang zur Neuzeit in multiethnischen Städten und Gemeinschaften vielfach praktiziert wurde und verschiedenen Bedürfnissen der jeweiligen Gruppen entgegenkam, da die Gefahr von Mischehen und Konversionen so reduziert und damit die Stabilität der auf familiäre Traditionen gegründeten Gemeinschaften gefestigt werden konnte.[36] Neben der dauernden Präsenz des Fremden war natürlich auch diejenige von Händlern oder anderen sich in der Stadt Aufhaltenden zu integrieren.

(d) Auch der Vertragsschluss war neben der einseitigen Privilegierung durch den Herrscher ein wichtiges Instrument des Umgangs mit religiöser Differenz. Gerade wirtschaftliche Interessen ließen in der Regel Barrieren religiöser Art überwindbar erscheinen, selbst in streng auf religiöse Ausschließlichkeit zielenden Staaten wie dem frühmodernen Spanien.[37] Die Differenzierung zwischen wirtschaftlicher und religiöser Sphäre ist auf alle Fälle nicht erst eine Erfindung der Neuzeit.

(e) Der weit verbreitete Kompromiss, die Ausschließlichkeit in der öffentlichen Sphäre einzufordern und sich mit äußerer Konformität zufrieden zu geben, befriedigte auf der einen Seite auf eine Intensivierung der Glaubenspraxis zielende Bewegungen wenig, die eine bewusste, alle Lebensbereiche durchdringende Glaubensentscheidung forderten und deshalb mit dem vom Staat geduldeten Konformismus unzufrieden waren.[38] Auf der anderen Seite waren es religiöse

---

34 Für die Niederlande zeigt dies: ARNDT, Johannes, Sichtbare und unsichtbare Grenzen. Das Nebeneinanderleben der Konfessionen in der niederländischen Republik (1581–1795), in: PAULMANN (u. a.), *Unversöhnte Verschiedenheit*, 19–39.

35 Für die römischen Juden: EMICH, Birgit, Besitz ergreifen von der Kirche: Normen und Normkonflikte beim Zeremoniell des päpstlichen Possesso, in: WASSILOWSKY, Günther / WOLF, Hubert (Hg.), *Werte und Symbole im frühneuzeitlichen Rom* (Symbolische Kommunikation und gesellschaftliche Wertesysteme. Schriftenreihe des Sonderforschungsbereichs 496), Münster 2005, 83–99.

36 JÄSCHKE, Kurt-Ulrich / SCHRENK, Christhard (Hg.), *Vieler Völker Städte. Polyethnizität und Migration in Städten des Mittelalters. Chancen und Gefahren* (Quellen und Forschungen zur Geschichte der Stadt Heilbronn 21), Heilbronn 2012; KEENE, Derek / NAGY, Balázs / SZENDE, Katalin (Hg.), *Segregation – Integration – Assimilation: Religious and Ethnic Groups in the Medieval Towns of Central and Eastern Europe*, Farnham 2009.

37 WELLER, Thomas, Eine schwarze Legende? Zum Umgang mit religiöser Differenz im frühneuzeitlichen Spanien, in: PAULMANN, Johannes, a. a. O., 41–63.

38 Für die Niederlande und die *Nadere reformatie* vgl. ARNDT, Johannes, a. a. O., v.a. 25 und 34f.

Minderheiten wie die Sozinianer, die Religion grundsätzlich als ein privates Phänomen ansahen, das den Staat nichts angehe, so dass sie eine grundsätzliche Trennung von Staat und Kirche einforderten.[39]

Fazit

Mittelalter[40] und frühe Neuzeit waren nicht religiöse, intolerante Einheitsgesellschaften, als welche sie der aufgeklärte Freiheitspathos und die romantische Ganzheitssehnsucht verklärt haben, auch wenn diese Vorstellung vielfach noch das westlich-emanzipatorische Selbstverständnis bestimmt. Freilich herrschte in der Vormoderne weder religiöse Toleranz noch religiöse Intoleranz, sondern es gab andere gestufte Formen und eine Vielzahl von Praktiken, mit religiöser Divergenz umzugehen. Modernisierende Vereindeutigungstendenzen und abstrakt prinzipielle Rechtsnormen: Beides waren eher späte Entwicklungen, die in einem Wechselverhältnis zueinander standen. Dabei ist die Tendenz, den Staat auf eine eindeutiger weltliche Sphäre zu beschränken, wesentlich auch durch kirchliche Postulate urgiert worden. So stellt sich das westliche Selbstbild einer aufgeklärten Befreiung aus der kirchlichen Finsternis des Mittelalters, einer erkämpften Säkularisation des Staates gegen religiöse Ansprüche, als einseitiger Parteistandpunkt der Kulturkämpfe des 19. Jahrhunderts dar, den es als solchen zu begreifen gilt.

39 PTASZYŃSKI, Maciej, a. a. O., 174–178.

40 PATSCHOVSKI, Alexander, Toleranz im Mittelalter. Idee und Wirklichkeit, in: DERS. / ZIMMERMANN, Harald, *Toleranz im Mittelalter* (Vorträge und Forschungen 45), Sigmaringen 1998, 391–402.

Gewissens- und Religionsfreiheit im Protestantismus: lutherische, reformierte, liberale Ansätze und ihre Grenzen

Hartmut Kreß

Wolfgang Erich Müller, Lüneburg, anlässlich seines 70. Geburtstags im Jahr 2017 gewidmet

1. Zur Einordnung der Fragestellung und zur Rückständigkeit des Protestantismus

Im Grundgesetz der Bundesrepublik Deutschland wird das persönliche Recht jedes Menschen auf Gewissens- und Religionsfreiheit in Artikel 4 Absatz 1 garantiert. Dort heißt es prägnant: „Die Freiheit des Glaubens, des Gewissens und die Freiheit des religiösen und weltanschaulichen Bekenntnisses sind unverletzlich." Es war freilich ein langer, dorniger, von Kontroversen überschatteter Weg, bis diese umfassende rechtsstaatliche Gewährleistung der Gewissens- und Religionsfreiheit zustande gekommen ist. Eine frühe Vorstufe findet sich im Preußischen Allgemeinen Landrecht von 1794, das „jedem Einwohner im Staate" die Glaubens- und Gewissensfreiheit zubilligte. Faktisch handelte es sich in Preußen im ausgehenden 18. Jahrhundert um ein Zugeständnis gegenüber Juden sowie gegenüber Angehörigen christlicher Minderheiten, also Freikirchen oder Sekten. Mit ihm war allerdings noch keineswegs ausgesagt gewesen, dass Menschen jenseits der christlichen Mehrheitskonfessionen ihre Überzeugungen öffentlich bekunden oder dass sie ihre religiöse Praxis in der Öffentlichkeit realisieren durften. Ebenso wenig verband sich mit ihm für Juden die Erlaubnis, in öffentliche oder politische Ämter zu gelangen. Negative Religionsfreiheit beziehungsweise Atheismus blieben ohnehin verpönt und unstatthaft.

Im späteren Verlauf der Moderne, im 19. und 20. Jahrhundert, kam es in Mitteleuropa etappenweise dann dazu, dass der Staat die Gewissens- und die Religionsfreiheit jedes Menschen ohne Vorbehalte anerkannte. Bleibt man bei Preußen beziehungsweise Deutschland, so waren das preußische Edikt zur Judenemanzipation von 1812 und das Judengesetz von 1847 wichtige Einschnitte, sodann die Frankfurter Paulskirchenverfassung von 1849, die freilich nicht in Kraft trat, und schließlich – dies stellte den Durchbruch dar – die Weimarer Reichsverfassung von 1919. Seit „Weimar" werden von Seiten des Staates die Gewissensfreiheit sowie die Religionsfreiheit einschließlich der negativen Religionsfreiheit von Verfassungs wegen anerkannt und geschützt. Das Grundgesetz hat den Durchbruch von Weimar im Jahr 1949 übernommen und ihn in seinem Grundrechtsteil verankert.

Das Preußische Allgemeine Landrecht von 1794 repräsentiert immerhin jedoch einen ersten relevanten Einschnitt und ein frühes Symbol für liberalen Fortschritt. Gedanklich beruht es auf der Aufklärung und namentlich wohl auch auf Impulsen, die von dem jüdischen Aufklärungsphilosophen Moses Mendelssohn ausgegangen waren.[1] Mendelssohns Schlüsselschrift, in der er durchschlagend zugunsten von Gewissens- und Religionsfreiheit argumentiert hatte, erschien im Jahr 1783.[2] Auf sie reagierte Immanuel Kant. Unter Bezug auf Mendelssohns Schrift schrieb er an ihren Verfasser, den man damals den „deutschen Sokrates" nannte, einen anerkennenden Brief, in dem er ihm bestätigte, er habe die „Nothwendigkeit einer unbeschränkten Gewissensfreyheit" brillant vor Augen geführt: „Ich halte dieses Buch vor die Verkündigung einer großen, obzwar langsam bevorstehenden und fortrückenden Reform. [...] Sie haben [...] die Nothwendigkeit einer unbeschränkten Gewissensfreyheit zu jeder Religion so gründlich und so hell vorgetragen, daß auch endlich die Kirche unserer Seits darauf wird denken müssen, wie sie alles, was das Gewissen belästigen und drücken kann, von der ihrigen absondere."[3]

Nachfolgend klammere ich aus, dass die römisch-katholische Kirche bis weit in das 20. Jahrhundert hinein individuelle Menschenrechte und die Religionsfreiheit abgewehrt und abgelehnt hat, und befasse mich speziell mit der Rolle des Protestantismus. Es verhält sich genau so, wie Immanuel Kant es 1783 in seinem Brief an Mendelssohn zum Ausdruck gebracht hatte: Im Blick auf Gewissens- und Religionsfreiheit agierten auch die evangelischen Kirchen und im Übrigen durchweg gleichfalls die protestantische Theologie abwehrend oder zumindest retardierend. Dies wirkt sich sogar noch in der Gegenwart aus. Auf aktuelle Desiderate werde ich abschließend eingehen. Nun ist der Protestantismus plural strukturiert; typisierend lassen sich in seinem Binnenspektrum lutherisches, reformiertes und liberales Denken voneinander abheben. Die Rückständigkeit des Protestantismus, sein Hinterherhinken in der Akzeptanz einer umfassend verstandenen Gewissens- und Religionsfreiheit tritt in den drei Strömungen gleicherweise zutage.

2. Lutherisches Denken: Innere Freiheit des Gewissens versus äußere Freiheit

Für das deutsche Wort „Gewissen" spielt Luther durchaus eine Rolle. Zum Beispiel trug er mit seiner Bibelübersetzung dazu bei, dass es in die neuhochdeutsche Sprache

1 Vgl. SCHOEPS, Julius H., *David Friedländer. Freund und Schüler Moses Mendelssohns*, Hildesheim 2012, 186.

2 Vgl. MENDELSSOHN, Moses, Jerusalem oder über religiöse Macht und Judentum, in: DERS., *Gesammelte Schriften*. Jubiläumsausgabe, Band 8, Stuttgart-Bad Cannstatt 1983, 99–204.

3 KANT, Immanuel, *Gesammelte Schriften*, Akademie-Ausgabe, Band X, Briefwechsel, An Moses Mendelssohn, Berlin ²1922, 344–347, hier 347.

Eingang fand. Der Sache nach deutete er das Gewissen indessen in einer ganz bestimmten Zuspitzung, indem er es vor allem religiös und theozentrisch verstand und es in die Beziehung zwischen Gott und Mensch einzeichnete. Seine Rechtfertigungslehre besagte, dass Gott den einzelnen Menschen von Schuld und Sünde entlaste. Hierdurch erhalte der betreffende Mensch ein getröstetes, fröhliches, von Gott freigesprochenes Gewissen. Auf diese Weise ordnete Luther die Freiheit des Gewissens dem Inneren des Menschen zu; es ging um innere Freiheit im Sinn einer Befreiung von Sünde, Tod und Teufel. Im 16. Jahrhundert war eine solche Zuspitzung zweifellos gehaltvoll und für viele Menschen existenziell entlastend gewesen, da die Furcht vor Tod, Satan und ewiger Verdammnis allgegenwärtig und übermächtig war.

Heute wird die frühere Angst vor Tod und Teufel und vor den Strafen im Jenseits durchweg nicht mehr geteilt. Trotzdem lässt sich Luthers Gedankengang so interpretieren, dass ihm noch in der Gegenwart ein existenzieller Sinn abzugewinnen ist. Übersetzt man ihn in die Sprache moderner Existenzphilosophie, dann könnte die innere Freiheit des Gewissens, an die Luther dachte, bedeuten: Menschen werden in die Lage versetzt, den Herausforderungen des Alltags in der Haltung der Gelassenheit (Karl Jaspers) und auf der Grundlage einer inneren Unabhängigkeit zu begegnen, die Rudolf Bultmann mit Hilfe des Begriffs der Entweltlichung charakterisierte.

Hiervon abgesehen blieben die Gedankengänge Luthers jedoch einseitig und stellten eine Engführung dar. Es ist wiederholt kritisiert worden, dass die Rede vom befreiten Gewissen bei Luther und im Luthertum lediglich darin einen Schritt nach vorne bedeutet habe, die innere seelische Freiheit der Menschen zu betonen. Darüber seien jedoch die äußere Freiheit, die Dringlichkeit gesellschaftlicher Emanzipation und das Engagement für gesellschaftliche Veränderungen vernachlässigt worden. Mit ihrem einseitigen Akzent auf der inneren Freiheit habe die lutherische Gewissensidee kulturgeschichtlich jahrhundertelang eine Mentalität gestützt, der gemäß sich die Menschen mit äußeren Missständen abzufinden und sie sich der weltlichen Obrigkeit zu unterwerfen hätten. Im Ergebnis sei hierdurch der preußisch-deutsche Obrigkeitsstaat gestützt worden. Den Begriff des Obrigkeitsstaates hat – mit kritischer Stoßrichtung – Hugo Preuß geprägt.[4] Die Kritik, dass die lutherische Idee innerer Freiheit von der Notwendigkeit äußerer gesellschaftlicher Veränderungen ablenkt, haben im 19. und 20. Jahrhundert Juristen, Philosophen oder Vertreter des liberalen Judentums wie Leo Baeck immer wieder geltend gemacht.[5] Angesichts der mitteleuropäischen Staats- und Kulturgeschichte ist sie berechtigt und trifft ins Schwarze.

Davon abgesehen ist bei Luther noch eine weitere Gedankenlinie anzutreffen.[6] Im Jahr 1523 legte er dar, die Obrigkeit dürfe von evangelischen Christen nicht verlangen,

4 Vgl. PREUß, Hugo, *Das deutsche Volk und die Politik*, Jena 1915, 159, 194 f. und passim.

5 Vgl. z. B. BAECK, Leo, *Aus drei Jahrtausenden*, Tübingen 1958, 61, 63, 87 ff.

6 Vgl. hierzu auch LEONHARDT, Rochus, Martin Luther, in: VOIGT, Rüdiger (Hg.), *Staatsdenken*, Baden-Baden 2016, 353–358, hier 355 f.

die ins Deutsche übersetzte Bibel herauszugeben und auszuliefern. Für evangelische Christen sei die Benutzung der deutschen Bibel essentiell. Wenn die Obrigkeit Druck ausübe, die Bibeln herzugeben, sei letztlich sogar passiver Widerstand vorstellbar. Notfalls sollten die Evangelischen auswandern oder Strafe erleiden und zu Märtyrern werden. Der Sache nach forderte Luther hiermit – wenn man es modern ausdrückt – zugunsten von Evangelischen das Recht auf ihre persönliche Glaubens- und Gewissensfreiheit ein und brachte im Ansatz die Gewissens- und Religionsfreiheit als Abwehrrecht der einzelnen Menschen gegenüber dem Staat zum Zuge.

Als Kehrseite ist aber festzuhalten, dass seine Reflexionen in ihrer Reichweite eng begrenzt blieben. Denn sein Pochen auf den Schutz von Glaube und Gewissen verblieb im binnenevangelischen Horizont und galt nur für die eigene Seite. Er kam nicht auf den Gedanken, für andere Menschen, namentlich für Juden, analog eine Gewissens- und Glaubensfreiheit anzuerkennen – ganz im Gegenteil.[7] Zudem war sein Denken darin vormodern, dass ihm zufolge die Obrigkeit einschreiten durfte, sobald sie die Gefahr sehe, dass eine Häresie oder ein anderer Glaube die öffentliche Ordnung störe. Im Ergebnis bedeutete dies sehr viel mehr einen Freibrief für die Obrigkeit als einen Schutzgedanken zugunsten des persönlichen Gewissens der einzelnen Menschen. Ein Vordenker des modernen Grundrechts auf Glaubens- und Gewissensfreiheit für alle war Luther jedenfalls nicht. Wie verhält es sich in anderen Strömungen des Protestantismus?

3. Gedankliche Abwehrhaltung in der reformierten Tradition

Die reformierte Seite des Protestantismus vermittelt ein ähnliches Bild wie das Luthertum. Mit dem Genfer Reformator Johannes Calvin verbindet sich ein Ereignis, das bis heute in Erinnerung geblieben ist. Es betrifft Michael Servet, einen Arzt und kritischen Geist. Er gehörte im 16. Jahrhundert zu denjenigen, die sich gegen den antiken Mediziner Galen aussprachen, und vertrat die Theorie des menschlichen Blutkreislaufs. Im nachfolgenden Jahrhundert wurden seine Annahmen durch William Harvey und durch den italienischen Anatomen Marcello Malpighi bestätigt. Im Rahmen seines Interesses an theologischen Fragen bestritt er die Trinitätslehre. Deshalb befand er sich auf der Flucht vor der katholischen Inquisition. In Genf wurde er verhaftet, angeklagt und auf Betreiben Calvins im Jahr 1553 hingerichtet. Dass Calvin nicht bereit war, abweichende Überzeugungen, anders gesagt: die Glaubens- und Gewissensfreiheit von Menschen zu achten, zeigte sich im Fall Servet besonders schroff. Die von ihm aktiv gewollte Hinrichtung Servets war ein *dies ater*, ein schwarzer Tag für die protestantische Reformation

---

7 Zur Judenfeindschaft Luthers vgl. zum Beispiel MAURER, Wilhelm, Die Zeit der Reformation, in: RENGSTORF, Karl Heinrich / VON KORTZFLEISCH, Siegfried (Hg.), Kirche und Synagoge, [Stuttgart 1968] München 1988, Band 1, 363–452, hier 397 ff.

und wirft einen dunklen Schatten auf das Verhältnis des Protestantismus zur Gewissens- und Religionsfreiheit.

Wie votierte der spätere deutschsprachige reformierte Protestantismus zur Gewissensfreiheit? Im Großen und Ganzen bleibt das Bild düster. Ein bekannter Autor der reformierten Theologie des 20. Jahrhunderts war Karl Barth. Seine Dogmatik legte den Offenbarungsgedanken zugrunde, verstand sich als Auslegung des Wortes Gottes, das in Christus erkennbar geworden sei, und betonte die Notwendigkeit des Gehorsams gegen Gottes Gebot. Spiegelbildlich bedeutete dies, dass er sittliche Autonomie und rationale Ethik ablehnte[8], anthropologische Reflexionen über das Phänomen des Gewissens vollständig beiseiteschob und das menschliche Gewissen als Quelle der Einsicht in das Gute in Abrede stellte. In der Ethik verknüpft sich mit dem Begriff des Gewissens die Aussage, dass ein Mensch von sich aus nach dem Guten oder nach dem Richtigen zu fragen und er hierzu Abwägungen vorzunehmen vermag. Das Vorhandensein eines solchen Gewissens im Menschen bestritt Barth. In der Binnenlogik seiner Dogmatik war dies insofern folgerichtig, als ihm zufolge der Mensch dem Wort Gottes beziehungsweise dem „Befehl" Gottes „Gehorsam" zu leisten habe.

Wie sehr er daran interessiert war, das Phänomen des Gewissens zu negieren, lässt sich exemplarisch an einer Auslegung des Römerbriefs von Paulus ablesen, die sich in seinem Spätwerk findet. Er projizierte sein Nein zum Gewissen in biblische Texte hinein. Bekanntlich nimmt Paulus in Röm 2,14 ff. auf das Gewissen der Heiden Bezug. Nun publizierte Barth im Jahr 1956 eine Auslegung des Römerbriefs, in der er behauptete, in Röm 2, 14 ff. sei gar nicht vom Gewissen der Heiden die Rede; Paulus meine vielmehr die „Heiden*christen*".[9] Philologisch beziehungsweise exegetisch ist Barths Auslegung von Röm 2,14 ff. unhaltbar. In unserem Zusammenhang ist aber von Interesse, mit welcher Entschiedenheit er das Phänomen eines Gewissens, das allen Menschen zu eigen ist, in Abrede stellte. Aus diesem Nein zum Gewissen ergab sich die Konsequenz, dass er dann auch zum Anliegen der Gewissens- und Religionsfreiheit als Menschenrecht gedanklich keinen Zugang gewann.

Geistesgeschichtlich war der Mangel an Verständnis für das Grundrecht jedes Menschen auf Gewissens- und Religionsfreiheit, der bei Barth zutage trat, mehr als fatal. Er lehrte und schrieb in der NS-Zeit, in der Menschen um ihres Gewissens und Glaubens willen verfolgt wurden. Nun gehörte Barth zu den Vertretern der evangelischen Theologie, die sich gegen eine Gleichschaltung der Kirche durch den NS-Staat wandten und insoweit die Freiheit der Kirche von staatlichen ideologischen Vorgaben einforderten. Andererseits kam es ihm nicht in den Sinn, für die Gewissens- und Glaubensfreiheit von Juden einzutreten. Seine Abwehrhaltung und Intoleranz gegenüber Juden brach unter anderem ausgerechnet auch in dem Band seiner Kirchlichen Dogmatik auf, der

8 Vgl. z. B. BARTH, Karl, *Die Kirchliche Dogmatik*, Band II/2, Zollikon 1942, 566, 574 f.; kritisch hierzu RENDTORFF, Trutz, *Ethik*, Band 1, Stuttgart 1980, 20 ff.

9 BARTH, Karl, *Kurze Erklärung des Römerbriefes*, [Nachdruck] Hamburg ²1972, 36.

im Jahr 1942 erschien. Barth befand sich in der Schweiz, war also außer Gefahr, dass der NS-Staat es geahndet hätte, wenn er sich zugunsten der Glaubensfreiheit oder des Lebensrechts von Juden geäußert hätte. Trotzdem beinhalteten seine Darlegungen keinen Gedankengang, der in diese Richtung gewiesen hätte – ganz im Gegenteil. In dem Dogmatikband von 1942 sprach er von der „gespensterhaften Gestalt des Juden im Ghetto", an der deutlich werde, dass Israel verworfen sei und „vergehe". Gemäß Gottes Ratschluss erführen die Juden aufgrund ihrer „sektiererische(n) Selbstbehauptung", der Leugnung und Kreuzigung Christi das Gericht und die Strafe Gottes.[10] Man findet dort noch weitere Aussagen und Sätze dieses mehr als problematischen Zuschnitts.

Hieran zeigt sich, dass ein prominenter Autor der evangelisch-reformierten Theologie des 20. Jahrhunderts zum Grundrecht auf Religions- und Gewissensfreiheit, das für jedermann gilt, aus theologisch-dogmatischen Gründen, nämlich aufgrund seiner dogmatischen Kritik an Vernunft und Gewissen, und im Übrigen auch aufgrund seines Verhaftetbleibens in antijudaistischen oder antisemitischen Stereotypen keinerlei Zugang gefunden hatte. Dies ist zusätzlich deshalb irritierend, weil Barth in den 1920er und frühen 1930er Jahren in Deutschland tätig und als Beamter auf die Weimarer Reichsverfassung verpflichtet gewesen war, in deren Artikel 136 das Grundrecht aller Menschen, nicht nur der Christen, auf Glaubens- und Gewissensfreiheit kodifiziert worden war. Man kann zu seiner Entschuldigung also nicht sagen, zu seiner Zeit sei die Leitidee der Glaubens- und Gewissensfreiheit neuartig oder unvertraut gewesen.

Ergibt sich ein anderes Bild, sobald man auf eine weitere Linie des Protestantismus blickt, nämlich auf das moderne kulturprotestantische Denken und auf Denkmodelle von Autoren, die der sogenannten liberalen Theologie zugerechnet werden? Dies wäre eigentlich zu vermuten. Doch bei näherer Betrachtung ist man ebenfalls konsterniert.

4. Liberale Positionierungen: Zwischen theoretischem Ja zur Gewissensfreiheit und faktischem Nein

Wenn von Kulturprotestantismus oder liberaler Theologie die Rede ist, handelt es sich um Sammelbegriffe, unter die akademische theologische Denkbemühungen aus eineinhalb Jahrhunderten, vom frühen 19. bis in das 20. Jahrhundert, subsumiert werden. Das Spektrum der Autoren reicht von Schleiermacher bis zu Albert Schweitzer, Troeltsch oder Harnack. Zwischen ihnen liegt nicht nur zeitlicher Abstand, sondern es sind auch gravierende sachliche Divergenzen vorhanden. Dennoch lassen sich die Kunstworte „liberal" und „kulturprotestantisch" nutzen, um eine Denkströmung innerhalb des akademischen Protestantismus zu bezeichnen, die sich um anthropologische, historisch-

10 BARTH, Karl, *Die Kirchliche Dogmatik*, Band II/2, 230, vgl. 220 f. und passim.

kritische, ethische, kulturbezogene Argumentationen bemühte und dabei gezielt den kulturellen, sozialen und rechtlichen Wandel aufarbeitete.

Exemplarisch sei auf einen frühen Klassiker Bezug genommen, und zwar auf den 1834 gestorbenen Berliner Theologen Friedrich Daniel Ernst Schleiermacher. Er hielt die Gewissensfreiheit für einen Kern des Protestantismus. Seine Hochschätzung des individuellen Gewissens sticht zum Beispiel dadurch ins Auge, dass er es ausdrücklich als ein Merkmal des evangelischen Christentums bezeichnete, „einen jeden auf sein Gewissen zu verweisen".[11] Als Autor theologischer und philosophischer Werke entfaltete er eine Ethik der Individualität und der persönlichen Gewissensverantwortung. Seine Sicht evangelischer Ethik fasste er in einem Imperativ zusammen, mit dessen Hilfe er den einzelnen Menschen auf sein individuelles Gewissensurteil hin behaftete: „Thue das, was die christliche Sittenlehre lehrt, immer so, wie es deine Individualität fordert."[12] Hierdurch brachte er für Protestanten die Prävalenz des eigenen freien Gewissensurteils zum Ausdruck. Individuelle sittliche Einschätzungen sollten ihm zufolge den Vorrang vor normativen Vorgaben theologischer oder moralischer Lehrgebäude, vor kirchlichen Lehren und vor theologischen Traditionen besitzen.

So nachdrücklich er hiermit einer für Protestanten geltend zu machenden Gewissensfreiheit das Wort redete, so deutlich widersprach er jedoch dem Anliegen, dass alle Menschen in ihren religiösen und sittlichen Überzeugungen gleich zu achten sind. Hierzu sollte man sich vergegenwärtigen, dass ihm die Gedankengänge zur Gewissensfreiheit von Mendelssohn oder von Kant bekannt waren. Das Preußische Allgemeine Landrecht mit seiner Garantie der „vollen Glaubens- und Gewissensfreyheit" war im Jahr 1794 kodifiziert worden. Darüber hinaus hatten die Französische Revolution sowie besonders die Menschenrechtsdeklarationen der Neuengland-Staaten den hohen Rang der Gewissens- und Glaubensfreiheit ins Licht gerückt. Auch dies war Schleiermacher bekannt. Nun war er neben seiner akademischen Tätigkeit ab 1810 in Preußen als Staatsrat für das Schulwesen tätig. Dabei hatte er sich unter anderem mit dem Religionsunterricht zu befassen. Konkret ging es dabei auch um die Berücksichtigung jüdischer Kinder. In einem Entwurf, den er für die Schulabteilung der preußischen Regierung zum Religionsunterricht zu Papier brachte, lehnte er es explizit ab, auf die „etwaigen jüdischen Zöglinge" Rücksicht zu nehmen. Aus Gründen des Staatsinteresses müsse der Religionsunterricht in Preußen „christlich", das heißt „in unserem protestantischen Staate [...] protestantisch sein".[13] Schleiermachers Intoleranz gegenüber jüdischen Schülern ist umso bemerkenswerter, als in Berlin und in Preußen jüdisch getragene

11 SCHLEIERMACHER, Friedrich Daniel Ernst, *Christliche Sittenlehre. Einleitung* (Wintersemester 1826/27), hg. von Hermann Peiter, Stuttgart 1983, 66.

12 Ebd.

13 Schleiermacher, Friedrich, *Texte zur Pädagogik*. Kommentierte Studienausgabe, Band 1, hg. von Michael Winkler, Jens Brachmann, Frankfurt a. M. 2000, 169. – Zu Schleiermachers Sicht des Religionsunterrichts vgl. auch EHRHARDT, Christiane, *Religion, Bildung und Erziehung bei Schleiermacher*, Göttingen 2005, 285 ff.

Schulen eingerichtet worden waren, in denen jüdische und christliche Kinder gemeinsam unterrichtet wurden und beim jüdischen Religionsunterricht die religiöse Identität der christlichen Schüler durch Befreiung ausdrücklich respektiert wurde.[14] Oder nochmals mit anderer Zuspitzung: In Preußen wurde 1812 ein Emanzipationsedikt erlassen, durch das die Rechtsstellung von Juden partiell verbessert wurde. Aufgrund seines Selbstverständnisses „als christlicher Bürger eines christlichen Staates" äußerte sich Schleiermacher hierzu bemerkenswert pejorativ.[15]

Insofern bestätigt sich auch bei ihm das Bild eines Protestantismus, der die Idee der Gewissensfreiheit zwar theoretisch befürwortete – aber in der Substanz nur im Blick auf sich selbst. Als Merkmal und als Leitgedanke der *eigenen* Konfession wurde die Gewissensfreiheit zum Teil sogar emphatisch bejaht. Sobald es aber um ein *allgemeines* Recht auf Gewissen- und Religionsfreiheit ging, das gleichfalls Andersdenkenden zugutekommt, wurde dies alltagsweltlich, praktisch sowie rechtlich beiseitegeschoben, ja verneint. Insofern galt protestantisch zur Gewissensfreiheit immer wieder: auf sich selbst bezogen / eigennützig: ja, zugunsten anderer / fremdnützig: nein. Dieser Zwiespalt ist sogar im liberalen Protestantismus zu beobachten. Es blieb eine Ausnahme, wenn liberalprotestantische Autoren wie Albert Schweitzer menschenrechtsfreundlich und religionstolerant votierten.

Führt man sich das Gesagte vor Augen, ist eine sehr skeptische Bilanz zu ziehen. Zum Abschluss werden aktuelle Aspekte anzusprechen sein – wiederum mit kritischem Zungenschlag. Vorab sei jedoch noch einmal innegehalten und bedacht, ob oder inwieweit der Protestantismus zur Gewissens- und Religionsfreiheit auf heutigem Niveau nicht doch einen konstruktiven Beitrag geleistet haben könnte. Lässt sich die grundrechtliche und ethische Leitidee der Gewissensfreiheit im Sinn von Artikel 4 Absatz 1 Grundgesetz irgendwie doch auf protestantische Hintergründe zurückbeziehen?

5. Gewissensfreiheit – kulturgeschichtlich eine unintendierte Nebenfolge des Protestantismus

In gewisser Hinsicht lässt sich eine Korrelation zwischen dem Protestantismus und dem Menschenrecht der Gewissens-, Glaubens- und weltanschaulichen Bekenntnisfreiheit durchaus konstatieren, jedoch von Seiten des Protestantismus nicht intentional und

14 Vgl. LOHMANN, Ingrid, LOHMANN, Uta, Die jüdische Freischule in Berlin im Spiegel ihrer Programmschriften (1803–1826), in: HERZIG, Arno u. a. (Hg.), *Judentum und Aufklärung*, Göttingen 2002, 66–90, hier 78 f.

15 SCHLEIERMACHER, Friedrich Daniel Ernst, Über den Beruf des Staates zur Erziehung (1814), in: DERS., *Pädagogische Schriften*, hg. von Erich Weniger, Band 2, Düsseldorf 1957, 153–169, hier 167. – Knapp zusammenfassend zu Schleiermachers Abwehrhaltung gegenüber Juden: BLUM, Matthias, Briefe bei Gelegenheit (Friedrich Schleiermacher, 1799), in: BENZ, Wolfgang (Hg.), *Handbuch des Antisemitismus*, Band 6, Berlin 2013, 83–85, sowie DERS., Über die Religion (Friedrich Schleiermacher, 1799), a. a. O., 711–713.

nicht direkt, sondern lediglich indirekt. Das moderne Grundrecht der Gewissens- und Religionsfreiheit ist insofern auf protestantische Wurzeln zurückführbar, als es eine Nebenfolge darstellt, auf die der Protestantismus an sich nicht abgezielt hatte.

Dies gilt realpolitisch. Faktisch hatte die protestantische Reformation des 16. Jahrhunderts die Auswirkung, dass die religiöse Einheit der damaligen Staats- und Gesellschaftsordnung zusammenbrach. Im vorneuzeitlichen Heiligen Römischen Reich deutscher Nation hatte eine vom katholischen Rom geprägte Religionseinheit geherrscht. Aufgrund der reformatorischen Glaubensspaltung entstanden in Europa zunächst ein Dualis – römisch-katholisch und lutherisch – sowie später eine Trias: römisch-katholisch, lutherisch, reformiert. Evangelisches und katholisches Christentum gerieten freilich in ein hartes, konfrontatives Gegeneinander, das in den blutigen Konfessionskriegen eskalierte. Daher wurde es politisch immer dringlicher, für die Menschen ungeachtet ihrer unterschiedlichen Kirchenzugehörigkeit und ihrer voneinander abweichenden religiösen Bindungen ein friedliches Nebeneinander zu eröffnen. Ansatzweise gelang dies im Westfälischen Frieden von 1648. Das heißt: Nachdem das evangelische Christentum „geboren" worden war und die hierdurch bewirkte Aufspaltung des Christentums zu Krieg und Vernichtung geführt hatte, war es realpolitisch zwingend geworden, einen *modus vivendi* zu ermöglichen. Die protestantische Glaubensspaltung stellte andere Instanzen, nämlich die Politik und das Recht, vor die Aufgabe, die weltliche Ordnung so auszugestalten, dass Menschen mit disparaten Gewissens- und Glaubensüberzeugungen nebeneinander leben und koexistieren konnten.

Noch in weiterer Hinsicht bildet die Glaubens- und Gewissensfreiheit faktisch eine Folge der Reformation – freilich wiederum indirekt und unbeabsichtigt. Gegenüber Andersdenkenden waren die Reformatoren intolerant, ja grausam gewesen. Als ein symbolträchtiges Beispiel hatte ich das Todesurteil gegen Servet in der Calvin-Stadt Genf genannt. Bemerkenswert ist nun, dass das Leitbild der universalen Gewissensfreiheit im neuzeitlichen Europa Einzug zu halten begann, indem solcher evangelischen Intoleranz widersprochen wurde. Die Verbrennung Servets löste Erschrecken aus. Auf sie reagierte unmittelbar der aus Frankreich stammende Humanist Sebastian Castellio, der sich in seiner Schrift „*De haereticis, an sint persequendi*" gegen Ketzer- und Glaubensverfolgungen wandte und hierdurch zu einem Vordenker neuzeitlicher Gewissensfreiheit wurde. Von ihm stammt die programmatische Formulierung: „Die Wahrheit zu suchen und sie zu sagen, wie man sie denkt, kann niemals verbrecherisch sein. Niemand darf zu einer Überzeugung gezwungen werden. Die Überzeugung ist frei."[16] So gesehen erzeugte die protestantische Reformation einen Anschub in Richtung auf Gewissens- und Glaubensfreiheit, weil philosophisch-literarisch in der Antithese zu evangelischer Intoleranz entfaltet wurde, dass und warum dieses Freiheitsrecht ein fundamentales Gut, eine Basisvoraussetzung menschlichen Zusammenlebens bildet. Wiederum zeigt sich, dass das

16 Zitiert nach ZWEIG, Stefan, *Ein Gewissen gegen die Gewalt. Castellio gegen Calvin*, [Wien 1938] Frankfurt a. M. 1979, 120.

heutige Grundrecht als eine positive Nebenfolge des Protestantismus einzuschätzen ist, die von ihm selbst freilich nicht intendiert gewesen war.

Theoretisch kann man sodann nochmals anders ansetzen und erörtern, ob der Protestantismus zumindest auf einer intellektuellen oder ideellen Hintergrundebene einen Beitrag zum Leitbild der Gewissensfreiheit beigesteuert haben könnte. Hiermit spiele ich auf die ideengeschichtlichen Reflexionen an, die Ernst Troeltsch 1906 vorgetragen hat. Einschlägig war seine Schrift *„Die Bedeutung des Protestantismus für die Entstehung der modernen Welt"*. Wenn man sich den schmalen Band ansieht, erkennt man freilich rasch, wie zurückhaltend Troeltsch argumentiert hat. Die Rückständigkeit, die illiberalen Tendenzen und die Obrigkeitsorientierung des Luthertums waren ihm allzu deutlich. Genauso waren ihm die hierarchischen, theokratischen, freiheitswidrigen Elemente des Calvinismus bewusst. Allerdings hob er dann hervor, dass zumindest die sogenannten Stiefkinder der Reformation, das heißt die vom Mehrheitsprotestantismus unterdrückten protestantischen Minoritäten, Freikirchen und Sekten an Glaubensfreiheit interessiert waren.[17] Ferner warf er die Frage auf, ob sich Luthers Denken nicht dahingehend extrapolieren lasse, dass es wenigstens ideell die menschliche Individualität und Gewissensfreiheit stärke. Zu diesem Zweck könne wie folgt argumentiert werden: Luther habe den einzelnen Menschen so verstanden, dass dieser in seinem Gewissen unmittelbar vor Gott stehe, wenn Gott ihn von der Sünde freispreche. Für Luther war ja wesentlich gewesen, dass für die Sündenvergebung und das Seelenheil nicht mehr die Vermittlung durch den Priester und die (katholische) Kirche notwendig sei; sie wurde ihm zufolge von Gott selbst bewirkt. Mit einem solchen Gedankengang hat Luther – so Troeltsch – den einzelnen Menschen und das persönliche Gewissen wenigstens im Prinzip radikal aufgewertet. Luther habe religiös-metaphysisch, das heißt auf einer ideellen Hintergrundebene eine Idee von Individualität und Gewissen bekräftigt, die in der späteren Neuzeit im Zuge der Säkularisierung dann in individuelle Freiheitsrechte bis hin zur Kunst- oder Wissenschaftsfreiheit transformiert und als solche konkretisiert worden sei.

So behutsam Troeltsch argumentierte – er bemühte sich, allen historischen Belastungen des evangelischen Christentums zum Trotz zwischen ihm und der modernen Freiheitsidee auf ideeller Ebene doch immerhin eine bestimmte Verknüpfung herzu-

17 Zur Bedeutung der christlichen Freikirchen in Neuengland, den späteren USA, für die Kultur- und Rechtsgeschichte des Grundrechts auf Religions- und Gewissensfreiheit vgl. jetzt DREIER, Horst, Zur Bedeutung der Reformation bei der Formierung des säkularen Staates, in: REICHEL, Maik u. a. (Hg.), *Reformation und Politik*, Halle 2015, 301–346, hier 332 ff. – Abgesehen von der Entwicklung in den Neuengland-Staaten: Auch in Deutschland setzten sich, ganz im Kontrast zur Abwehrhaltung der Großkirchen, Sprecher der christlichen Minderheitskirchen für Gewissens- und Glaubensfreiheit ein, die für alle gelten sollte. So äußerte einer der Gründungsgestalten des deutschsprachigen Baptismus, der als Jude geborene Julius Köbner, im Jahr 1848: „wir behaupten nicht nur *unsre* religiöse Freiheit, sondern wir fordern sie für *jeden* Menschen […], wir fordern sie in völlig gleichem Maße für Alle, seien sie Christen, Juden, Muhamedaner oder was sonst", zitiert nach GELDBACH, Erich u. a. (Hg.), *Religions-Freiheit.* Festschrift zum 200. Geburtstag von Julius Köbner, Berlin 2006, 135.

stellen. In den zurückliegenden Jahren haben Autoren des Protestantismus dann versucht, die herkömmliche Distanz der evangelischen Theologie von der Religions- und Gewissensfreiheit zu korrigieren und nach gedanklichen Brücken zu suchen, die dem Protestantismus ein allzu spätes Ja zum Leitbild der persönlichen Gewissensfreiheit ermöglichen. Ich selbst habe vorgeschlagen, Bultmanns Impuls, die reformatorische Rechtfertigungslehre auf das Gebiet des Erkennens auszuweiten, nochmals zu extrapolieren und aus ihr die Akzeptanz unterschiedlicher Religionen und Weltanschauungen herzuleiten.[18] Solche Erwägungen[19] klammere ich hier aus, um abschließend die Frage anzusprechen, wie es der heutige Protestantismus real mit dem Grundrecht auf Gewissens- und Religionsfreiheit hält.

6. Ein skeptisches gegenwartsbezogenes Resümee

Die Bilanz, die zu ziehen ist, fällt ernüchternd aus. Zwar haben die deutschen evangelischen Kirchen im letzten Viertel des 20. Jahrhunderts ihre Vorbehalte gegen die Menschenrechtsidee überwunden und auch die Religions- und Gewissensfreiheit als staatlich garantiertes Rechtsprinzip anerkannt.[20] Aber ihnen fällt es bis heute immer wieder schwer, das Grundrecht beziehungsweise das Leitbild der Religions- und Gewissensfreiheit tatsächlich mit Leben zu erfüllen. Bevor ich dies erläutere, sei als Erstes eine aktuelle Entwicklung erwähnt, die immerhin eine Annäherung an das Ethos und an den „Geist“ der Religionsfreiheit seitens des Protestantismus signalisiert.

Wenn man sich die dramatischen politischen Ereignisse von 2015, die Flucht vieler Menschen nach Deutschland, vor Augen führt, ist zu sagen, dass der Protestantismus gelernt hat. In evangelischen Kirchen engagierten sich zahlreiche Menschen für humanitäre Hilfe zugunsten von Flüchtlingen. Dies wurde auch von kirchenleitenden Stellen akzeptiert und sogar unterstützt. Eine evangelisch getragene Flüchtlingshilfe erfolgte offensichtlich durchgängig ohne Ansehen der Person und der Religion und wurde nicht von der Religionszugehörigkeit der Menschen abhängig gemacht, die in Not geraten waren. Man kann dies als Indiz dafür nehmen, dass der Protestantismus die Einsicht übernahm, Menschen ungeachtet ihrer Religionszugehörigkeit zu respektieren und ihre religiöse Identität zu achten.

Skeptisch fällt indessen meine zweite Bemerkung aus, die sich auf die kirchliche Leitungsebene bezieht. Es sticht hervor, in welch hohem Maß evangelische Kirchen noch in den letzten Jahren alte Abwehr- und Ausgrenzungsstandpunkte beibehalten haben. Im

---

18 Vgl. KREß, Hartmut, Religionsfreiheit im Protestantismus: Eine zwiespältige Bilanz, in: ZIEBERTZ, Hans-Georg (Hg.), *Religionsfreiheit*, Würzburg 2015, 79–102, hier 98 f.

19 Vgl. z. B. auch HUBER, Wolfgang, *Ethik. Die Grundfragen unseres Lebens von der Geburt bis zum Tod*, München 2013, 222.

20 Zu Einzelheiten vgl. KREß, Hartmut, *Ethik der Rechtsordnung*, Stuttgart 2012, 143 ff.; VON SCHELIHA, Arnulf, *Protestantische Ethik des Politischen*, Tübingen 2013, 214 ff.

Jahr 2006 publizierte die Evangelische Kirche in Deutschland (EKD) eine Schrift zum Islam, in der sie Religionsfreiheit als Rechtsprinzip hervorhob. Was ihr konkretes Verhältnis zu Muslimen in Deutschland anbelangt, votierte sie jedoch kühl und zeigte sich wenig interessiert, das Leitbild der Religionsfreiheit und das Ideal einer materialen Toleranz alltagsweltlich zu konkretisieren. Die EKD lehnte nicht nur ab, dass nicht mehr genutzte Kirchbauten an muslimische Gemeinden veräußert werden dürfen. Vielmehr hielt sie es prinzipiell noch nicht einmal für vertretbar oder ratsam, Muslimen zeitweise „Gemeinderäume […] für rituelle Gebete, religiöse Feste oder Sprachkurse“ zu überlassen. Nun hatten die Verfasser des EKD-Dokuments angesichts einer solchen Äußerung wohl selbst Zweifel; denn sie fügten hinzu, man solle Muslimen „wenn möglich bei der Suche nach geeigneten Räumen zum Beispiel in kommunalen Gebäuden“ helfen.[21] Das Votum der EKD befremdet auch deshalb, weil speziell die Sprachkurse noch nicht einmal religiöse Überzeugungen oder religiöse Praxis betreffen, sondern einem sozialen und integrativen Zweck dienen. Wenn es ferner heißt, in der Öffentlichkeit dürfe nicht „der Eindruck“ entstehen, „die Christen würden vor dem Islam zurückweichen“[22], brechen wieder alte evangelisch-kirchliche Reflexe der Distanzierung von Toleranz und von der Religionsfreiheit als einem Grundwert auf, der eigentlich aktiv gefördert werden sollte.

Eine weitere skeptische Anmerkung kann ich hier nur andeuten. Sie bezieht sich auf das evangelische kirchliche Arbeitsrecht. In der Bundesrepublik Deutschland ist die evangelische Kirche eine sehr große Arbeitgeberin und nimmt zahlreiche Aufgaben im Gesundheits-, Erziehungs- und Sozialwesen wahr, wobei als Träger die evangelische Diakonie fungiert. Um ihre Einrichtungen heute noch aufrechterhalten zu können, werden von der Diakonie zunehmend Menschen eingestellt, die keiner christlichen Kirche angehören. Theoretisch lehnen die evangelische Kirche und die Diakonie genau dies, ihre eigene Praxis, jedoch ab und betonen bislang (November 2016) unverändert, die Beschäftigung von Arbeitnehmerinnen oder Arbeitnehmern ohne Kirchenzugehörigkeit dürfe allenfalls eine Ausnahme sein. Zudem werden Beschäftigten mit anderer oder ohne Religion die Aufstiegsmöglichkeiten verwehrt. Zum Beispiel enthält ein einschlägiges Kirchengesetz der Evangelischen Kirche im Rheinland, das Mitarbeitendenausnahmegesetz, die Vorschrift, dass eine Muslimin, die ausnahmsweise in einer evangelisch getragenen Kindertagesstätte eingestellt wird, noch nicht einmal eine Gruppenleitung übernehmen darf. Hiermit setzen sich evangelische Kirchen in Widerspruch zum individuellen Grundrecht auf Religionsfreiheit und darüber hinaus zu weiteren Freiheitsgrundrechten, etwa zur Berufsausübungsfreiheit gemäß Artikel 12 Grundgesetz. Das Bundesarbeitsgericht hat einen Vorgang, der in das Problemfeld der religionsbezogenen Diskriminierung durch die evangelische Kirche als Arbeitgeberin einzuordnen

21 Kirchenamt der Evangelischen Kirche in Deutschland (Hg.), *Klarheit und gute Nachbarschaft. Christen und Muslime in Deutschland* (EKD-Texte 86), Hannover 2006, 68 f.

22 A. a. O., 69.

ist, 2016 dem Europäischen Gerichtshof zur Prüfung vorgelegt. Nun kann ich die gravierenden Probleme des kirchlichen Arbeitsrechts hier nicht entfalten.[23] Aber im Kern tritt erneut zutage, dass der Protestantismus vor allem auf der Ebene seiner Spitzenorganisationen und Leitungsgremien die pejorative Einstellung und Distanz gegenüber Religionsfreiheit und weiteren individuellen Grundrechten bislang nicht überzeugend überwunden hat.[24]

Im Fazit ist daher festzuhalten, dass das heutige individuelle Grundrecht auf Gewissens- und Religionsfreiheit und seine kulturelle Wertschätzung geistesgeschichtlich statt auf protestantischen vielmehr auf anderweitigen Hintergründen beruhen: auf den Impulsen, die Vordenker der Aufklärung wie Mendelssohn oder Kant vorgetragen haben, auf den Initiativen von Minoritäten und nicht zuletzt auf dem modernen liberalen Verfassungsrecht, also auf politischen und juristischen Anstößen. Ein älteres staatsrechtliches Symbol war das Preußische Allgemeine Landrecht 1794. Auf protestantischer Seite sind nach wie vor Selbstkritik sowie Selbstkorrekturen dringlich geboten.

23 Ausführlicher aus Sicht des Verfassers und mit Belegangaben: KREß, Hartmut, *Die Sonderstellung der Kirchen im Arbeitsrecht – sozialethisch vertretbar? Ein deutscher Sonderweg im Konflikt mit Grundrechten*, Baden-Baden 2014; DERS., Klärungsbedarf im Religionsrecht. Fragen des Religionsunterrichts, kirchlichen Arbeitsrechts und muslimischer Wohlfahrtsverbände, in: *Zeitschrift für Rechtspolitik* 49 (2016), 115–118; DERS., Kirchliches Arbeitsrecht: Reform- und Klärungsbedarf heute, in: *Zeitschrift für Evangelische Ethik* 60 (2016), 244–249.

24 Nachtrag im Juli 2017: Inzwischen hat die Evangelische Kirche in Deutschland ihre im voranstehenden Abschnitt erwähnten Bestimmungen über die Kirchenzugehörigkeit von Beschäftigten neu gefasst. Dies erfolgte in ihrer *Richtlinie über kirchliche Anforderungen der beruflichen Mitarbeit in der Evangelischen Kirche in Deutschland und ihrer Diakonie* vom 9.12.2016. Die Richtlinie („Loyalitätsrichtlinie“) ist pragmatisch angelegt und erleichtert es kirchlich getragenen Einrichtungen, für verschiedene Tätigkeiten, etwa in der Diakonie, Personen ohne Kirchenzugehörigkeit einzustellen, sofern sich keine geeigneten Arbeitsplatzbewerber mit Kirchenmitgliedschaft finden lassen. Grundsätzlich bleibt es bei dem Regel-Ausnahme-Schema, dem zufolge möglichst beziehungsweise bevorzugt Kirchenmitglieder zu beschäftigen sind. Arbeitsplatzbewerber und Arbeitnehmer ohne Kirchenzugehörigkeit sollen auch in Zukunft benachteiligt bleiben. Einen Durchbruch zugunsten einer Anerkennung der individuellen Gewissens-, Religions- und Weltanschauungsfreiheit von Arbeitnehmern hat die neue Richtlinie nicht erbracht. Deshalb besteht unverändert Reformbedarf dahingehend, dass nicht nur die römisch-katholische Kirche, sondern gleichfalls die evangelischen Kirchen in ihrem Arbeitsrecht fundamentale Freiheitsgrundrechte zumindest in Zukunft tatsächlich vollumfänglich respektieren. Vgl. hierzu jetzt auch KREß, Hartmut, Kirchliches Arbeitsrecht – ein ungelöstes Problem der Religionspolitik, in: GERSTER, Daniel / VAN MELIS, Viola / WILLEMS, Ulrich (Hg.), *Religionspolitik heute*, Freiburg i. Br. 2018, 231-252, sowie *Arbeitsrecht und Kirche. Zeitschrift für Mitarbeitervertretungen* 2 (2017), 41 ff. (Themenheft „Loyalität und ACK-Klausel“).

„Dignitatis humanae“: die vatikanische Deklaration über die Religionsfreiheit

Konrad Hilpert

1. Das Thema Religionsfreiheit auf dem II. Vatikanum

Am 7. Dezember 1965 wurde die Erklärung über die Religionsfreiheit mit den lateinischen Anfangsworten *„Dignitatis humanae“* vom II. Vatikanischen Konzil verabschiedet. Es war der letzte Arbeitstag dieses Konzils, an dem außer der Erklärung über die Religionsfreiheit auch die Pastoralkonstitution „Über die Kirche in der Welt von heute“ (*„Gaudium et spes“*) verabschiedet wurde. Diese war das längste Dokument des Konzils, die Erklärung über die Religionsfreiheit hingegen eines der kürzesten. Während jene entsprechend der Gepflogenheit früherer Konzilien die Rechtsform einer Konstitution, also einer ausführlichen verbindlichen Weisung, bekam[1], wurde *„Dignitatis humanae“* als „Deklaration“ oder deutsch „Erklärung“ klassifiziert. Dies ist kein Begriff aus der kirchlichen Sprache, sondern einer aus dem Völkerrecht. Dort bezeichnet „Deklaration“ einen feierlichen Akt, mit dem ein Staat allen anderen Staaten ein bestimmtes Ereignis oder eine politische Haltung zur Kenntnis bringt, zum Beispiel, dass er sich von der bisherigen Kolonialmacht unabhängig macht, dass er in den Krieg gegen einen anderen Staat eintritt, dass er sich in einem akuten Konflikt neutral verhalten wird und Ähnliches mehr.[2] Ziel derartiger Deklarationen ist es, dass sich ab jetzt kein anderer Staat darauf berufen können soll, er habe von der bekannt gemachten Sache nichts gewusst. Wenn also das II. Vatikanische Konzil für das Dokument zur Religionsfreiheit die Form einer Deklaration gewählt hat, so wollte es damit nicht primär erläutern, was Religionsfreiheit ist und wie sie sich theologisch begründen lässt. Vielmehr wollte es an die Adresse der Weltöffentlichkeit bekannt geben, dass man ab jetzt nie mehr sagen könne, für die katholische Kirche sei die Religionsfreiheit kein Grundrecht, das in der Würde der Person begründet ist.

Sich zu dieser Deklaration zu entschließen, war alles andere als selbstverständlich und erwartbar. Zwar fiel die endgültige Abstimmung mit nur 70 Gegenstimmen und 8 ungültigen bei 2308 Jastimmen sehr überzeugend aus. Aber ihr ging eine Entstehungsgeschichte voraus, die man mit Otto Hermann Pesch nur als „turbulent“ bezeichnen kann. Die Löwener Kirchenhistoriker Roger Aubert und Claude Soetens resümieren:

1 Näheres hierzu bei PESCH, Otto H., *Das Zweite Vatikanische Konzil (1962–1965). Vorgeschichte, Verlauf, Ergebnisse, Nachgeschichte*, Würzburg ²1994, 78–81.

2 Siehe KIMMINICH, Otto, *Einführung in das Völkerrecht*, München u. a. ³1987, 455.

Die Erklärung „sorgte bis zum letzten Tag für starke Polarisierung bei allen Konzilsteilnehmern“ und „kein Dokument stieß auf so viel Feindseligkeit auf Seiten der Minderheit“[3]. Bereits von Beginn des Konzils an war das Thema Religionsfreiheit, das zunächst lediglich als Teil, dann als Anhang des Ökumenismus-Dekrets behandelt werden sollte[4], umstritten. Und umstritten blieb es auch, als immer wieder neue beziehungsweise aufgrund der vielen Eingaben veränderte Textvorschläge (insgesamt sechs) vorgelegt wurden. Die Religionsfreiheit war ein Problemfeld, das während aller vier Sitzungsperioden ausgiebig verhandelt wurde. Zur offenen Zerreißprobe kam es in der dritten Sitzungsperiode, als am 19. November 1964 unmittelbar vor der angekündigten Abstimmung der Dekan des Kardinalskollegiums, Tisserant, bekannt gab, dass die Abstimmung nach Rücksprache mit einigen Mitgliedern des Präsidiums vertagt werde. Dies löste einen Sturm des Unmuts aus[5] und führte zu einer geharnischten Petition an den Papst, die innerhalb kürzester Zeit mehr als 1000 Unterschriften von Kardinälen und Bischöfen erhielt. Erreicht werden konnte aber lediglich, aber immerhin, dass Paul VI. die Zusicherung gab, die Erklärung als Punkt eins auf die Tagesordnung der nächsten Sitzungsperiode zu setzen. Dieser 19. November ging als „Schwarzer Donnerstag“ in die Geschichte des Konzils ein. In der Rückschau sprach man auch von der „Novemberkrise“ des Konzils.

Der eigentliche Grund, weshalb der Widerstand gegen die Deklaration über die Religionsfreiheit so hartnäckig und stärker war als bei allen anderen Dokumenten, liegt in der Geschichte der katholischen Kirche selbst. Um das zu verstehen, möchte ich aber zuerst die wesentlichen Inhalte der Deklaration vorstellen.

---

3 AUBERT, Roger / SOETENS, Claude, Resultate, in: MAYEUR, Jean-Marie u. a. (Hg.), *Die Geschichte des Christentums: Religion – Politik – Kultur*, Band XIII, Freiburg / Basel / Wien 2002, 72–104, hier: 90.

4 Die Vorgeschichte ist ausführlich dargestellt bei PAVAN, Pietro, Einleitung und Kommentar zur Erklärung über die Religionsfreiheit, in: *LThK Ergänzungsband, Teil II,* 704–748. Diese Darstellung wurde durch jüngere Forschungsarbeiten bestätigt: vgl. insbesondere WEIßENBORN, Thomas, *Religionsfreiheit. Christliche Wahrheit und menschliche Würde im Konflikt?*, Marburg 2003, 166–217, und SIEBENROCK, Roman A., Theologischer Kommentar zur Erklärung über die religiöse Freiheit Dignitatis humanae, in: HÜNERMANN, Peter / HILBERATH, Bernd J. (Hg.), *Herders Theologischer Kommentar zum Zweiten Vatikanischen Konzil*, Band 4, Freiburg / Basel / Wien 2005, 125–218, hier: 152–165. Im außerdeutschsprachigen Bereich siehe u. a.: CARNIAUX, Benoît, La declaration Dignitatis humanae sur la liberte religieuse, in: *Nouvelle Revue Theologique* 134 (2012), 590–605; ALVEAR TELLEZ, Julio, Historical-Critical Study on the Right to Religious Freedom in Conciliar Statement Dignitatis Humanae, in: *Revista de derecho* 39 (2012), 639–700; SCHINDLER, David L., Freedom, Truth and Human Dignity. An Interpretation of Dignitatis humanae on the Right to Relgious Liberty, in: *Communio* 40 (2013), 208–316; HITTINGER, Russell, Religion, Human Law and the Virtue of Religion. The Case of Dignitatis Humanae, in: *Nova et Vetera* 14 (2016), 151–176.

5 Zum Erleben dieses Tags siehe jetzt autobiografisch: CONGAR, Yves, *Mon Journal du Concile*, Band II, Paris 2002, 278–284.

2. Die Inhalte der Erklärung

Das Recht auf religiöse Freiheit wird als Recht der menschlichen Person proklamiert (DH 2). Wenn auch nicht explizit gesagt, so wird doch der Sache nach in der Erklärung „Recht“ im Sinne eines grundlegenden, ursprünglichen und unverfügbaren individuellen Rechts verstanden. Sein Gehalt besteht im Freisein „von jedem Zwang“ sowohl von Seiten Einzelner wie von Seiten gesellschaftlicher Gruppen wie auch von Seiten der öffentlichen Gewalt (DH 2). Das Freisein von jedem Zwang hat eine positive und eine negative Dimension. Die positive Dimension: Niemand darf in religiösen Dingen daran gehindert werden, nach seinem Gewissen zu handeln (DH 2). Die negative: Niemand darf in religiösen Angelegenheiten gezwungen werden, gegen sein Gewissen zu handeln (DH 2). Das Recht auf Freiheit von Zwang gilt auch für jene, die die Religionsfreiheit nicht oder falsch nutzen (DH 2).

Der Schutz dieses Rechts soll sich auf die Individuen erstrecken – und zwar auf alle – und als Folge der Sozialnatur des Menschen auch auf die religiösen Gemeinschaften und auf die Familien (vgl. DH 4 und 5).

Das gründende Fundament des Rechts auf Religionsfreiheit ist nach der Erklärung die Würde der menschlichen Person, „so wie sie durch das geoffenbarte Wort Gottes und durch die Vernunft selbst erkannt wird“ (DH 2). Zusätzlich werden noch zwei weitere Begründungen gegeben: Das Freibleiben von Zwang gegen das, was das Gewissen sagt, entspreche der Eigenart religiöser Akte als innerer, willentlicher und freier Vollzüge, „durch die sich der Mensch unmittelbar auf Gott hin ordnet“ (DH 3). Außerdem wird ganz zu Ende der Deklaration auch auf den Zusammenhang zwischen wirksamem Schutz der Religionsfreiheit und Frieden in der Welt hingewiesen (DH 15), womit die Intention der wichtigen, während der Konzilszeit (1963) von Johannes XXIII. promulgierten Friedensenzyklika „*Pacem in terris*“ aufgenommen wird, in der „das Recht, Gott der rechten Norm des Gewissens entsprechend zu verehren und seine Religion privat und öffentlich zu bekennen“ als zu den Menschenrechten gehörend bekräftigt wurde (PT 14).[6]

Die Aufgaben, deren Erfüllung von der rechtlichen Ordnung der Gesellschaft und der staatlichen Gewalt bezüglich der Religionsfreiheit erwartet werden, sind:

dieses Recht so anzuerkennen, „dass es zum bürgerlichen Recht wird“ (DH 2 und 6);

das religiöse Leben der Bürger zu respektieren und zu fördern, ohne es vorzuschreiben oder zu behindern (DH 3);

dafür zu sorgen, dass die religiösen Gemeinschaften ihr eigenes Leben gestalten, ihren Glauben öffentlich lehren und in Wort und Schrift bezeugen können (DH 4);

---

6 Siehe hierzu: HILPERT, Konrad, Die Sorge für den Frieden als Element der kirchlichen Sendung und die Rolle der Menschenrechte, in: TÜCK, Jan-Heiner (Hg.), Erinnerung an die Zukunft. Das Zweite Vatikanische Konzil, Freiburg / Basel / Wien ^{2}2013, 651–669.

dass „Menschen aus ihrem eigenen religiösen Sinn sich frei versammeln oder Vereinigungen für Erziehung, Kultur, Caritas und soziales Leben schaffen können“ (DH 4).

Des Weiteren hat die öffentliche Gewalt das Recht auf religiöse Freiheit auch zu garantieren, zu schützen und zu fördern, also „günstige Bedingungen [... zu] schaffen, damit die Bürger auch wirklich in der Lage sind, ihre religiösen Rechte auszuüben und die religiösen Pflichten zu erfüllen“ (DH 6).

Schließlich verweist *„Dignitatis humanae“* auch auf die Möglichkeit, dass das Recht auf Religionsfreiheit missbraucht werden kann, um Einzelnen oder der Gesellschaft Schaden zuzufügen. Auch diesbezüglich sieht die Erklärung den Staat in der Pflicht, seine Bürger davor zu schützen. Die Kriterien dafür sind allerdings nicht Irrtum und Sünde, sondern das gleiche Recht der Anderen und die Aufrechterhaltung der öffentlichen Ordnung (vgl. DH 7).

Interessanterweise erkennt die Deklaration noch eine weitere Verpflichtung als mit der Religionsfreiheit verbunden. Die weist sie allen, besonders aber denen zu, die mit Erziehungs- und Bildungsaufgaben betraut sind. Diese Verpflichtung besteht darin, die Menschen angesichts der vielen Einflüsse, denen sie ausgesetzt sind, zum rechten Gebrauch der Freiheit im Bereich der Religion wie auch der Verantwortung im Leben der Gesellschaft zu erziehen (DH 8).

Das Koordinatensystem, in das die Anerkennung der Religionsfreiheit und die genannten Forderungen eingeordnet sind, besteht nach der Erklärung aus zwei Achsen: Die eine ist die personale Freiheit des Subjekts, die andere die objektive Wahrheit. Die Religionsfreiheit habe ihr tragendes Fundament und zugleich ihre Zielperspektive in der Ausrichtung des Menschen auf die Wahrheit. An der Möglichkeit, die Wahrheit zu erkennen, hält die Erklärung ebenso fest wie an der Pflicht, sie zu suchen. Deshalb spricht sie wiederholt von der Pflicht jedes Menschen, „die Wahrheit, besonders in dem, was Gott und seine Kirche angeht, zu suchen und die erkannte Wahrheit aufzunehmen und zu bewahren“ (DH 1; ähnlich DH 2 und 3). Diese Pflicht wird aber weder in Konkurrenz noch selbstständig neben dem Recht auf Religionsfreiheit stehend gesehen, sondern sie soll lediglich deren Gebrauch leiten. Umgekehrt sei die Pflicht, die Wahrheit zu suchen, nicht etwas, was gegen jedes Hindernis, notfalls auch mit Hilfe von Zwang, zu realisieren sei, sondern etwas, was nur „auf eine Weise“ eingelöst werden darf, „die der Würde der menschlichen Person“ angemessen ist (DH 3), und das heißt: mit freier Zustimmung. Die Zuordnung von Wahrheit und Freiheit wird also als wechselseitige vorgestellt: Die Wahrheit setzt die Freiheit voraus und die Freiheit hat in der Wahrheit ihr Ziel und ihre Erfüllung. Das Recht der Person steht also nicht unter dem Vorbehalt, dass ein Mensch die Wahrheit auch tatsächlich erfasst hat. In umgekehrter Richtung ist mit der Aussage, dass die menschliche Person das Recht religiöser Freiheit hat, nicht gemeint, dass jemand, der *gegen* seine bessere religiöse Einsicht handelt, für gerechtfertigt gelten soll. Der Vorwurf des Indifferentismus, der schon in der Diskussion der verschiedenen Textentwürfe eine Rolle gespielt hatte, trifft also nicht zu.

3. Ein Paradigmenwechsel

Genau diese wechselseitige Zuordnung von Wahrheit und Freiheit ist das Neue, das die Position der Deklaration über die Religionsfreiheit von der bis dahin vertretenen offiziellen Position der katholischen Kirche unterscheidet. Diese hatte nämlich Wahrheit und Freiheit nicht als in der Person einander gegenseitig sich ermöglichend begriffen, sondern als zwei eigenständige Ansprüche behauptet, die in der gesellschaftlichen Realität miteinander konkurrierten und nur durch eine eindeutige Über- beziehungsweise Unterordnung vereinbar gemacht werden könnten. Das Prinzip dieser Über- beziehungsweise Unterordnung war die Formel: „Freiheit für die Wahrheit, aber keine Freiheit für den Irrtum“[7]. Allein die Wahrheit kann danach beanspruchen, gehört und öffentlich verbreitet zu werden; und sie darf nicht verdunkelt werden, indem sie mit allen möglichen Irrtümern auf eine Stufe gestellt und der Beliebigkeit des subjektiven Meinens und Wählens ausgeliefert wird. Die Päpste und andere Verantwortungsträger konnten sich für diesen Standpunkt unter anderem auf die Autorität Augustins stützen, der in einem seiner Briefe eindringlich die rhetorische Frage gestellt hatte: „Was für einen schlimmeren Tod kann es für die Seele geben als die Freiheit des Irrtums?“[8]

Von dieser traditionellen Warte aus erschien es als konsequent, im aktiven Schutz der Wahrheit und in der Abwehr und Unterdrückung offensichtlicher Irrtümer, auch und gerade von solchen im Bereich der Religion und des Glaubens, eine originäre Aufgabe der Obrigkeit beziehungsweise des Staates zu sehen. Dies allerdings erschien seit dem 19. Jahrhundert nur noch in katholisch homogenen Staaten möglich. Dort hingegen, wo die Katholiken nur eine Minderheit bildeten, sollten Irrtümer geduldet werden dürfen, um größere Übel zu verhindern oder andere höhere Güter zu erreichen.[9]

Das war die offizielle Position, die von Pius XII. 1953 in einer berühmten Ansprache[10] wiederholt wurde. Noch am Ende dieses Pontifikats wurde sie vom Leiter des Heiligen Offiziums, Kardinal Ottaviani, in aller Schärfe verteidigt; auf den Einwand, diese Einstellung sei widersprüchlich und unredlich, antwortete er: „In der Tat, man muss zweierlei Maß und Gewicht nehmen: eines für die Wahrheit, eines für den Irrtum.

7 Siehe eine ausführliche Erläuterung dieses Prinzips in: LEO XIII., Enzyklika *Libertas praestantissimum* (1888), in: UTZ, Arthur Fridolin / VON GALEN, Brigitta (Hg.), *Die Katholische Sozialdoktrin in ihrer geschichtlichen Entfaltung*, 4 Bände, Aachen 1976, Rd. nr. II/59.

8 AUGUSTINUS, ep. 166: PL XXXIII, 720.

9 Z. B. LEO XIII., Enzyklika *Immortale Dei* (1885): ASS 18, 174 f.; DERS., Enzyklika *Libertas praestantissimum* (1888): ASS 20, 609 f.; PIUS XII., Ansprache an die Mitglieder der Sacra Rota vom 6.10.1946: AAS 38, 394 f.; DERS., Ansprache an den Verband der katholischen Juristen Italiens vom 6.12.1953: AAS 45, 799.

10 Ansprache an den Verband der katholischen Juristen Italiens vom 6. 12. 1953 (deutsch in: UTZ, Arthur-Fridolin / GRONER, Joseph-Fulko (Hg.), *Aufbau und Entfaltung des gesellschaftlichen Lebens. Soziale Summe Pius XII.*, Freiburg i. Üe. 1962, 3963–3986; die beiden entscheidenden Prinzipien werden in Rd. nr. 3978 formuliert).

Als Menschen, die wir uns im sicheren Besitze der Wahrheit und der Gerechtigkeit wissen, vergleichen wir uns nicht mit anderen."[11] Im Klartext hieß das: Wo Katholiken in einer Gesellschaft in der Minderheit sind, muss ihnen der Staat die gleichen Rechte gewähren wie allen anderen Religionen auch. Wo die Katholiken aber in der Mehrheit sind, ist es Aufgabe des Staates, die irrigen Religionen zurückzudrängen. Die erste Forderung ergebe sich aus der Gerechtigkeit, die zweite aus der Wahrheit. Diese Position wurde auch noch in dem ersten, von Ottaviani verfassten Textentwurf vertreten, der von den Konzilsvätern komplett verworfen wurde. Eine Minderheit der Bischöfe verfocht sie aber hartnäckig weiter. Diese Position war auch der Grund dafür, dass die katholische Kirche früher in ihren höchsten amtlichen Repräsentanten so energisch die Forderung nach dem Recht auf Religionsfreiheit, wie sie im Lauf der Neuzeit aufgrund schmerzlicher Erfahrungen immer wieder erhoben worden war und zu einem wesentlichen Bestandteil sämtlicher freiheitlicher Verfassungen geworden ist, abgelehnt und in massiver Polemik mal als „Missgeburt"[12], mal als „Frechheit"[13], mal als „seuchenartigen Irrtum"[14] und „Wahnsinn"[15] abqualifiziert hatte.

Ihren Gipfel fand diese Polemik zweifellos in der Enzyklika Pius IX. *„Quanta cura"* und dem ihr beigefügten *Syllabus errorum* von 1864. Unter den 80 Sätzen, die dieses Verzeichnis der „Irrtümer des Jahrhunderts" (*errores saeculi*) enthält, finden sich auch die folgenden, die „als vollends verworfen, geächtet und verurteilt" anzusehen seien, nämlich:

die Behauptung, es stünde „jedem Menschen frei, diejenige Religion anzunehmen und zu bekennen, die man, vom Lichte der Vernunft geführt, für wahr erachtet" (Satz 15)[16];

die Behauptung „die Menschen können im Kult jedweder Religion den Weg zum ewigen Heil finden und das ewige Heil erlangen" (Satz 16);

und: „Die Abschaffung der bürgerlichen Herrschaft, in deren Besitz der Apostolische Stuhl ist, trüge in höchstem Maße zur Freiheit und zum Glück der Kirche bei" (Satz 76);

---

11 Zitiert nach ISENSEE, Josef, Die katholische Kritik an den Menschenrechten. Der liberale Freiheitsentwurf in der Sicht der Päpste des 19. Jahrhunderts, in: BOCKENFÖRDE, Ernst-Wolfgang / SPAEMANN, Robert (Hg.), *Menschenrechte und Menschenwürde. Historische Voraussetzungen – säkulare Gestalt – christliches Verständnis*, Stuttgart 1987, 138–174, hier: 154.

12 Pius VI., Breve *Quod aliquantum* (1791), in: UTZ, Arthur Fridolin / VON GALEN, Brigitta, a. a. O., Rd.nr. XXVI/10.

13 Gregor XVI., Enzyklika *Mirari vos* (1832), in: UTZ, Arthur Fridolin / VON GALEN, Brigitta, a. a. O., Rd. nr. II/5.

14 Gregor XVI., Enzyklika *Mirari vos* (1832), in: UTZ, Arthur Fridolin / VON GALEN, Brigitta, a. a. O., Rd. nr. II/14.

15 Ebd., Rd.nr. II/14; Pius IX., Enzyklika *Quanta cura* (1864), in: UTZ, Arthur Fridolin / VON GALEN, Brigitta, a. a. O., Rd. nr. II/29.

16 Zitiert nach der Übersetzung in DENZINGER, Heinrich / HÜNERMANN, Peter (Hg.), *Enchiridion symbolorum definitionum et declarationum de rebus fidei et morum,* Rd. nr 2915 f. und 2976 f.

ferner: „In dieser unserer Zeit ist es nicht weiter dienlich, die katholische Religion als die einzige Staatsreligion zu haben und alle übrigen Formen der Gottesverehrung auszuschließen“ (Satz 77).

Dieselbe Enzyklika bezeichnete die Auffassung, „die Freiheit des Gewissens und die Gottesverehrung seien jedes einzelnen Menschen Eigenrecht, das in jedem Staat mit ordentlicher Verfassung gesetzlich umschrieben und gewahrt werden müsse [...]“[17], als „Wahnsinn“.

Damit war die Religionsfreiheit als Menschenrecht wie auch als kultureller und rechtlicher Wert eindeutig und grundsätzlich verworfen, nicht etwa nur in ihren Übertreibungen und Auswüchsen.

Wenn man sich des exakten Datums der Veröffentlichung von *„Quanta cura“* und *Syllabus* vergewissert (es war der 8. Dezember 1864!), dann kann man vielleicht ein bisschen verstehen, dass die Minorität der Bischöfe, die sich gegen die Erklärung zur Religionsfreiheit wehrte, auf den Tag 101 Jahre danach[18] noch von einer anderen Frage umgetrieben wurden, nämlich von der Sorge, ob ein offizielles Bekenntnis zur Religionsfreiheit von Seiten der Kirche nicht zwangsläufig die Selbigkeit und den überzeitlichen Anspruch der kirchlichen Lehre beschädigen müsste. Umgekehrt war es den Befürwortern einer solchen Erklärung durchaus ein Anliegen, im Text der geplanten Erklärung selbst die Abkehr und das Bedauern über die frühere Position der Kirche auch explizit auszusprechen.[19] Darauf wurde aber schließlich verzichtet, um den Widerstand nicht noch mehr anzufachen, der vor allem aus den Kreisen der spanischen und italienischen Bischöfe kam.

Das Bemühen, dieser Sorge um die Kontinuität den Wind aus den Segeln zu nehmen, hat übrigens im endgültigen Text der Erklärung zur Religionsfreiheit Spuren hinterlassen. Es wird darin nämlich gleich im ersten Artikel ausdrücklich versichert, dass das Konzil bei der Absicht, eine Erklärung über die Religionsfreiheit abzugeben, „die heilige Tradition und die Lehre der Kirche“ befragt habe, „aus denen es [d. h. das Konzil] immer Neues hervorholt, das mit dem Alten in Einklang steht“ (DH 1). Diese Behauptung einer positionellen Kontinuität stellt zwar die historische Wahrheit nicht einfach auf den Kopf, aber sie ist zumindest in dem Sinne „schief“, dass sie die harschen und eindeutigen Verurteilungen unberücksichtigt lässt, die seit der Zeit der Französischen Revolution sämtliche offiziellen kirchlichen Stellungnahmen geprägt haben, die sich mit der neuzeitlichen Kultur und dem liberalen Staat befassten. Und sie unterlässt es ebenso, in deutlichen Worten die Opfer der Intoleranz und der Gewalt im Dienst an der Wahrheit zu erwähnen, von denen dann Papst Johannes Paul II. in seinen feierlichen Bitten am ersten Fastensonntag des Jahres 2000 gesprochen und in Bezug auf die er um

17 Siehe Anm. 12.

18 Das entspricht genau dem Ablauf der hundertjährigen Verjährungsfrist, die Päpste in früheren Jahrhunderten wiederholt beansprucht haben.

19 PAVAN, Pietro, Einleitung und Kommentar zur Erklärung über die Religionsfreiheit, in: *LThK Ergänzungsband,* Teil II, 709f..

Vergebung gebeten hat.[20] Immerhin erwähnt sie aber, dass in der Geschichte der Kirche „eine Weise des Handelns vorgekommen (sei), die dem Geist des Evangeliums wenig entsprechend, ja sogar entgegengesetzt war" (DH 12).

Statt den Neuansatz explizit zu markieren, werden in der Erklärung zwei Linien theologischer Kontinuität sichtbar gemacht. Die eine verweist auf die Überzeugung der Theologen und die alte Lehre, dass der Akt des Glaubens, auch wenn er verpflichtend ist, immer nur freiwillig gesetzt werden kann. Hierfür kann man sich sowohl auf eine stattliche Zahl entsprechender Stellen in den Werken der Kirchenväter und Kirchenlehrer als auch auf Beschlüsse von Synoden berufen[21]; sie lassen sich auf den Nenner bringen, dass niemand gegen seinen Willen zur Annahme des Glaubens gezwungen werden darf (DH 10 und 12).

Die zweite Linie der Kontinuität sind gelegentliche Äußerungen der neueren Päpste seit Pius XI. über die Gründung der religiösen Freiheit in der Würde der menschlichen Person, wie sie dann vor allem in der Enzyklika *„Pacem in terris"* des Konzils-Papstes Johannes XXIII. zusammengefasst und an prominenter Stelle ausgesprochen wurden.[22] In Verfolgung dieser Argumentation versucht die Deklaration über die Religionsfreiheit auch, in ihrem zweiten, in der Entstehung erst vergleichsweise spät hinzugekommenen Teil zu zeigen, dass die Religionsfreiheit in der biblischen Offenbarung zutiefst verwurzelt sei, sozusagen implizit in dem, was dort über die Würde des Menschen, über seine Berufung und die Annahme des Glaubens gesagt wird. Da kommt besonders das geduldige Vorgehen Jesu bei seiner Verkündigung zur Sprache, die Aufforderung, das Unkraut und den Weizen bis zur Ernte wachsen zu lassen, das Gebot, dem Kaiser zu geben, was des Kaisers ist, und Gott, was Gottes, die Übung von Liebe und Geduld durch die Apostel usw.

Den historischen Erweis dafür, dass auch diese ideelle Linie eine Wirkungsgeschichte in Gang gesetzt hat, die in der Herausbildung und Wertschätzung der staatlichen Religionsfreiheit einen Höhepunkt erreicht hat, erkannte man in den positiven Erfahrungen, die der amerikanische Katholizismus damit seit dem späten 18. Jahrhundert gemacht hat. Sie waren von den amerikanischen Bischöfen und ihren theologischen Beratern in die Beratungen eingebracht worden.[23]

Der Text der Erklärung über die Religionsfreiheit tut also alles, um den Anschein eines Bruchs mit der Tradition zu vermeiden. Als selbstkritische Bemerkung bleibt lediglich der bereits erwähnte Satz in Artikel 12 stehen, dass „gewiss [...] bisweilen im

20 Text z. B. in: INTERNATIONALE THEOLOGISCHE KOMMISSION (Hg.), *Erinnern und Versöhnen. Die Kirche und die Verfehlungen in ihrer Vergangenheit*, Einsiedeln / Freiburg 2000, 120–128, hier: 122.

21 Siehe Fußnoten 4, 8 und 9 der Erklärung.

22 Siehe Fußnoten 4, 5 und 9 der Erklärung.

23 Zur Rolle der amerikanischen Erfahrungen bei den Beratungen s. SIEBENROCK, Roman A., Theologischer Kommentar, a. a. O. 141–144. Unter den theologischen Beratern von besonderem Einfluss war der Jesuit John C. Murray. Unter seinen zahlreichen Veröffentlichungen siehe etwa MURRAY, John C., Zum Verständnis der Entwicklung der Lehre der Kirche über die Religionsfreiheit, in: HAMER, Jerome / CONGAR, Yves (Hg.), *Die Konzilserklärung über die Religionsfreiheit*, Paderborn 1967, 125–165.

Leben des Volkes Gottes auf seiner Pilgerfahrt [...] eine Weise des Handelns vorgekommen [sei], die dem Geist des Evangeliums wenig entsprechend, ja sogar entgegengesetzt war“ (DH 12).

Wie wenig es gleichwohl gelang, den Eindruck beziehungsweise den Vorwurf der Diskontinuität als fehl am Platz auszuräumen, zeigt sich an den postkonziliaren Auseinandersetzungen mit der Bewegung um den emeritierten Erzbischof Lefebvre. Sie sah nämlich genau in diesem Punkt der Religionsfreiheit einen Verrat des II. Vatikanums an der Lehre der Kirche.[24] In einem Interview vom Jahr 1988 erklärte der damalige Obere der Priesterbruderschaft Pius X., Franz Schmidberger, die Bewegung verwerfe nicht das II. Vatikanum insgesamt, wohl aber bestimmte Erklärungen und Dekrete dieses Konzils. Als Beispiele genannt wurden: die Erklärung über die Religionsfreiheit, die Erklärung *„Nostra aetate“* und die Pastoralkonstitution *„Gaudium et spes“*, „weil mit ihnen ein Bruch mit der bisherigen Lehre vollzogen worden ist“[25]. „Wir entscheiden uns für den Syllabus.“[26] Noch in einem Schreiben an die DBK aus dem Jahr 2008 bezeichnete er „den Ökumenismus, die Religionsfreiheit und die Kollegialität“ als Lügen, als verderblich, als Generalangriff auf das Christentum, als Gotteslästerung und Teufelswerk. Der Staat müsse den Alleinvertretungsanspruch Christi in der Gesellschaft auch so weit wie nur möglich geltend machen.

4. Die epochale Bedeutung des Dokuments

Das bestätigt gleichsam von der Gegenseite aus den enormen Zugewinn an Einsicht und die kaum zu überschätzende kirchengeschichtliche Bedeutung, die der Erklärung über die Religionsfreiheit des II. Vatikanum zukommt. Worin besteht diese epochale Bedeutung näherhin? Wenigstens die folgenden Punkte gilt es zu würdigen:

Ein erster ist die nachdrückliche und geradezu feierliche *Herausstellung des Stellenwerts und der Würde des Gewissens des Einzelnen*. Die religiöse wie auch die sittliche Wahrheit insgesamt kann dem Dokument zufolge nicht anders als im Gewissen des einzelnen Glaubenden erkannt werden. Im Blickpunkt steht das Recht der Person, nicht ein Recht der Wahrheit. Aus der Würde jedes Menschen als Person – und allein aus ihr – ergibt sich seine Freiheit zur Religionsausübung und zum Handeln nach den eigenen Gewissensüberzeugungen. Weil sich die Wahrheit der Menschen nicht einfach mit blinder Macht aufdrängt, sondern nur durch die Vermittlung seines Gewissens und seiner praktischen Vernunft erkannt wird, darf niemand zu einem Tun gegen sein Gewissen ge-

24 „Es geht ganz zentral um Lehrfragen.“ Ein Gespräch mit Franz Schmidberger, in: *Herder-Korrespondenz* 42 (1988), 417–424.

25 A. a. O. 418 und 423.

26 A. a. O. 418.

zwungen oder am Handeln gemäß dem eigenen Gewissen gehindert werden. Die Perspektive des jeweiligen Individuums selbst ist entscheidend und muss deshalb geachtet und geschützt werden, auch wenn sein Gewissen bei der Urteilsbildung auf Information, Forschung, Dialog und Austausch mit anderen über ihre Erfahrungen und in diesem Rahmen selbstverständlich auch auf Kritik angewiesen ist (vgl. DH 3).

Ein zweiter Punkt besteht darin, dass Politik und Staat durch diese Erklärung jetzt auch der Theorie nach von der jahrhunderte-, ja jahrtausendlangen Aufgabe entbunden werden, Diener und Schutzmacht der religiösen Wahrheit zu sein. *Politik und Religion beziehungsweise Staat und Kirche müssen, und zwar prinzipiell wie auch konkret, als zwei Sphären* und als zwei Arten von Gesellschaft *unterschieden* werden. Das hat einerseits zur Konsequenz, dass der Staat nicht für alles zuständig sein kann: Alles was Glaube, Bekenntnis, aber auch gemeinschaftliche Ausdrucksformen, Organisation, Bestellung von Amtsträgern, Bildung von Vereinen und karitatives Wirken betrifft oder sonst noch zur Religionsausübung gehört, darf er nicht obrigkeitlich selbst in die Hand nehmen, sondern muss es den Religionsgemeinschaften und deren Mitgliedern überlassen. Der Staat muss also zulassen, dass sie sich selbst um bestimmte Aufgaben kümmern und dass sie sich über die öffentliche Meinung an der Gestaltung und Weiterentwicklung der Gesellschaft beteiligen.

Der Staat muss andererseits aber auch darauf verzichten, seinen Herrschaftsanspruch, seine Ziele und seine Funktionen sowie die Pflichten seiner Bürger auf einen Glauben zu gründen oder sie auch nur legitimatorisch abzustützen. Selbst wenn er wie der deutsche Staat in bestimmten Bereichen für die Mitwirkung der Religionsgemeinschaften offen bleiben möchte, muss er als Staat, der die Religionsfreiheit respektiert und rechtlich garantiert, politisch weltlich und neutral sein. Anders gesagt: Nicht mehr der christliche Glaube, sondern die Volkssouveränität und die Religionsfreiheit und mit ihr die anderen Grundrechte sind die verbindliche Basis des Staates. Und dessen primäre Aufgabe liegt nicht in der Herstellung von Einheit durch Wahrheit, sondern in der Wahrung beziehungsweise Herstellung von Frieden unter den Bürgern in der Gesellschaft.

Zwangsläufig verändert sich unter diesen Rahmenbedingungen auch die Stellung der Religion in Bezug auf die Gesellschaft. Das ist ein dritter Punkt. Religion beziehungsweise die Kirche verliert den Anspruch auf alle Privilegien, die sie in anderthalb Jahrtausenden gesammelt hat und an die sie sich gewöhnt hatte. Insbesondere darf es keine von der Verfassung vorgeschriebene Religion, also *keine Staatsreligion mehr* geben. Wenn die Religion selbst weiterhin Einfluss auf den gesellschaftlichen Prozess nehmen will, muss sie andere als politische Mittel und Wege benutzen, etwa geistige, spirituelle, karitative oder pädagogische, um Menschen von der Wahrheit ihrer Botschaft zu überzeugen. Sie ist auch nicht mehr überall automatisch dabei, sie hat keinen direkten und offiziellen Einfluss mehr auf die Politik. Vielmehr muss sie selbst dafür Sorge tragen, dass sie im öffentlichen Leben sichtbar bleibt. Und sie muss auch damit leben, dass es

Konkurrenz zu ihr gibt. Sie kann nicht mehr den weltlichen Arm zu Hilfe rufen, um Abweichungen auszuschalten oder lästige Konkurrenz loszuwerden. Und sogar wenn sich jemand ganz von ihr verabschiedet, bleibt dies in staatlicher Hinsicht völlig folgenlos. Die Religion ihrerseits verzichtet, indem sie die Religionsfreiheit anerkennt, auf jedes Mittel der Gewalt.

Mit dieser doppelten Verselbstständigung von Staat und Politik einerseits und von Religion und konkreten Glaubensgemeinschaften andererseits wird das Ende jenes Systems von Politik und Religion unausweichlich, das mit der Zulassung des Christentums durch Kaiser Konstantin und seiner Verbindlichmachung durch Kaiser Theodosius I. begonnen und bis zur Französischen Revolution die gemeinsame tragende Konzeption geboten hatte, danach allerdings nur noch in manchen Staaten festgehalten wurde. Die Erklärung über die Religionsfreiheit des II. Vatikanischen Konzils bedeutet insofern kirchlicherseits „das Ende des Mittelalters, ja das Ende der konstantinischen Ära", wie der damalige Konzilsberater und -beobachter Joseph Ratzinger 1965 formulierte[27].

Als vierter Punkt der epochalen Bedeutung der Erklärung über die Religionsfreiheit ist schließlich darauf hinzuweisen, dass die Religionsfreiheit und die (ihr je nachdem nachgeordnete, je nachdem vorgeordnete) Gewissensfreiheit *zum Paradigma, zum Ernstfall und zum Ausgangspunkt für die kirchliche Hochschätzung der übrigen Menschenrechte geworden* ist. Das ist vor allem der Weg, den die postkonziliare Verkündigung in den zurückliegenden Jahrzehnten mit erstaunlicher Konsequenz und Nachdrücklichkeit beschritten hat.

Die Dynamik, in der Religionsfreiheit den „Grundstein des Gebäudes der Menschenrechte"[28] beziehungsweise den „Kern" und das „Herz" aller Menschenrechte zu sehen[29], wurde 1979 mit der Antrittsenzyklika *„Redemptor hominis"* von Papst Johannes Paul II. fortgesetzt und wird bis in die jüngste Zeit hinein[30] in den unterschiedlichsten Kontexten – Arbeit, Mission, Friede, internationale Entwicklung, Aufkommen von Fundamentalismen, Sicherheitspolitik, Europa, Bildung, Gewaltausübung „im Namen Gottes" – variiert und entfaltet. „Die Religionsfreiheit, manchmal noch begrenzt oder vergewaltigt, ist Voraussetzung und Garantie für alle Freiheiten, die das Gemeinwohl der Menschen und der Völker sichern", heißt es in diesem Sinne in der Missions-Enzyklika von 1990.[31] Und in *„Centesimus annus"*, der Jubiläumsenzyklika zum einhundertsten Geburtstag der ersten Sozialenzyklika, heißt es, die Religionsfreiheit, verstanden als „Recht, in der Wahrheit des eigenen Glaubens und in Übereinstimmung mit der trans-

27 RATZINGER, Joseph, *Ergebnisse und Probleme der dritten Konzilsperiode*, Köln 1965, 31.
28 JOHANNES PAUL II., Botschaft zur Feier des Weltfriedenstages 1988, Einleitung.
29 JOHANNES PAUL II., Botschaft zur Feier des Weltfriedenstages 1999, nr. 5.
30 BENEDIKT XVI., Enzyklika *Caritas in veritate* (2009), nr. 29 u. 56; FRANZISKUS, Apostolisches Schreiben *Evangelii gaudium* (2013), nr. 61 und 255–258.
31 JOHANNES PAUL II., Enzyklika *Redemptoris Missio* (1990), nr. 39.

zendenten Würde der eigenen Person zu leben", sei „Quelle und Synthese der Menschenrechte" insgesamt.[32] Die Religionsfreiheit bringt nämlich wie kein anderes Menschenrecht den Vorrang der menschlichen Person gegenüber jeder politischen Ordnung und ihre Offenheit für das Gute zum Ausdruck. Man könnte geistesgeschichtlich die Behauptung der Erklärung auch darin sehen, dass ein wichtiges Signal gegeben wurde, dass die katholische Kirche und das Denken der Moderne nicht prinzipiell unvereinbare Gegensätze sind.

Die Anerkennung der Religionsfreiheit als Menschenrecht, das in der Würde der Person begründet ist, ist aber auch von erheblicher Bedeutung für den Binnenraum der Kirche selbst. Das betrifft das Ernstnehmen der persönlichen Glaubenseinsichten, der Erfahrungen der Einzelnen, der abweichenden Meinungen, aber auch den Umgang mit Brüchen in Biografien. Die Verpflichtung zur Einheit der Kirche hebt die Verpflichtung zur Achtung und zum Respekt durch die Vielen und durch die Institution nicht auf. Ebenso wenig sind kirchliche Strafen der oft bitteren Erfahrung angemessen, dass ein Lebens- oder Beziehungsprojekt an sein Ende gelangt ist, aus dem es kein Zurück mehr gibt. Es ist ein Fortschritt, dass das kirchliche Gesetzbuch seit 1983 die ausdrückliche Bestimmung enthält, dass niemand gegen sein Gewissen zur Annahme des katholischen Glaubens gezwungen werden darf (canon 748 §2). Aber es spricht innerhalb seiner Aufzählung der Pflichten und Rechte der Gläubigen (canones 208–223) weder explizit vom Recht auf religiöse Freiheit noch auch der Sache nach davon, dass etwa auch der Wechsel des Glaubens (also Kirchenaustritt) oder die Wahl der Ausdrucks- und Betätigungsformen des Glaubens zu respektieren seien. Das bleibt hinter der Erklärung über die Religionsfreiheit zurück, die in Artikel 10 ausdrücklich die Forderung erhob, dass „im religiösen Bereich jedwede Art von Zwang von Seiten der Menschen ausgeschlossen wird".

Das Bemühen, die Religionsfreiheit als Kriterium und als Ansatz der Menschenrechtspolitik ins Bewusstsein der Weltöffentlichkeit zu heben, ist durchaus an der Zeit, weil die Forderung nach Religionsfreiheit in vielen Regionen der Welt auch heute noch keineswegs eingeholt ist[33] und ihre Verweigerung fast täglich Grund neuer und bitterer Konflikte und Unrechtserfahrungen ist.

Aber auch in jenen Staaten, in denen die Religionsfreiheit längst ein gesichertes und von allen anerkanntes Grundrecht ist, wird sie angesichts der Bedrohung durch Gewaltakte im Namen der Religion und angesichts der Brüchigkeit des Zusammenlebens mit Menschen anderer Kultur und Religion ganz neuen Bewährungen ausgesetzt. Während die erste dieser beiden Gefahren in der Erklärung der Religionsfreiheit bereits hellsichtig vorweggenommen wird, indem in ihr die Frage nach den Grenzen der Religionsfreiheit thematisiert wird (DH 7), ist das zweite Problem in dieser Dringlichkeit neu. Durch Ereignisse wie die kollektiven Selbstmorde von Sektenmitgliedern von Jonestown in

32 JOHANNES PAUL II., Enzyklika *Centesimus annus* (1991), nr. 47.
33 Siehe dazu u. a. das Dossier *„Christen in Bedrängnis"* der Konrad-Adenauer-Stiftung von Mai / Juni 2003.

Guyana 1978 und Cheiry in der Schweiz 1994 oder den Mord am Filmemacher Theo van Gogh in den Niederlanden 2004 wird die Gesellschaft brutal mit der Frage konfrontiert, ob die Religionsfreiheit mit der Praxis eines bloß passiven Zulassens und mit Gleichgültigkeit ausreichend realisiert wird, oder ob es nicht auch des aktiven Respekts vor dem Andersartigen und des kämpferischen Eintretens für die eigenen Wertüberzeugungen bedarf. Aktiver Respekt und kämpferisches Engagement sind möglicherweise nicht nur für das Verhältnis zwischen den Religionen von Bedeutung, sondern stellen wohl auch angesichts der vielen differierenden Bewertungen, die es in der modernen Gesellschaft gibt, eine Herausforderung für ganz viele gesellschaftliche Bereiche dar.

Manchmal hat es den Anschein, also ob die Frage der Religionsfreiheit ihre Brisanz verloren habe. Die Zeit der Konfessionskriege ist vorbei, und die Präsenz Andersgläubiger gehört in einer globalisierten Welt zum Alltag. Wie prekär es jedoch um die Lage der Religionsfreiheit in Wirklichkeit bestellt ist, machen die im Sommer 2013 vom Rat der Außenminister der EU verabschiedeten Richtlinien zur Förderung und zum Schutz der Religions- und Weltanschauungsfreiheit[34] und der ebenfalls 2013 erschienene „Ökumenische Bericht zur Religionsfreiheit von Christen weltweit“[35], der von der DBK und der EKD gemeinsam verantwortet wurde, offenkundig. Diesem Bericht zufolge sind 70% der Weltbevölkerung von solchen Einschränkungen betroffen. Brennpunkte sind dabei vor allem Länder im Mittleren Osten und in Nordafrika sowie in autoritär regierten Ländern in Asien wie China und Myanmar. In 64 Ländern ließen sich erhebliche Einschränkungen der Religions- und Weltanschauungsfreiheit nachweisen, durch Regierungshandeln, durch behördliche oder rechtliche Diskriminierung und durch soziale Anfeindungen.

34 Text unter: http://www.europarl.europa.eu/sides/getDoc.do?pubRef=-//EP//TEXT+TA+P7-TA-2013-0279+0+DOC+XML+V0//DE.

35 Text unter: http://www.ekd.de/download/religionsfreiheit_christen_weltweit_2013_07_01.pdf.

Luther und Baptisten über Glaubensfreiheit

Uwe Swarat

Die grundrechtlich gewährte Gewissens- und Religionsfreiheit, wie sie heute in den westlichen Demokratien üblich ist, ist in dieser Form noch nicht im Blick der Reformatoren des 16. Jahrhunderts gewesen. Man kann sie höchstens als eine unbeabsichtigte Nebenfolge der Reformation bezeichnen. Die führenden Reformatoren Martin Luther, Ulrich Zwingli und Johannes Calvin forderten von den politischen Machthabern zwar Glaubensfreiheit – allerdings nur für sich selbst, nicht für andere.

Dennoch wird man ideengeschichtlich die Wurzel der Religionsfreiheit in der Theologie Martin Luthers suchen müssen, speziell in seiner Zwei-Reiche-Lehre, die besser Zwei-Regimente-Lehre genannt wird. Nicht ohne Grund hat die Politikwissenschaftlerin Tine Stein in ihrer am Otto-Suhr-Institut in Berlin entstandenen Habilitationsschrift über „Religiöse Voraussetzungen des freiheitlichen Verfassungsstaates" dargelegt, dass mit der Reformation „systematisch und historisch gesehen der Durchbruch zum Prinzip der religiösen und weltanschaulichen Neutralität des Verfassungsstaates gelang."[1] Ohne eine Unterscheidung von Herrschaft und Heil, Recht und Religion sowie Staat und Kirche kann es keine religiöse Neutralität des Staates, also auch keine staatlich garantierte Religionsfreiheit geben, und die theologische Begründung für diese Unterscheidung wurde zum ersten Mal von Luther ausgearbeitet.

Im Folgenden soll zunächst die Begründung der Religionsfreiheit in der Zwei-Regimente-Lehre Luthers vorgestellt werden, ergänzt um den leider nötigen Hinweis auf die Verleugnung der Zwei-Regimente-Lehre im Handeln Luthers, speziell auf dem Gebiet der Ketzerverfolgung. Daran anschließend sollen drei Personen aus dem täuferisch / baptistischen Bereich zusammen mit jeweils einer wichtigen Schrift von ihnen vorgestellt werden um zu zeigen, was man in diesem Bereich evangelischen Christentums unter Religionsfreiheit verstand und bis heute versteht. Man sieht daran, wie hier an Luther angeknüpft, aber auch über ihn hinausgegangen wurde.

1 Stein, Tine, *Himmlische Quellen und irdisches Recht*, Frankfurt a. M. 2007, 215.

1. Die Begründung der Glaubensfreiheit in der Zwei-Regimente-Lehre Martin Luthers

Unter der Zwei-Regimente-Lehre Luthers ist folgender Gedankenzusammenhang zu verstehen:[2] Gott regiert die Welt auf eine doppelte Weise, durch sein „geistliches Regiment" und durch sein „weltliches Regiment". Diese Unterscheidung wird im Anschluss an erste Publikationen Luthers oft „Zwei-Reiche-Lehre" genannt, doch kam es Luther weniger auf die Unterscheidung von zwei getrennten Herrschafts*bereichen*, sondern mehr auf die Differenzierung von zwei Herrschafts*weisen* Gottes an. Eben darum spricht er auch von „Regimenten", „Gewalten" oder „Ämtern" Gottes. Das weltliche Regiment Gottes dient dem irdischen, leiblichen und zeitlichen Leben; das geistliche dient dem ewigen Leben. Im weltlichen Regiment geht es um die Erhaltung der Welt, im geistlichen um die Erlösung der Welt. Das weltliche Regiment stellt irdische und zeitliche Gerechtigkeit her, das geistliche Regiment ewige Gerechtigkeit. Das weltliche Regiment übt Gott unter allen Menschen aus, auch unter Heiden und Gottesleugnern, das geistliche nur im Volk Gottes.

Das geistliche Regiment Gottes meint also die Herrschaft Jesu Christi durch seinen Geist in den Herzen der Gläubigen. Zum weltlichen Gottesregiment dagegen gehört alles, was zur Erhaltung des irdischen Lebens dient. Luther zählt dazu die „Oberkeit", wie er die Regierungsgewalt zu benennen pflegte, sowie Ehe und Familie, Eigentum, Wirtschaft und Berufe. Durch diese Institutionen will Gott das Leben auf der Erde erhalten. Sie sind begründet im Schöpferwillen Gottes und sind schon vor Christus und unabhängig von Christus da. Die Gläubigen gehören nicht nur in das geistliche Reich, sondern auch in das weltliche Reich. Der Christ hat seine Bürgerschaft nicht nur im Himmel, sondern auch noch auf der Erde; er ist also Bürger zweier Welten: des irdischen Reiches und des himmlischen. Er ist sowohl dem geistlichen als auch dem weltlichen Regiment Gottes unterworfen.

Die Einheit der beiden Regimente besteht darin, dass es ein und derselbe Gott ist, der durch beide Regimente regiert. Darum drückt sich auch in beiden Regimenten Gottes Güte, Liebe und Barmherzigkeit aus. Die Verschiedenheit der beiden Regimente besteht unter anderem in folgendem: Im geistlichen Regiment gilt nur die Autorität der Liebe und Opferbereitschaft; im weltlichen – vor allem im Staat – herrscht das Recht, das mit Machtmitteln durchgesetzt wird. Im geistlichen Regiment gilt nur Freiwilligkeit; im weltlichen können Widerstrebende auch gezwungen werden. Das geistliche Regiment regiert mit dem Wort, das weltliche mit dem „Schwert", also mit Machtmitteln.

---

2 Die immer noch beste Zusammenfassung von Luthers Zwei-Regimente-Lehre liest man bei ALTHAUS, Paul, *Die Ethik Martin Luthers*, Gütersloh 1965, 49–87. Die jüngste Darstellung bietet SCHWARZ, Reinhard, *Martin Luther – Lehrer der christlichen Religion*, Tübingen ²2016, 162–173. Vgl. auch SWARAT, Uwe, Jenseits der Taufkontroverse – Wo sich Baptisten Luther anschließen könn(t)en, in: SPANGENBERG, Volker (Hg.), *Luther und die Reformation aus freikirchlicher Sicht*, Göttingen 2013, 31–53, hier 46–53.

Im geistlichen Gottesreich regiert Christus durch Wort und Geist, im weltlichen Gottesreich regiert Gott durch die menschliche Vernunft. Nicht das Evangelium soll die irdischen Ordnungen gestalten, sondern das Gesetz, nämlich das natürliche und das geschichtliche (Vernunft-)Recht.

Aus der Einheit und Unterschiedlichkeit der beiden Reiche und Regimente ergibt sich, dass sie nicht zu trennen, aber doch zu unterscheiden sind. Luther kam es in seiner Zeit vor allem darauf an, dass die beiden Regimente nicht miteinander vermischt werden. Eine Vermischung geschieht nach Luther etwa durch das römische Papsttum: Der Papst will sich zum Herrn auch über Fürsten und Kaiser machen, und durch das Kirchenrecht sollen weltliche Dinge wie die Ehe geregelt werden. Aber auch auf der anderen Seite, auf dem linken Flügel der Reformation sieht Luther solche Vermischung: Die „Schwärmer", wie er sie polemisch betitelt, wollen der Bergpredigt wörtlich folgen und verbieten das Schwören und den Kriegsdienst. Deshalb sondern sie sich von der Welt ab. Die Bauern dagegen leiten aus dem Evangelium soziale Forderungen ab. Aber man kann nach Luther mit dem Evangelium nicht die Welt regieren. Man kann mit dem Evangelium nur die Gewissen der politisch Handelnden unterrichten und getrost machen; man darf aber nicht mit der Heilsbotschaft in ihre Regierungsgeschäfte hineinreden.

Eine Vermischung beider Reiche kann aber nicht nur durch die Kirche erfolgen, sondern auch durch den Staat. Diese Feststellung Luthers ist für die Frage nach der Glaubens- und Gewissensfreiheit von besonderer Bedeutung. Auch an die politischen Machthaber ist laut Luther die Forderung zu richten, die beiden Reiche nicht zu vermengen, indem sie etwa ihre Untertanen gegen deren Gewissen zu einem bestimmten Glauben oder Handeln zwingen oder indem sie in die Kirche hineinregieren. Die beiden Regimente und das heißt auch Staat und Kirche müssen unterschieden bleiben. Das ermöglicht es dem Staat, Glaubensfreiheit und kirchliche Selbstbestimmung zu gewährleisten.

Luthers Zwei-Regimente-Lehre ist im 20. Jahrhundert, nach dem Ende der Nazi-Zeit, Gegenstand scharfer theologischer Kritik geworden. Karl Barth hat von Adolf Hitler aus eine Linie rückwärts über Otto von Bismarck und Friedrich den Großen bis zu Martin Luther gezogen und letztlich die Zwei-Reiche-Lehre Luthers für den moralischen Zusammenbruch der deutschen Politik unter Hitler verantwortlich gemacht.[3] Er und andere deuteten diese Lehre im Sinne eines ethischen Dualismus, der die weltlichen Ordnungen aus dem Geltungsbereich ethischer Normen ausklammert und sie einfach ihren sündigen „Eigengesetzlichkeiten" überlässt. Diese Deutung verzeichnet aber das, was Luther zum Verhältnis von Glaube und Politik gelehrt hat. Er hat zwar die Politik wie das gesellschaftliche Leben überhaupt *entsakralisiert*, indem er sie der Vernunft und nicht der Heilsverkündigung unterstellte, aber er hat sie nicht in dem Sinne *säkularisiert*,

3 BARTH, Karl, Ein Brief nach Frankreich, in: DERS., *Eine Schweizer Stimme. 1939–1945*, Zollikon / Zürich 1945, 108–117, hier 113f.

dass er sie der Bindung an Gottes Gebote entnommen hätte. Vielmehr hat er durch seine Zwei-Regimente-Lehre deutlich gemacht, wie man als Christ auch im Alltag des öffentlichen Lebens Gottes Willen tun kann, und hat damit einem aus Glauben motivierten, aber von Heilserwartungen freien Engagement von Christen in den Strukturen dieser Welt die Tür geöffnet.

Die Stärke der Zwei-Regimente-Lehre liegt also darin, dass sie die bis dahin übliche Verknüpfung von Heil und Herrschaft auflöst: Das Heil wird nicht durch weltliche Machtmittel verwirklicht, sondern durch die gewaltfreie Verkündigung des Evangeliums, die auf Glauben zielt. Durch die entsprechende Unterscheidung von Staat und Kirche können beide, sowohl der Staat als auch die Kirche, ihrem unterschiedlichen gottgegebenen Auftrag erst wirklich gerecht werden. Obwohl auch die Welt mit ihren Institutionen von Gott regiert wird, kommt doch eine theokratische Herrschaftsform nicht in Frage; Gott regiert die Welt nur „mit seiner linken Hand“, wie Luther sagt, das heißt durch das natürliche Vernunftgesetz und nicht durch die biblische Offenbarung. Zugleich ist die Unterscheidung der beiden Reiche oder Regimente in der reformatorischen Rechtfertigungslehre fest verankert. Wenn es um unsere Rechtfertigung vor Gott geht, müssen wir die „aktive“ Gerechtigkeit, die wir durch unser eigenes Tun erwerben, aus dem Spiel lassen und unser Vertrauen ganz auf die „passive“ Gerechtigkeit setzen, nämlich die Gerechtigkeit Christi, die uns aus Gnaden allein durch den Glauben zuteilwird. Die „aktive“ Gerechtigkeit hat auch ihr Recht, aber nur im innerweltlichen Zusammenleben. Darum wird dem Menschen durch Gottes weltliches Regiment die Gerechtigkeit vor anderen Menschen gewährt, die Gerechtigkeit vor Gott dagegen durch Gottes geistliches Regiment. Es müssen also die beiden Regimente Gottes ebenso streng auseinandergehalten werden wie die beiden Arten von Gerechtigkeit, aktive und passive, und wie Werke und Glaube. Die Werke dienen nach Luther dem zeitlichen Wohl der Menschen, der Glaube aber schenkt ihnen das ewige Heil. Dieser Unterschied muss immer gewahrt bleiben.

2. Die Verleugnung der Zwei-Regimente-Lehre im Handeln Luthers

In seinem tatsächlichen Verhalten im Spannungsfeld von Kirche und Staat ist Luther seiner eigenen Erkenntnis leider vielfach untreu geworden, zum Beispiel dadurch, dass er zur Entstehung des landesherrlichen Kirchenregiments den Anstoß gab. Das mag man historisch begreiflich finden, aber darf seine Augen auch nicht davor verschließen, dass die Zwei-Regimente-Lehre und die in ihr eingeschlossene Freiheit der Kirche und des Glaubens damit de facto außer Kraft gesetzt wurden. Unter dem Leitwort *cuius regio, eius religio* (dt. „wessen Gebiet, dessen Religion“, oder eingängiger: „Wes der Fürst, des der Glaub“), das die Grundlage des Augsburger Religionsfriedens 1555 bildete, erhielt nur der politische Herrscher Religionsfreiheit; seine Untertanen mussten seiner Entscheidung entweder folgen oder auswandern.

Der Selbstwiderspruch Luthers ist besonders eklatant in der Frage, ob die Obrigkeit Irrlehrer mit dem Tode bestrafen soll. In seiner Verteidigungsschrift gegen die päpstliche Bannandrohungsbulle 1520 hatte Luther die These bekräftigt, dass Ketzer zu verbrennen gegen den Willen des Heiligen Geistes ist. In seiner Schrift „Von weltlicher Obrigkeit, wie weit man ihr Gehorsam schuldig sei" von 1523 erklärte er im Sinne der Zwei-Regimente-Lehre, Ketzerei solle und könne man nicht mit dem weltlichen Schwert, sondern nur mit dem göttlichen Wort bekämpfen. „Ketzerei ist ein geistlich Ding, das kann man mit keinem Eisen hauen, mit keinem Feuer verbrennen, mit keinem Wasser ertränken. Es ist aber allein das Gotteswort da, das tuts".[4]

Ganz anders dagegen klingt es 1536 in einem Gutachten an Philipp von Hessen, das Martin Luther, Philipp Melanchthon, Johannes Bugenhagen und Caspar Cruciger gemeinsam erstellt haben.[5] Darin vertreten die Wittenberger die Auffassung, dass christliche Fürsten die Pflicht hätten, Wiedertäufer als Angehörige einer teuflischen Sekte mit dem Tode zu bestrafen. Als Gründe dafür nennen sie zum einen, dass die Wiedertäufer politische Aufrührer seien, weil sie den Eid verweigerten, die Obrigkeit nicht anerkennten und das Recht auf Eigentum bestritten. Zum anderen leugneten die Wiedertäufer das Recht zur Kindertaufe und die Existenz der Erbsünde. Das sei zwar kein Aufruhr, aber doch eine öffentliche Gotteslästerung und müsse ebenfalls mit dem Tod bestraft werden. Auf den Einwand, dass weltliche Obrigkeit mit geistlichen Sachen nichts zu tun haben soll, was Luther ja selbst gelehrt hat, wird hier die Antwort gegeben, dass das vornehmste Amt der Obrigkeit sei, Gottes Ehre zu fördern und darum Gotteslästerung zu bekämpfen. Die Wittenberger scheuen sich sogar nicht, die alttestamentlichen Könige, die falsche Propheten und Götzendiener getötet haben, als Vorbilder für christliche Herrscher zu benennen. Die alttestamentliche Theokratie, also die Einheit von Religion und Politik, wird zum Modell christlichen Staatsverständnisses und die christliche Obrigkeit zum *custos utriusque tabulae* („Wächter beider Tafeln [des Dekalogs]") erklärt, so dass ein „falscher" Glaube mit denselben staatlichen Mitteln wie Diebstahl und Mord bekämpft werden muss. Die in der Zwei-Regimente-Lehre erklärte Begrenzung des Staates auf die äußere Ordnung und die Garantie der Freiheit des Glaubens sind zum reinen Postulat geworden.

Man muss also nüchtern feststellen, dass Luther selbst und seine Nachfolger die Zwei-Regimente-Lehre in wesentlichen Punkten ausgehöhlt und damit wirkungslos gemacht haben. Die wahren Erben der Reformation sind in diesem Punkt die Vertreter

---

4 LUTHER, Martin, *Kritische Gesamtausgabe* (WA), Band 11, 268, 27–29; LUTHER, Martin, *Ausgewählte Werke*, hg. von H. H. BORCHERDT und G. MERZ (Münchener Ausgabe), Band 5, München ³1962, 31.

5 *Daß weltliche Oberkeit den Wiedertäufern mit leiblicher Strafe zu wehren schuldig sei, Etlicher Bedenken zu Wittenberg*, WA 50, 6–15. Vgl. SEEBAß, Gottfried, Luthers Stellung zur Verfolgung der Täufer und ihre Bedeutung für den deutschen Protestantismus, in: DERS., *Die Reformation und ihre Außenseiter. Gesammelte Aufsätze und Vorträge*, Göttingen 1997, 267–282.

des Freikirchentums geworden, vor allem die Nonkonformisten, Dissenter und Baptisten. Die heutige Trennung von Kirche und Staat (wie sie in strikter Form in den USA, in eingeschränkter Form bei uns in Deutschland praktiziert wird), vor allem aber die weltanschauliche Neutralität des Staates und das Menschenrecht auf Gewissens- und Religionsfreiheit wurzeln in der Theologie Luthers, sind aber nicht durch die lutherischen Kirchen, sondern durch die Freikirchen in die Gegenwart vermittelt worden.

Das im Einzelnen nachzuweisen, kann hier nicht meine Aufgabe sein. Ich möchte aber wenigstens auf drei Personen aus dem täuferischen und baptistischen Bereich hinweisen, die klare Zeugen für die Glaubensfreiheit gewesen sind.

3. Die Begründung des religiösen Toleranzgedankens durch Balthasar Hubmaier

In der Reformationszeit stellte sich die Frage nach der Glaubens- und Gewissensfreiheit zugespitzt in der Form: Soll oder darf man Ketzer verbrennen? Wie wir gesehen haben, hatte Luther die Frage noch 1523 verneint, später jedoch – jedenfalls soweit es Täufer betraf – bejaht. Im Jahre 1524 veröffentlichte der Stadtpfarrer von Waldshut, Balthasar Hubmaier, der bald darauf zu einem der bedeutendsten Führer der Täuferbewegung werden sollte,[6] eine Thesenreihe unter dem Titel „Von Ketzern und ihren Verbrennern".[7] Hubmaier war ca. 1485 in Friedberg bei Augsburg geboren worden, hatte in Freiburg im Breisgau Theologie studiert und promoviert, vier Jahre lang als Theologieprofessor in Ingolstadt gewirkt und drei Jahre als Domprediger in Regensburg und sich dann 1521 auf die Pfarrstelle in Waldshut zurückgezogen. Dort wandte er sich nach dem Studium von Luthers Schriften und persönlichem Kontakt mit Zwingli 1524 der Reformation zu. Er befasste sich auch mit der Kritik der Schweizer Täufer an der Kindertaufe, wurde davon überzeugt und ließ sich 1525 zusammen mit mehreren anderen Waldshutern von einem Täufer aus Zürich auf das Bekenntnis seines Glaubens hin als Erwachsener taufen. Danach gewann er den Rat der Stadt für eine täuferische Reformation. Bald darauf wurde Waldshut von habsburgischen Truppen zum römischen Katholizismus zurückgezwungen, und Hubmaier floh über Zürich nach Nikolsburg in Mähren, wo er wiederum erfolgreich eine Täuferreformation durchführte. Im Juli 1527 erzwang der österreichische Erzherzog seine Auslieferung und ließ ihn nach Wien bringen. Nachdem Hubmaier sich geweigert hatte, der täuferischen Lehre abzuschwören,

6 Siehe CHATFIELD, Graeme R., *Balthasar Hubmaier and the Clarity of Scripture: a Critical Reformation Issue*, Cambridge 2013; ROTHKEGEL, Martin, Von der schönen Madonna zum Scheiterhaufen. Gedenkrede auf Balthasar Hubmaier, in: *Jahrbuch für die Geschichte des Protestantismus in Österreich* 120 (2004), 49–73; GOERTZ, Hans-Jürgen, Art. Hubmaier, Balthazar, in: *Religion in Geschichte und Gegenwart*, 4. Auflage, Band 3 (2000), 1921f.

7 HUBMAIER, Balthasar, *Schriften*, hg. von G. Westin und T. Bergsten (Quellen und Forschungen zur Reformationsgeschichte XXIX), Gütersloh 1962, 96–100.

wurde er am 10. März 1528 vor dem Wiener Stubentor auf dem Scheiterhaufen verbrannt. Heute erinnert dort eine von den Christen der Stadt Wien gestiftete Gedenktafel an das Ereignis; Hubmaier wird darauf als „Begründer des religiösen Toleranzgedankens“ bezeichnet.

Diese Bezeichnung beruht vor allem auf seinen Thesen „Von Ketzern und ihren Verbrennern“. Darin definiert er als „Ketzer“ solche Leute, die freventlich der Heiligen Schrift widersprechen oder die die Heilige Schrift gegen ihren Wortsinn auslegen. Man soll solche Ketzer mit heiligen Zeugnissen (das heißt mit der Bibel) überwinden, nicht zänkisch, sondern sanftmütig. Zwar spricht die Schrift auch vom Zorn, meint damit aber ein geistliches Feuer und einen Eifer der Liebe, kein Brennen ohne das Wort Gottes. Wenn die Ketzer durch Widerspruch dieser Art nicht zur Einsicht kommen, überlässt man sie Gottes gerechtem Wirken. So lang ein Mensch lebt, soll man auf seine Buße hoffen und sie erbitten.

Diesen Verzicht auf Gewalt gegen Ketzer begründet Hubmaier mit dem Gleichnis Jesu vom Unkraut unter dem Weizen (Mt 13,29f.). Die Ketzerjäger, vor allem die Dominikaner, sind nach Hubmaier die allergrößten Ketzer, weil sie entgegen der Lehre und dem Beispiel Christi vor der Zeit der Ernte das Unkraut zusammen mit dem Weizen ausreißen. „Denn Christus ist nicht gekommen, dass er metzge, umbringe, verbrenne, sondern dass die, die Leben haben, noch reichlicher Leben haben (Joh 10,10)“.[8] Hubmaier lässt auch die Entschuldigung nicht gelten, dass die Ketzer von den Kirchenvertretern der weltlichen Gewalt übergeben werden, dass die Kirche also nicht selber die Todesstrafe vollzieht. Er verweist dazu auf das Wort Jesu an seinen Richter Pilatus: „Der mich dir überantwortet hat, hat größere Sünde“ (Joh 19,11).

Die Aufforderung der Heiligen Schrift, Ketzer zu erdulden, soll nach Hubmaier die Christen durchaus nicht zu Müßiggang verleiten, sie also gegenüber Irrlehren nicht gleichgültig machen, sondern soll dafür sorgen, dass nicht Menschen, sondern deren gottlose Lehren bekämpft werden. Hubmaier vertritt also keine Duldsamkeit gegen falsche Lehren, sondern Duldsamkeit gegen Irrlehrer, keine Sach-Toleranz, sondern eine Person-Toleranz. Auch erkennt er unter Berufung auf Röm 13 an, dass die weltliche Gewalt das Recht hat, bösartige Menschen, die Wehrlose am Leib verletzen, zu töten. Er ist also kein prinzipieller Gegner der Todesstrafe. Aber gegen Gottesfeinde und Gottlose darf man nur mit dem Schwert des Wortes Gottes kämpfen. Hubmaier schließt seine Thesenreihe mit dem Satz: „Die Wahrheit ist untödlich“.

8 Der 14. Artikel; in der Rechtschreibung modernisiert.

4. Die erste Verwirklichung der Religionsfreiheit durch den Baptisten Roger Williams

Das erste politische Gemeinwesen, in dem vollständige Religionsfreiheit für jedermann garantiert wurde, war die nordamerikanische Siedlung Providence und der aus ihr hervorgegangene Staat Rhode Island. Beide wurden von Roger Williams (1603–1683) gegründet, der zugleich der Gründervater der ersten Baptistengemeinde auf dem amerikanischen Kontinent war. Hier zeigte sich das Ja zur Glaubensfreiheit nicht nur in der Theorie und nicht auf die eigenen Glaubensgenossen begrenzt, sondern in der Praxis und alle umfassend.[9]

Roger Williams hatte in Cambridge Jura und Theologie studiert und war in der Kirche von England zum Priester ordiniert worden. Er bekam jedoch keine Stelle, weil er zum puritanischen Flügel der Kirche gehörte. Also wurde er bei einem Puritaner Hauskaplan, überzeugte sich aber mehr und mehr von der Notwendigkeit einer radikalen Trennung von der Kirche von England und der Bildung unabhängiger Gemeinden (Separatismus) und entschied sich 1630, zusammen mit seiner Frau nach Neu-England auszuwandern. Eine Stelle als Zweitpastor in der puritanisch geprägten Gemeinde in Boston (Massachusetts Bay Colony) lehnte er ab, weil die Gemeinde sich nicht vollständig von der Kirche von England getrennt hatte, und fand schließlich ein Arbeitsfeld als Helfer des Pastors im separatistischen Plymouth (Massachusetts), einer von den Pilgervätern der Mayflower 1620 gegründeten Stadt. Dort löste Williams Unruhe aus, weil er die Auffassung vertrat, die Einwanderer aus England hätten kein Recht auf das Land, da sie es nicht von den Indianern gekauft, sondern ihnen geraubt hatten. 1633 ging Williams nach Salem (Massachusetts), wurde dort Pastor, löste aber auch dort durch seine Kritik am Landraub Streit aus – vor allem mit den staatlichen Autoritäten. Seiner Ausweisung nach England kam er durch Flucht in ein Winterlager von Indianern zuvor.

Williams kaufte den Indianern ein Stück Land ab und gründete darauf zusammen mit zwölf Anhängern 1637 die Siedlung Providence. Es wurde festgelegt, dass dort Bürgerschaft und Religion getrennt sein und volle Religionsfreiheit gelten solle. Auch kirchlich vollzog sich in dieser Siedlung eine wichtige Entwicklung. Williams war zur Überzeugung gekommen, dass eine gültige Taufe die wissentliche Zustimmung des Täuflings

---

9 Siehe RUBBOLI, Massimo, „Seit dem Kommen Christi sind alle Staaten völlig profan". Roger Williams als Kritiker des Mythos der auserwählten Nation, in: *Theologisches Gespräch* 37 (2013), 159–177; BARRY, John M., *Roger Williams and the Creation of the American Soul. Church, State, and the Birth of Liberty*, New York 2012; GAUSTAD, Edwin S., *Roger Williams*, Oxford 2005; KIDD, Thomas, Art. Williams, Roger, in: *Religion in Geschichte und Gegenwart*, 4. Auflage, Band 8 (2005), 1582; DAVIS, Derek, The Enduring Legacy of Roger Williams. Applying His Principles to Today's Pressing Church-state Controversies, in: LYBAEK, Lena / RAISER, Konrad / SCHARDIEN, Stefanie (Hg.), *Gemeinschaft der Kirchen und gesellschaftliche Verantwortung. Die Würde des Anderen und das Recht anders zu denken (Festschrift für Prof. Dr. Erich Geldbach)*, Münster 2004, 479–449; BYRD, JR., James P., *The Challenges of Roger Williams: Religious Liberty, Violent Persecution, and the Bible*, Macon (GA) 2002; SKAGGS, Donald, *Roger Williams' Dream for America* (American University Studies / Series 9 / History; Vol. 129), New York / Frankfurt a. M. 1993.

voraussetzt und ließ sich darum 1638 als Erwachsener auf das Bekenntnis seines Glaubens hin taufen. Mit einigen anderen Getauften bildete er die erste Baptistengemeinde in Amerika. Da sein unruhiger Geist mit institutionellem Kirchentum je länger je weniger anfangen konnte, verließ er nach einiger Zeit auch die Baptistengemeinde wieder und lebte als „kirchenfreier" Prediger bis zu seinem Tod.

Den Providence benachbarten Kolonien war die Siedlung ein Dorn im Auge, vor allem weil die puritanischen Kolonisten so wenig wie die Kirche von England ein Problem damit hatten, religiöse Fragen mit staatlicher Gewalt zu entscheiden. Ihr theokratisches Ideal schloss den Zwang in Glaubensfragen selbstverständlich ein. Weil dieser Zwang in Providence abgeschafft worden war, versuchten sie, die neue Kolonie aufzulösen. Daraufhin reiste Williams 1643 nach England, um eine Konzession (engl. Charter) für die neue Kolonie „Providence Plantations" zu erhalten. Nachdem er sie 1644 vom Parlament erhalten hatte, veröffentlichte er sein berühmtes Buch „The Bloudy Tenent of Persecution for Cause of Conscience" (deutsch: „Der blutige Lehrsatz von der Verfolgung aus Gewissensgründen").[10] Damit löste er einen Eklat aus, und das Parlament befahl die Verbrennung aller Exemplare des Buches. Williams jedoch war inzwischen wieder auf dem Rückweg nach Nordamerika. Zusammen mit drei anderen Orten um die Narragansett Bucht herum bildete Providence 1647 eine gemeinsame Regierung und damit die Kolonie Rhode Island, die später (1790) der 13. Bundesstaat der neugegründeten USA wurde. Williams wurde zum Präsidenten der Kolonie gewählt. Da auch in Rhode Island volle Religionsfreiheit galt, zog die Kolonie viele Personen an, die um ihres Glaubens willen verfolgt waren, vor allem Baptisten, Quäker und Juden.

Die seinem politischen Handeln in Neuengland zugrunde liegende Überzeugung hat Roger Williams in seinem bereits erwähnten Buch „The Bloudy Tenent of Persecution for Cause of Conscience" dargelegt. Williams wendet sich darin gegen erzwungene religiöse Einheitlichkeit (*uniformity of religion*) im Staatswesen: Eine solche Einheitlichkeit sei von Gott nicht gefordert, führe aber früher oder später zu Bürgerkriegen, Vergewaltigung von Gewissen, Verfolgung Jesu Christi in seinen Knechten, Heuchelei und Verwüstung von Millionen Seelen. Auch die Hoffnungen auf eine Bekehrung der Juden zu Christus müssten unter diesen Umständen aufgegeben werden. Erzwungene religiöse Uniformität werfe das Bürgerliche und das Religiöse durcheinander und verleugne sowohl die Prinzipien des Christentums als auch die der Weltlichkeit. Alle Staaten sind nach Williams auf allen ihren Ebenen wesenhaft bürgerlich beziehungsweise weltlich und darum keine Richter, Regenten oder Verteidiger des geistlichen Staates oder des christlichen Gottesdienstes.

Der biblische Staat im Lande Israel ist nach Williams bildlich und gottesdienstlich zu deuten und kein Muster oder Vorläufer für irgendein Königreich oder einen bürgerlichen Staat in der Folgezeit. Seit dem Kommen Jesu Christi ist es der Wille und das

10 Aktuelle Ausgabe: WILLIAMS, Roger, *The Bloudy Tenent of Persecution for Cause of Conscience* (Classics of Religious Liberty 2), hg. von Richard GROVES (u. a.), Macon (Georgia), 2001.

Gebot Gottes, dass alle Menschen in allen Ländern den Anbetungsweisen folgen dürfen, die das Gewissen ihnen gebietet, und seien sie noch so heidnisch, jüdisch, türkisch oder anti-christlich. Man darf sie nur mit jenem Schwert bekämpfen, das in den Dingen der Seele einzig in der Lage ist, jemanden zu bezwingen, nämlich mit dem Schwert des göttlichen Geistes, dem Wort Gottes.

Kritik übt Williams in seinem Buch vor allem an John Cotton aus Boston (Massachusetts Bay Colony), einem der einflussreichsten Vertreter des puritanisch-theokratischen Ideals in Neu-England,[11] aber auch an Johannes Calvin und dessen Genfer Nachfolger Theodor Beza. Positiv bezieht er sich dagegen auf Martin Luther und zitiert ihn mehrfach zustimmend, vor allem folgende Stelle aus „Von weltlicher Obrigkeit" (1523): „Das weltlich Regiment hat Gesetz, die sich nicht weiter strecken, denn über Leib und Gut und was äußerlich ist auf Erden. Denn über die Seele kann und will Gott niemand lassen regieren, denn sich selbst alleine. Darum wo weltlich Gewalt sich vermisset, der Seele Gesetz zu geben, da greift sie Gott in sein Regiment".[12]

Für Williams steht fest, dass wahre Bürgerlichkeit und Christlichkeit beide gleichermaßen in einem Staatswesen blühen können, auch wenn unterschiedliche oder gegensätzliche Gewissen zugelassen werden. Die Zulassung von Gewissensfreiheit werde einen festen und dauerhaften Frieden schaffen, jedenfalls dann, wenn die staatlichen Autoritäten für Einheitlichkeit in der Befolgung der bürgerlichen Gesetze sorgen. Für Uniformität darf und soll eine Regierung also bei der Beachtung weltlicher Gesetze sorgen, nicht jedoch in religiösen Dingen.

Diese Grundsätze zur Religionsfreiheit sind nicht nur in der Kolonie Rhode Island befolgt worden, sondern wurden auch in die Verfassung der Vereinigten Staaten von Amerika übernommen, nämlich 1791 im Ersten Zusatzartikel (*First Amendment*). Dieser lautet: „Congress shall make no law respecting an establishment of religion, or prohibiting the free exercise thereof; or abridging the freedom of speech, or of the press; or the right of the people peaceably to assemble, and to petition the Government for a redress of grievances." – „Der Kongress soll kein Gesetz erlassen, das eine Einrichtung einer Religion zum Gegenstand hat oder deren freie Ausübung beschränkt, oder eines, das Rede- und Pressefreiheit oder das Recht des Volkes, sich friedlich zu versammeln und an die Regierung eine Petition zur Abstellung von Missständen zu richten, einschränkt." Für die bis heute vorhandene starke Verbreitung von Religion in den USA

11 John Cotton (1585–1652) war bis 1633 Pastor einer nonkonformistischen puritanischen Gemeinde der Kirche von England, geriet dort unter zunehmenden Konformitätsdruck, wanderte darum nach Neu-England aus und wurde zweiter Pastor an der First Church of Boston, was er bis zu seinem Tode blieb. Er entwickelte den Kongregationalismus als Kirchenordnung, das heißt die Unabhängigkeit jeder Ortsgemeinde von überörtlichen Kirchenstrukturen, und warb für eine Kooperation von Staat und Kirche, verteidigte aber auch die Auffassung, dass der Staat die Beachtung religiöser Prinzipien erzwingen dürfe. Siehe MCDERMOTT, Gerald R., Art. Cotton, John, in: Religion in Geschichte und Gegenwart, 4. Auflage, Band 2 (1999) 474; EMERSON, Everett H., *John Cotton*, Boston 1990 (revised edition).

12 WA 11, 262, 7–11; LUTHER, Martin, *Ausgewählte Werke* (Münchener Ausgabe), Band 5, 25; bei WILLIAMS S. 16 u. ö.

und die Lebendigkeit christlich-kirchlichen Lebens dort dürfte diese von Roger Williams inspirierte Erklärung vollständiger Religionsfreiheit eine der wesentlichen Voraussetzungen sein.

5. Die Forderung nach allgemeiner Religionsfreiheit durch deutsche Baptisten

Im März 1848 sprang der Funke der Revolution von Frankreich auf die deutschen Länder über und ermöglichte es, dass neben politischen Mitwirkungsrechten des Bürgertums auch die Presse- und Versammlungsfreiheit eingeführt wurde. Von der Einführung auch der Religionsfreiheit war noch keine Rede, und darum sah sich einer der Gründerväter der Baptisten in Deutschland und auf dem europäischen Kontinent, Julius Köbner, veranlasst, ein „Manifest des freien Urchristenthums an das deutsche Volk" zu veröffentlichen, in dem genau das gefordert wurde: Religionsfreiheit für alle![13]

Julius Köbner war am 11. Juni 1806 im dänischen Odense in einer jüdischen Familie geboren worden,[14] hatte den Vornamen Salomon erhalten und sollte nach dem Willen seiner Eltern Rabbiner werden, allerdings zunächst einen weltlichen Beruf erlernen. Darum machte Köbner nach der Schulzeit eine Lehre als Graveur und arbeitete als Buchdrucker. Im Alter von 18 Jahren ging er nach Lübeck, lernte dort den Pastor der evangelischen Reformierten Gemeinde kennen, öffnete sich für den christlichen Glauben und ließ sich schließlich 1826 in Hamburg taufen. Dort in Hamburg wurde am 23. April 1834 durch den Verlagskaufmann Johann Gerhard Oncken[15] und den amerikanischen Theologen Barnas Sears[16] die erste Baptistengemeinde auf dem europäischen Kontinent gegründet. Köbner lernte die Gemeinde kennen, war von den Predigten Onckens stark angesprochen und schloß sich 1836 der Gemeinde an. Er wurde zum wichtigsten Mitarbeiter Onckens in der Gemeinde, übernahm auch Predigtdienste und erlebte heftige Repressalien von Seiten der Stadtbehörden. Da die Stadt Hamburg nur die lutherische Staatskirche als legitim anerkannte, saßen Köbner und Oncken mehrmals um ihres Glaubens willen im Gefängnis. 1844 übernahm Köbner die Redaktion des neu geschaffenen baptistischen Missionsblattes und wurde im gleichen Jahr zum hauptamtlichen Prediger ordiniert. Als solcher veröffentlichte er auch 1848 sein „Manifest". Von 1852

13 KÖBNER, Julius, *Manifest des freien Urchristenthums an das deutsche Volk* [Hamburg bei J. G. Oncken 1848], neu herausgegeben, eingeleitet und kommentiert von M. Wehrstedt und B. Wittchow, Berlin 2006.

14 Zur Biographie siehe BARESEL, Ruth, *Julius Köbner. Sein Leben*, Kassel 1930; GELDBACH, Erich u. a. (Hg.), *Religions-Freiheit. Festschrift zum 200. Geburtstag von Julius Köbner*, Berlin 2006, 15–98 sowie die Einleitung von M. Wehrstedt in der Neuausgabe 2006 von Köbners Manifest.

15 Siehe BALDERS, Günter, *Theurer Bruder Oncken. Das Leben Johann Gerhard Onckens in Bildern und Dokumenten*, Wuppertal [2]1984.

16 Siehe HOVEY, Alvah, *Barnas Sears. A Christian Educator. His Making and Work*, New York 1902.

an wirkte er als hauptamtlicher Prediger in den Baptistengemeinden (Wuppertal-)Barmen, Kopenhagen und Berlin. In Berlin starb er am 2. Februar 1884.

In seinem Manifest an das deutsche Volk stellt sich Köbner als „Bekenner des freien Urchristenthums" (S. 35) dar und macht damit das Selbstverständnis der ersten Baptisten in Deutschland deutlich: Sie verstehen sich als Wiederhersteller des Urchristentums, und zwar als einer Gemeinschaft der Freien. Die bürgerliche Revolution von 1848 begrüßt Köbner als „wunderbare[s] Erdbeben" (36), als „das majestätische Gericht eines heiligen gerechten Gottes über die europäische Politik und Diplomatie" (35). Er unterrichtet seine Leser von den Überzeugungen der Baptisten, unter anderem über die Trennung der Kirche vom Staat (begründet mit Joh 18,36) und die Praxis, alle Entscheidungen in der Gemeinde durch Abstimmung aller Gemeindeglieder, also demokratisch, fällen zu lassen (begründet mit Mk 10,42–44 und Mt 23,8). Vor allem erklärt er, dass die Baptisten dem Prinzip der Religionsfreiheit huldigen, und zwar nicht nur für Baptisten, sondern für Menschen jedweder Religion. „Wir behaupten nicht nur unsre religiöse Freiheit, sondern wir fordern sie für jeden Menschen, der den Boden des Vaterlandes bewohnt, wir fordern sie in völlig gleichem Maße für Alle, seien es Christen, Juden, Muhammedaner oder was sonst" (39).

Köbner erklärt es für „eine höchst unchristliche Sünde" (ebd.), in Sachen der Gottesverehrung staatliche Gewalt auszuüben; er fordert auch, dass keine Religionsgesellschaft irgendwelche Vorrechte genießen dürfe, weil damit immer die Versuchung zur Unterdrückung anderer verbunden sei. „Jede herrschende Kirche ist eine verfolgende, inquisitorische, mag sie römisch oder protestantisch sein" (37). So hatten es die Baptisten immer wieder erlebt. Die Kinder baptistischer Eltern wurden zum Beispiel aufgrund von Landesgesetzen zwangsweise in der jeweiligen Staatskirche getauft, obwohl ihre Eltern die Kindertaufe ablehnten. Nach Köbner ist ein solches Verfahren „als Menschenraub und zum Prinzip der Leibeigenschaft gehörend" zu betrachten (44). Unzulässig erscheint es ihm aber auch, dass Väter ihre Kinder taufen und damit zu Gliedern der Staatskirche machen lassen dürfen. Eine solche „Zwangsaufnahme" (45) sei eine menschliche Nachahmung der jüdischen Beschneidung und widerspreche dem Wesen und Inhalt des Neuen Testaments.

Köbner schreibt auch von seiner Hoffnung, dass das Zeitalter der „Scheinfrömmigkeit und Heuchelei" endlich aufhöre, und wünscht sich vor allem „Redlichkeit" (53). Dazu gehört, dass niemand gezwungen oder verleitet wird, den äußeren Schein des Christentums zu wahren, obwohl er innerlich ganz anders steht. Religionsfreiheit schließt für Köbner auch ein, dass man keine Religion bekennt. „Hat Jemand antibiblische Grundsätze und Ansichten, so spreche er es frei aus, bekenne sich zum Humanismus und sage sich redlich von der Bibel und dem Christenthume los. … Es sei ebenso bürgerlich ehrenvoll, Antichrist, Humanist, oder wie man sich sonst nennen will, zu sein, als Christ; damit Niemand verleitet werde, einen falschen Namen zu tragen" (ebd.).

Köbner empfindet es nicht als bedrohlich für das Christentum, sondern sogar als wünschenswert, wenn Menschen die Freiheit haben, auch ohne Kirche zu leben. Wo diese Freiheit fehlt, komme es nämlich unweigerlich zu religiöser Heuchelei. Für die Baptisten soll die Christengemeinde „aus freien mündigen Mitgliedern bestehen, die aus voller Herzensüberzeugung“ und nicht etwa um des bürgerlichen Ansehens willen „sich ihr angeschlossen haben“ (45). Darum erklärt Köbner für die Baptisten: „Wir wünschen, daß Jeder unserm Christenthum so lange offen und ehrlich widerspreche, als er ihm in seinem Herzen widerspricht. ... [Wir] sehen es viel lieber, wenn die Offenheit derer zunimmt, die das Christenthum verneinen, wenn überhaupt Alles sich äußerlich zeigt wie es innerlich ist, wenn Namen und Gestalt mit dem Wesen übereinstimmen“ (46). Ein Christentum also, das wie das baptistische, keine bloß äußerliche Anpassung an eine christliche Umwelt haben, sondern echte persönliche Überzeugung erreichen will, und zwar mit den Mitteln des Wortes allein, das verlangt geradezu nach Glaubens- und Gewissensfreiheit für alle Menschen. Religiöser und weltanschaulicher Pluralismus in der Gesellschaft ist für diese Art des Christentums nicht beängstigend, sondern ihr Lebenselixier.

Die Erklärung des Zweiten Vatikanischen Konzils zur Religionsfreiheit „Dignitatis humanae" und die Lehre von den Zwei Regimenten

Roman A. Siebenrock

In diesem Beitrag möchte ich eine Anfrage beantworten, die während der Tagung[1] aufgeworfen worden ist. Ist in der römisch-katholischen Tradition, insbesondere in der Kommentierung der konziliaren Erklärung zur Religionsfreiheit *„Dignitatis humanae"* (DH), die Ansätze und Möglichkeiten der Zwei-Regimente-Lehre der lutherischen Tradition zu wenig gewürdigt und aufgegriffen worden? Diese Frage kann mit einem klaren Ja beantwortet werden, insofern mir kein Kommentar oder Votum bekannt ist, das auf dieses Theologumenon konstitutiv zurückgegriffen hätte. Daher muss die Frage präzisiert werden: Fehlt der katholischen Tradition eine entscheidende Einsicht, wenn sie diese für die lutherische Bekenntnistradition konstitutive Lehrtradition nicht zentral zur Kenntnis nimmt? Bevor im letzten Abschnitt diese Frage bearbeitet wird, ist zunächst die Konvergenz in den Interpretationen der Erklärung des Zweiten Vatikanischen Konzils zur Religionsfreiheit zu würdigen und auf ihre Genese und Konsequenz hin zu befragen. Der Beitrag von Konrad Hilpert[2] ist zur Darstellung dieser Konvergenz ein sehr gutes Beispiel.

Unstrittig: Bedeutung, Genese und Grundaussagen von „Dignitatis humanae"

Die hohe Übereinstimmung der von mir vertretenen Interpretation[3] mit den Ausführungen von Konrad Hilpert ist ein deutliches Indiz dafür, dass die üblichen katholisch-

1 „500 Jahre Reformation: Umgang mit nicht behebbarer Differenz. Vom Recht der Religions- und Gewissensfreiheit", Expertenforum der Eugen-Biser-Stiftung unterwissenschaftlicher Leitung von Prof. em. Dr. Dr. h. c. Gunther Wenz in Kooperation mit der Evangelischen Akademie Tutzing, 7.–8. November 2016.

2 Siehe in diesem Band, 101–119.

3 Siehe vom Autor: SIEBENROCK, Roman A., Theologischer Kommentar zur Erklärung über die religiöse Freiheit Dignitatis humanae, in: HÜNERMANN, Peter / HILBERATH, Bernd Jochen (Hg.), *Herders theologischer Kommentar zum Zweiten Vatikanischen Konzil. Texte, Kommentare, Zusammenschau* (Sonderausgabe), Freiburg / Basel / Wien 2009, Band 4, 125–218. Verschiedene andere Beiträge zum Thema bestätigen diese Konvergenz. Siehe: SIEBENROCK, Roman A., Mehr als ein Dekret. Zur Bedeutung der Erklärung über die Religionsfreiheit, in: DELGADO, Mariano / SIEVERNICH, Michael (Hg.), *Die großen Metaphern des Zweiten Vatikanischen Konzils. Ihre Bedeutung für heute*, Freiburg / Basel / Wien 2013, 389–404; SIEBENROCK, Roman A., Das Recht auf Religionsfreiheit. Zur verfassungsrechtlichen Gestalt der Glaubensfreiheit nach „Dignitatis humanae", in: *Una Sancta. Zeitschrift für ökumenische Begegnung* 60 (2005), 213–

theologischen Interpretationen der Genese, Aussageabsicht und Wirkungsgeschichte dieser Erklärung in hohem Maße konvergieren. Diese Konvergenz ist deshalb erstaunlich, weil *„Dignitatis humanae"* der wohl umstrittenste Text des Konzils war. Er wurde erst in der letzten Konzilssessio grundsätzlich angenommen und erst am Ende des Konzils feierlich verabschiedet. Das ist kein Zufall. Der Text stellt nicht nur im Verhältnis von Kirche und Staat, sondern auch in der Frage nach der gesellschaftlichen und politischen Verortung von Kirche und christlichem Glauben das dar, was ein „Paradigmenwechsel" genannt werden darf und muss. In dieser Erklärung wird nicht nur die neuzeitliche Auffassung des Staates als zeitliche und weltliche Freiheits- und Friedensordnung aufgegriffen, wodurch er von jeder transzendenten Zielbestimmung mit seinen Mitteln losgelöst wird, sondern die Erklärung stellt auch innertheologisch ein außerordentliches Beispiel substantieller Lehrentwicklung dar, weil diese Kirche und Christengemeinde in einer pluralen Zivilgesellschaft verortet, deren verfassungsrechtliche Möglichkeit in der Religionsfreiheit gegeben ist.[4] Diese Neuverortung hat aber auch grundlegende Bedeutung für jedwede Verkündigung des Evangeliums in jener neuen Epoche der Christenheit, die in diesem Sinne als „post-konstantinisch" bezeichnet werden

223; SIEBENROCK, Roman A., Wie die römisch-katholische Kirche zur Religionsfreiheit fand. Systematische Analytik, Optionen und Erfahrungen in der Entstehung der Erklärung des Zweiten Vatikanischen Konzils über die Religionsfreiheit Dignitatis humanae, in: GABRIEL, Karl / SPIEß, Christian / WINKLER, Katja (Hg.), *Religionsfreiheit und Pluralismus. Entwicklungslinien eines katholischen Lernprozesses* (Katholizismus zwischen Religionsfreiheit und Gewalt), Paderborn u. a. 2010, 19–40.

4 „V. Goresio begrüßte in ‚La Stampa' (Turin, 9.12.1965) in einem wichtigen Artikel die Erklärung mit den folgenden Worten: Das Schema, das die religiöse Freiheit behandelt, stellt schon allein einen echten Fortschritt in der Lehre dar, vielleicht den größten und charakteristischsten, den das Konzil gemacht hat." (zitiert nach: PAVAN, Pietro, Einleitung und Kommentar. Erklärung über die Religionsfreiheit, in: RAHNER, Karl / HÖFER, Josef (Hg.), *Lexikon für Theologie und Kirche. Zweites Vatikanisches Konzil. Dokumente und Kommentare. Konstitutionen, Dekrete und Erklärungen. Lateinisch und Deutsch,* Band II, Freiburg / Basel / Wien 1967, 704–748, hier 711). Die radikale Ablehnung des Textes durch Marcel Lefebvre und seine Anhänger bis heute ist dafür ebenso ein Indiz, wie die ausdrückliche Diskussion dieser Lehre im Rahmen der konziliaren Hermeneutik. Papst Benedikt XVI. hat in seiner programmatischen Rede von 2005 eine Hermeneutik des Bruchs, die sich in der Unterscheidung von vor– und nachkonziliarer Kirche semantisch äußert, gegenüber einer Hermeneutik der Reform zurückgewiesen. Eine solche Hermeneutik der Reform impliziere aber nicht einfach Kontinuität, sondern – und die Erklärung zur Religionsfreiheit war ihm das markante Beispiel hierfür – auch ein hohes Maß an Diskontinuität (siehe dazu: HORN, Otto (Hg.), *Die Hermeneutik der Reform. Papst Benedikt XVI. und sein Schülerkreis,* Augsburg 2012). Mit seiner Interpretation nimmt Papst Benedikt jene Position ein, die während des Konzils einer der Hauptakteure in der Textgenese, John Courtney Murray, vertreten hatte. Um diese Frage angemessen zu diskutieren, müsste meiner Ansicht nach vor allem die neue Theologie des Judentums bedacht werden, die vom Konzil entworfen und meiner Ansicht nach tatsächlich mit jener Theologie der Verachtung bricht, die so lange Zeit den christlichen Antijudaismus prägte (siehe vom Autor: „Siehe, ich mache alles neu!" – „Hermeneutik der Wandlung". Von der rechten Weise das Zweite Vatikanische Konzil zu realisieren, in: BÖTTIGHEIMER, Christoph (Hg.), *Zweites Vatikanisches Konzil. Programmatik – Rezeption – Vision* (Quaestiones disputatae 261), Freiburg / Basel / Wien 2014, 101–139).

muss.[5] Da die reformatorische Variante des konstantinischen Zeitalters „Landeskirchenregiment der Fürsten“ heißt, hat die Religionsfreiheit auch für die reformatorischen Kirchen eine nicht zu unterschätzende Bedeutung; beendet sie doch eine fast 400-jährige Konstitutionsgeschichte dieser Kirchen und Gemeinschaften.[6] Und es sollte nicht vergessen werden, dass sich das Zeitalter der Ökumene erst mit dem Ende dieser konstantinischen Epoche der Christenheit entwickeln konnte. Ökumene aber lebt wesentlich von der Einsicht, dass eine plurale Interpretation des Evangeliums nicht nur möglich, sondern unausweichlich, wenn nicht sogar notwendig ist. Auch nach der Struktur des neutestamentlichen Kanons kann das Zeugnis vom Evangelium Jesu Christi nur konstitutiv plural sein.[7] Unter diesen Voraussetzungen versuche ich, die Frage auf der

---

5 Siehe: SIEBENROCK, Roman A., Vom langen Schatten Konstantins. Zur Archäologie theologischer Imaginationen am Beispiel absolutistisch-monarchischer Vorstellungen, in: BUCHER, Rainer (Hg.), *Nach der Macht. Zur Lage der katholischen Kirche in Österreich* (Theologie im kulturellen Dialog 30), Innsbruck / Wien 2014, 75–97.

6 Schon hier erlaube ich mir folgende Bemerkung. Es ist festzustellen, dass in der Luther-Dekade (2007–2017) diese 400–jährige Konstitutionsgeschichte mit allen Aspekten kaum aufgearbeitet wird, obwohl sie für den Verlauf und den Erfolg der Reformation von erheblicher Bedeutung war. Dieser Eindruck wird verstärkt, wenn einschlägige Lexika-Artikel aus der reformatorischen Tradition zum Thema Religionsfreiheit konsultiert werden (zum Beispiel SCHLENKE, Dorothee / KRONAUER, Ulrich / LINK, Christoph / OHST, Martin / WITTE, John / ROXBOROGH, John / STANLEY, Brian, Religionsfreiheit, in: *Religion in Geschichte und Gegenwart*, Tübingen [4]2007, Band 7, 308–315. Auch die große Realenzyklopädie fokussiert die Frage der Religionsfreiheit auf den Einfluss der Reformation in Europa: DE MORTANGES, René Pahud, Religionsfreiheit, in: *Theologische Realenzyklopädie*, Berlin 1976–2007, Band 28 (1997), 565–574. Nirgends wird auf die Interaktionen zwischen reformatorischen Bewegungen und altgläubigen Toleranz- und Verständigungsbewegungen verwiesen, wie sie vor allem von Erasmus von Rotterdam und seinen Wirkungen ausging. Nirgends wird die polnische Lösung diskutiert und darüber nachgedacht, dass es in dieser Zeit Toleranz für fremden Kult nur in den katholischen Gebieten gegeben hat. Zudem wird nirgends die Frage gestellt, warum dann die verfassungsrechtliche Anerkennung und Realisierung der Religionsfreiheit nicht von Europa ausgegangen ist. Eine davon verschiedene, meiner Ansicht nach angemessenere Perspektive entwickeln die gleichen Lexika zum Thema Toleranz (Art. Toleranz / Intoleranz, in: *Religion in Geschichte und Gegenwart*, 4. Auflage, Band 8, 458–470; vgl. auch *Theologische Realenzyklopädie*, Band 33 [2002] 646–676). Da in der konziliaren Interpretation zwischen Religionsfreiheit und Toleranz unterschieden wird, scheint mir die Toleranztradition in der Reformation neue Kontur bekommen zu haben. Von Religionsfreiheit im strengen und einzig möglichen Sinne kann jedoch deshalb keine Rede sein, weil sich keine Gruppe eine staatliche und gesellschaftliche Organisation ohne gemeinsame Religion, genauer hin ohne eine Form des christlichen Bekenntnisses vorstellen konnte. Diese Aspekte werden zu bedenken sein, wenn die lutherische Lehre zum Thema geprüft wird.

7 Das bekannte Diktum von Kaesemann, dass der Kanon des Neuen Testamentes nicht die Einheit der Kirche, sondern die Vielfalt der Konfessionen begründe, bedarf einer nicht unwichtigen Richtigstellung. Der Kanon des Neuen Testamentes begründet tatsächlich eine plurale Gestalt der christlichen Zeugnistradition, die im Laufe der Geschichte sich kulturell als Konfessionen oder Bekenntnis- und Liturgietraditionen ausgebildet hat. Diese Pluralität darf aber nicht mit jenem Konfessionalismus verwechselt werden, der die Existenz anderer Traditionen als unberechtigt, ja als zu bekämpfen einschätzt (vgl. KÄSEMANN, Ernst, Begründet der neutestamentliche Kanon die Einheit der Kirche? [1960], in: DERS., *Exegetische Versuche und Besinnungen*, Göttingen 1970, 214–223).

Basis der bis heute umfangreichsten historischen Quellenarbeit von Joseph Lecler[8] zu beantworten.

Zunächst aber sollen die Gemeinsamkeiten in der Interpretation der konziliaren Erklärung dargestellt werden. Als zentrale inhaltliche Gemeinsamkeit ist die Explikation des Leitbegriffs „Religionsfreiheit“ zu nennen (siehe: DH 2) und die Erkenntnis, dass dieser Verfassungswert von der nicht-kirchlichen juristischen Tradition ausgearbeitet und oftmals gegen die christlichen Kirchen behauptet worden ist. Erst im 20. Jahrhundert wird über die Menschenrechtsentwicklung nach 1945 dieser Wert von der römisch-katholischen Kirche allmählich rezipiert. Die „Religionsfreiheit“ besteht nach dem Konzil darin, öffentlich und privat, gemeinsam oder individuell nach seinem Gewissen handeln zu können, ohne dabei mit Zwang gedrängt oder gehindert zu werden. Unter diesem Aspekt ist es ein verfassungsrechtlicher Wert, der – minimal interpretiert – die staatliche Machtausübung einschränkt, grundlegender aber alle staatliche Gewalt von der Würde der menschlichen Person her zu verstehen verlangt.

Weil die Erklärung *„Dignitatis humanae“* diesen Wert positiv versteht und im Zusammenhang mit der Würde der menschlichen Person auslegt, hat alle staatliche Vollmacht von diesem Wert auszugehen, ihn zu fördern und zu schützen. Aus diesem Grunde ändert die Anerkennung dieses Wertes die Vorstellung vom Staat und seiner Aufgabe grundlegend. Seine Aufgabe ist es, wie Böckenförde nicht müde wird zu betonen, eine zeitliche Friedens- und Freiheitsordnung zu errichten.[9] Damit ist die Vorstellung eines katholischen, ja jedes konfessionellen, das heißt an *einer* weltanschaulichen Tradition ausgerichteten, Staates Geschichte geworden. Grundsätzlich wird damit dem Staat das Recht entzogen, über die Gewissen und den Glauben der Menschen entscheiden zu können. Ja, der Staat dient nicht der Sinnstiftung, auch wenn er von den Überzeugungen der Menschen getragen werden muss. Daher findet die Religionsfreiheit nach der Erklärung auch ihre Grenze an jenem *„bonum commune“*, das selbst von der Förderung der Menschenrechte geprägt sein muss (DH 6–7).[10] In dieser Rückbindung wird jenem

8 LECLER, Joseph, *Geschichte der Religionsfreiheit im Zeitalter der Reformation*, 2 Bände, Stuttgart 1965 (Originaltitel: *Histoire de la Tolerance au Siécle de la Réforme*, Paris 1955). Die deutsche Titelgestaltung wird vielleicht schon von der Konzilserklärung beeinflusst gewesen sein, da der französische Titel den historischen Befund angemessener zum Ausdruck bringt. Lecler spricht in diesem Zeitalter nicht von Religionsfreiheit, sondern von Traditionen, das heißt geistigen Ideen und gesellschaftlichen bzw. politischen Beispielen der Toleranz. Den Begriff der Toleranz aber hat das Konzil deswegen vermieden, weil Toleranz als Duldung von etwas angesehen worden ist, was nicht sein soll, hingegen die Religionsfreiheit als ein positiver Wert grundsätzlich anzuerkennen sei.

9 Siehe v. a.: BÖCKENFÖRDE, Ernst-Wolfgang, *Religionsfreiheit. Die Kirche in der modernen Welt*, Freiburg / Basel / Wien 1990.

10 Im Unterschied zu Hilpert ist darauf zu verweisen, dass die Erklärung einer besonderen Bevorzugung einer religiösen Tradition aus historisch-kulturellen Gründen durchaus zustimmen kann, auch wenn in solchen Kontexten eine Aufhebung der Religionsfreiheit nicht gerechtfertigt werden darf (DH 6). Damals wurde auf das Beispiel England verwiesen. Heute wäre an islamische Staaten oder Bhutan zu denken. Weil der Text aber grundsätzlich auf eine plurale Gesellschaft zielt und den Staat auf die zeitlichen Ordnungen beschränkt, schwebt unserem Text jene Entdivinisierung der Politik vor, die das Christentum von Anfang an favorisierte. In dieser Hinsicht ist Politik als „säkular“ zu bezeichnen. Der

Paradox der Toleranz begegnet, welches darin besteht, dass die Intoleranz um der Toleranz willen nicht toleriert werden kann.[11]

Auch in der Beurteilung des zweiten Teils der Erklärung herrscht weitgehender Konsens. Weil die Erklärung die theologische Tradition der Glaubensanalyse mit ihrer Betonung der freien Zustimmung zum Glauben hervorhebt, ist das Defizit der Erklärung in der Rezeption dieser Tradition darin zu sehen, dass die heikle Frage der Apostasie nicht ausdrücklich im Text bedacht worden ist. Denn im Blick auf unser Thema liegt das eigentliche Problem der Tradition in der Verfolgung der Häretiker, also in den verschiedenen Formen des Glaubensabfalls. Zwar war die Freiheit der Glaubenszustimmung für Nichtglaubende theoretisch immer festgehalten worden, auch wenn in der Praxis diese Überzeugung nicht immer realisiert worden ist, doch diese Freiheit galt für die Apostasie in allen Varianten nicht. Seit dem 13. Jahrhundert wurden auch nach staatlichem Recht hartnäckige Ketzer mit der Todesstrafe bedroht – und oftmals auch durch die weltliche Gewalt bestraft. Die Verhängung von Bann und Acht über Martin Luther gehört in diesen Kontext. Diese Beobachtung wird deshalb auch durch den bedeutenden elften Artikel der Erklärung nicht aufgehoben, weil alle Beispiele für die gewaltfreie Verkündigung des Evangeliums aus der Zeit vor Konstantin genommen sind.

Eine letzte konzilshermeneutische Frage kann in einer Diskussion der Interpretationen nicht vernachlässigt werden: Die Frage nach Kontinuität oder Bruch in der Lehre dieses Textes. Während die Akteure für die Erklärung im Konzil die Kontinuität bei tiefgehender Lehrentwicklung betonen, hat vor allem Sebott[12] die These vom Lehrbruch von Erzbischof Lefebvre texthermeneutisch herausgearbeitet. Dabei wird die Differenz von ihm nicht am Syllabus, sondern am Text der Enzyklika *„Quanta cura"* (1864) selbst festgemacht.[13] Hilperts Interpretation scheint den Lehrbruch zu bestätigen. Hier bin ich aus folgenden Gründen anderer Meinung. Während die Tradition diese Frage am Thema der Toleranz aufgearbeitet hatte, ist mit dem Begriff „Religionsfrei-

---

Text unterstützt jedoch jene Formen der Laizität nicht, die religiöse Symbole, Motive und Überzeugungen aus dem öffentlichen Raum verbannt haben wollen. Weil die Fragen der weltanschaulichen Letztorientierung im Gewissen und der öffentlichen Ausdrucksformen der staatlichen Bestimmungsmacht prinzipiell entzogen sind, gilt diese Aussage auch für jene Staaten, die eine weltanschauliche Ideologie, wie zum Beispiel den wissenschaftlichen Marxismus, allen Menschen vorschreiben. Niemand hat diese Bedeutung des Textes so klar erkannt wie Karol Wojtyla.

11 Siehe dazu die umfassende Studie: FORST, Rainer, Toleranz im Konflikt. Geschichte, Gehalt und Gegenwart eines umstrittenen Begriffs, Frankfurt a. M. 2003. Es fällt in der Bearbeitung des 16. Jahrhunderts in dieser sonst vorbildlichen Studie auf, dass der Autor keine neuen Quellen gegenüber Lecler (*Geschichte der Religionsfreiheit im Zeitalter der Reformation*), der bis heute umfassendsten Studien zu diesem Thema, erschließt und die katholisch-altgläubigen Toleranztraditionen nicht zu würdigen weiß. Am Ende dieses Beitrags ist darauf zurückzukommen.

12 Siehe: SEBOTT, Reinhold, *Religionsfreiheit und Verhältnis von Kirche und Staat. Der Beitrag John Courtney Murrays zu einer modernen Frage* (Analecta Gregoriana B 40), Roma 1977.

13 Während der Syllabus ausführlich in DENZINGER, Heinrich / HÜNERMANN, Peter (Hg.), *Kompendium der Glaubensbekenntnisse und kirchlichen Lehrentscheidungen*, zitiert wird, wird der Text der Enzyklika schon im „DENZINGER / SCHÖNMETZER" nicht dokumentiert.

heit“, wie J. C. Murray unzweifelhaft herausgearbeitet hat, eine andere Ebene angesprochen – die Ebene der staatlichen Verfassung.[14] Deshalb ist die Frage nach der Wahrheit der Religion oder ihrer Ablehnung nicht berührt. Vielmehr geht es darum, in welcher Weise die Wahrheit überhaupt angemessen gefunden werden kann. Hilpert bestätigt diese Sicht, insoweit er die Thematik Wahrheit und Freiheit als Achse des Konzilstextes markiert. Während die Rede von der Toleranz die Frage nach der persönlichen Zustimmung nicht einmal thematisieren kann, zielt die Erklärung auf die gesellschaftlichen und verfassungsrechtlichen Voraussetzungen einer persönlichen Gewissensentscheidung und Wahrheitssuche.

Eine zweite Akzentsetzung im Beitrag von Hilpert sei noch hervorgehoben. Die Gattung einer „Erklärung“ ist nach ihm keine beliebige Textform, sondern entspricht völkerrechtlich einer feierlichen Kundgabe. Nach meiner Sicht gibt darin die Kirche nach innen und nach außen allen Menschen ein feierliches Versprechen und zwar mit aller für sie charakteristischen Verbindlichkeit. Und es gibt in der katholischen Kirche bis dato keine höhere Verbindlichkeit als ein feierliches Konzil der Bischöfe mit und unter dem Bischof von Rom. Deshalb meine ich, dass die Ablehnung dieser Erklärung das Zweite Vatikanische Konzil in der Herzmitte zerstört, weil dadurch wirklich Glaubenszustimmung gar nicht mehr möglich ist. Ich meine deshalb, dass die Zustimmung zur Religionsfreiheit den *„status confessionis“* heute und morgen betrifft. Denn sollte diese feierliche Erklärung als vernachlässigbar angesehen werden, dann muss der Kirche entweder bewusste Irreführung oder Bruch eines Versprechens vorgeworfen werden.[15]

Eine letzte konzilsgeschichtliche Frage ist noch anzusprechen – die Frage nach der Rolle von Papst Paul VI. Im November 1964 hatte er die Abstimmung über den Text verschoben und in dieser berühmten „schwarzen Woche“ am Konzil vorbei Modifikationen in das Dekret zum Ökumenismus einbringen lassen. Doch er ließ unsere Erklärung auf den Beginn der vierten Sessio im September 1965 setzen und ordnete, nachdem sein Besuch bei der UNO fixiert war, zu einem recht prekären Zeitpunkt die Richtungsabstimmung zum Text an. Grundsätzlich ist festzuhalten, dass er mit seinem Engagement während dieser letzten Konzilsphase nicht nur diesen Text, sondern auch die

---

14 Siehe: MURRAY, John Courtney, Zum Verständnis der Entwicklung der Lehre der Kirche über die Religionsfreiheit, in: HAMER, Jérôme / CONGAR, Yves (Hg.), *Die Konzilserklärung über die Religionsfreiheit. Lateinischer und deutscher Text*, Paderborn 1967, 125–165 (französisches Originalausgabe: *La Liberté Religieuse. Déclaration „Digntitatis humanae personae“. Texte latin et traduction française* [*Unam Sanctam* 60], Paris 1967).

15 Die beliebte Dekonstruktion dieser Erklärung über das Gefälle von Dogma und Pastoral übersieht, dass die Erklärung nicht auf konformes Verhalten wie die klassischen dogmatischen Canones zielt. Das Konzil will, wie Paul VI. es sagte, einen neuen Habitus generieren. In seiner Ansprache an die CIC-Reformkommission vom 20. November 1965 forderte Paul VI., dass der neue CIC vor allem von einem durch einen eigenen *„novo mentis habitui“* des Konzils geprägt sein müsse, aus dem vor allem die pastorale Sorge im Blick auf die neuen Notwendigkeiten des Volkes Gottes erwachse (in: AAS 57 [1965] 985–989, hier 988).

anderen Grundsatzentscheidungen zu den nicht-christlichen Religionen, zum pastoralen Handeln der Kirche und zur Mission zu einem guten Ende gebracht hat.[16] Lange war dieses Handeln des Papstes nicht unumstritten.[17] Aus heutiger Sicht hat der komplexe Vorgang der Textgenese, wenn das Wort hier erlaubt sei, providentielle Bedeutung. Zum einen ist hier die Bereitschaft der Kommission in der Gruppe im Einheitssekretariat zu nennen, die jeden Einwand zur Verbesserung und Vertiefung des Anliegens aufgegriffen hat – gerade in der Auseinandersetzung mit einer Partei, die von Anfang bis Ende auf ihren fixen Vorstellungen beharrte.[18] Insofern gibt es nach dem Konzil von dieser Gruppe kein einziges Argument, das nicht schon im Konzil aufgegriffen und diskutiert worden ist. Zum anderen ist das Konzil, auch unter dem Einfluss von Paul VI. den Kritikern in einem so hohen Maße entgegengekommen, dass ein weiterer Schritt die Glaubwürdigkeit der Kirche radikal in Frage stellen würde.[19]

Zwar war die Diskussion um die Religionsfreiheit von ökumenischer und interreligiöser Aufmerksamkeit geprägt, doch bislang konnte keine besondere Einwirkung der speziellen lutherischen Theoriebildung auf den Text des Konzils festgestellt werden. Damit ist nicht gesagt, dass es keine gemeinsamen Quellen oder Interessen gegeben hätte, doch eine ausdrückliche Diskussion um die lutherische Lehrbildung ist in diesem Bereich noch nicht hervorgehoben worden. Deshalb ist unsere Frage nach der Bedeutung der lutherischen Lehre zum Thema wohl an den Text herangetragen, doch könnten sich vielleicht in einem Vergleich Differenzen und Gemeinsamkeiten in überraschender Weise finden lassen.

16 Zum Verlauf der letzten Sessio siehe: ROUTHIER, Gilles, Das begonnene Werk zu Ende führen: Die Mühen der vierten Sitzungsperiode, in: ALBERIGO, Giuseppe (Hg.), *Geschichte des Zweiten Vatikanischen Konzils 1959–1965*, Band 5: Ein Konzil des Übergangs. September–Dezember 1965, Mainz / Ostfildern / Leuven 2008, 57–213.

17 Siehe die Darstellung bei: ERNESTI, Jörg, *Paul VI. Der vergessene Papst*, Freiburg / Basel / Wien 2012, 120–127.

18 Im Konzilsprozess formierten sich die Gegner im sogenannten *„coetus internationalis patrum"*. Nach dem Konzil konzentrierte sich die Ablehnung um Erzbischof Lefebvre und die von ihm ins Schisma geführte Priesterbruderschaft St. Pius X. (dazu: CONGAR, Yves, *Der Fall Lefebvre. Schisma in der Kirche?*, Freiburg i. Br. 1977; BEINERT, Wolfgang (Hg.), *Vatikan und Pius-Brüder. Anatomie einer Krise* [Theologie kontrovers], Freiburg 2009).

19 Dazu vom Autor: SIEBENROCK, Roman A., Dogmatische Barmherzigkeit?, in: *Herder-Korrespondenz* 71 (2017), 22–26.

Die Zwei-Regimente-Lehre: Quelle und/oder Umweg zur Anerkennung der Religionsfreiheit

Um die Zwei-Regimente-Lehre der lutherischen Bekenntnistradition angemessen würdigen zu können, ist sie wenigstens in groben Strichen in den größeren Zusammenhang der Wege und Irrwege auf dem Weg zur Religionsfreiheit einzuordnen.[20] Dabei ist von vornherein nachdrücklich hervorzuheben, dass sachlich gesehen diese Lehre nicht nur Überzeugung der lutherischen Bekenntnisschriften, sondern auch bei katholischen Autoren in jener Zeit anzutreffen ist.[21] Es geht also in unserer Frage nicht um eine konfessionalistische Gegenprofilierung. Diese Gemeinsamkeit ist auch deshalb nicht verwunderlich, weil alle Orientierungen in der westlichen Theologie zu dieser Zeit auf die paulinische Lehre im Römerbrief 13 zurückgreifen. Als Referenz steht diese Schriftstelle damals im Kontext jener Zwei-Schwerter-Lehre, die Papst Gelasius I. († 496) am Ende der Antike ausarbeitete.[22] Dieses spätantike Lehrstück führte aber fast unausweichlich zu jener das ganze Mittelalter prägenden Rivalität, wer wem das Schwert verleiht; wem also der erste Rang zukomme. Aus dieser Rivalitätsgeschichte allein ist Luthers Vorbehalt gegen das weltliche Herrschen der Bischöfe zu verstehen. In der neueren Zeit wird diese Diskussion vor allem unter der Prämisse geführt, ob durch das weltliche Regiment in all seinen Varianten nicht Gestalt und Verkündigung Jesu verraten worden sei – vor allem wenn die Frage eines „gerechten Krieges" zum Thema wird.[23]

Die Lehre im Kontext der kirchengeschichtlichen Epochen

Die Gestalt der Verkündigung Jesu[24], die in der Bergpredigt ihren programmatischen Lehrausdruck findet und in seiner Passion bis zum Tod am Kreuz ratifiziert worden ist,

20 Dass die Religionsfreiheit in Europa gegen die Konfessionskirchen erfochten werden musste, gilt nicht nur für die Katholische Kirche, sondern bis 1918 für das Deutsche Reich auch für die lutherische Tradition. Dass die Religionsfreiheit als politische Realität und Verfassungsgut in den USA zuerst verwirklicht worden ist, hängt auch damit zusammen, dass der Einfluss der traditionellen Konfessionskirchen dort weniger kräftig war, und sich jene Gruppen, die nach der Reformation aus Europa vertrieben worden sind, alle dort Fuß fassen konnten.

21 In fast austauschbarer Weise predigte Petrus Canisius in diesem Stil am 5. August 1571 zum Thema in Innsbruck vor Erzherzog Ferdinand (LECLER, Joseph, *Geschichte der Religionsfreiheit,* Band I, 392–393).

22 In der Überzeugung, dass geistliche und weltliche Macht durch Gott beauftragt seien, Welt und Geschichte zu bestimmen, verteidigte er gegen die Kaiser Anastasios I., Odoaker und Theoderich das Eigenbestimmungsrecht der geistlichen Macht (DENZINGER, Heinrich/ HÜNERMANN, Peter (Hg.), *Kompendium der Glaubensbekenntnisse und kirchlichen Lehrentscheidungen*, 347). Dabei spielte sicherlich das Ringen um die kirchlichen Besitztümer eine entscheidende Rolle.

23 Siehe dazu die historische, systematische und praktisch-ethische Übersicht in: ANSELM, Reiner / HÄRLE, Wilfried / KROEGER, Matthias, Zweireichelehre, in: *Theologische Realenzyklopädie*, Band 33 (2002), 776–793.

24 Die Konzentration auf die gewaltfreie Liebe, die in den verschiedensten Grundsituationen des Lebensweges Jesu je neue Gestalt annehmen muss, um realisiert werden zu können, verdankt viele Einsichten

gipfelt in der gewaltlosen Liebeshingabe des Sohnes im Gehorsam gegenüber seiner Sendung vom Vater und in der unverbrüchlichen Einheit mit den Sündern, das heißt mit allen Menschen.[25] Im Kreislauf von Gewalt und Gegengewalt antwortet Jesus Christus mit der Verwirklichung der Feindesliebe, die in der Vergebungsbitte für seine Mörder an den Vater gipfelt. In dieser Gestalt der wehrlosen Liebe Gottes ist nicht nur das Geheimnis unserer Erlösung enthüllt, sondern auch das letztmögliche und daher eschatologisch endgültige Zeichen Gottes unter den Bedingungen dieser Geschichte gegeben. Wie aber verhält sich diese Gestalt der Erlösung zu der fortgehenden Geschichte? Alle Evangelien formulieren eine grundlegende Differenz zwischen Gott und der Welt oder zwischen dem Reich Gottes und den Reichen dieser Welt. Für den Differenzierungsprozess, der grundlegend die Geschichte des Westens[26] bestimmt und aus dessen Quelle auch die Religionsfreiheit als Idee und Verfassungswert entspringt, ist ein Wort Jesu ausschlaggebend geworden: „So gebt dem Kaiser, was dem Kaiser gehört, und Gott, was Gott gehört!“ (Mt 22,21). Die weitere Interpretationsgeschichte dieser fundamentalen Differenz wird die Frage zu beantworten haben, was wem gehöre und wann – hier ein Wort aus der frühen Christentumsgeschichte aufnehmend – Gott mehr zu gehorchen sei als den Menschen (Apg 5,29).

Um die Auslegung dieser Differenzierung in der lutherischen Tradition angemessen interpretieren zu können, scheint es mir hilfreich zu sein, das von Rahner entwickelte „Drei-Epochen-Schema der Christentumsgeschichte“ modifiziert aufzugreifen. Rahner

---

der „Dramatischen Theologie“ von Raymund Schwager (siehe dazu sein Hauptwerk: SCHWAGER, Raymund, Jesus im Heilsdrama. Entwurf einer biblischen Erlösungslehre, in: DERS., *Heilsdrama. Systematische und narrative Zugänge* [Gesammelte Schriften, Band 4, hg. von Józef Niewiadomski], Freiburg / Basel / Wien 2015, 37–400. Die Sendung Jesu als Hingabe zu deuten, kann seit dem Anstoß durch Schürmann als Konsens betrachtet werden (siehe: SCHÜRMANN, Heinz, *Jesus – Gestalt und Geheimnis. Gesammelte Beiträge*, Paderborn 1994). Für den weiteren Verlauf meiner Argumentation ist die Beobachtung bedeutsam, dass sich Schwager trotz umfassendem biblischen Anspruch sich in seinen Hauptwerken nie mit Röm 13 beschäftigt hat – auch nicht in seinem ersten „girardistischen Werk“ (SCHWAGER, Raymund, *Brauchen wir einen Sündenbock? Gewalt und Erlösung in den biblischen Schriften* [Gesammelte Schriften, Band 2], Freiburg / Basel / Wien 2015). Auch sonst ist mir keine Interpretation dieser Schlüsselstelle, auch nicht in seinem Beitrag zur Erlösungslehre Martin Luthers, bekannt (siehe zu Martin Luthers Soteriologie: SCHWAGER, Raymund, Der fröhliche Wechsel und Streit. Zur Erlösungs- und Rechtfertigungslehre Martin Luthers, in: DERS., *Der wunderbare Tausch. Zur Geschichte und Deutung der Erbsündenlehre* [Gesammelte Schriften, Band 3, hg. von N. Wandinger], Freiburg / Basel / Wien 2015, 322–382).

25 So entwickelt DH 11 narrativ die neutestamentliche Begründung durch eine apostolische Narration, in der alle klassischen Schriftverweise in eine neue Erzählung integriert werden, die im gewaltfreien Martyrium aus Liebe ihren Mittelpunkt findet.

26 „Die Unterscheidung zwischen geistlicher und weltlicher Gewalt erscheint im historischen Rückblick als Keimzelle der Gewaltenteilung überhaupt, als Freisetzung von Kräften, die sich erst durch diese Trennung voll entfalten und ausdifferenzieren konnten“ (WINKLER, Heinrich August, *Die Geschichte des Westens*, Band 1. München 2009, 20).

spricht von drei kirchengeschichtlichen Epochen, um die Bedeutung des Zweiten Vatikanischen Konzils zu verdeutlichen.[27] Wenn die Christentumsgeschichte unter dem Aspekt der Religionsfreiheit strukturiert wird, dann lassen sich ebenfalls unterschiedliche Epochen feststellen. Die erste epochale Verfasstheit des Christentums zwischen ignorierter und verfolgter Minderheit ist die Zeit vor Konstantin. Als konstantinische, oder besser theodosianische Epoche der Christenheit wird jene Verfasstheit des Christentums bezeichnet, in welcher der christliche Glaube nicht nur toleriert und anerkannt worden ist, sondern für die Grundlage von Gesellschaft und Staat eine konstitutive Rolle einnahm – auch in der politischen Funktion der hierarchischen Würdenträger. In dieser Epoche musste der christliche Glaube die staatliche Ordnung garantieren und daher auch unterschiedliche Formen von Gewalt legitimieren. Diese Epoche ist dadurch bis heute vor allem getrübt, weil in dieser Epoche nicht nur die anderen Religionen und Weltanschauungen unterdrückt und oft verfolgt wurden, sondern nach und in den Kirchenspaltungen Christen andere Christen verfolgten und töteten. Das Zeitalter der Reformation gehört wegen dieser wechselseitigen Verfolgung für mich zu den dunkelsten Zeitabschnitten nicht nur dieser Epoche, sondern der gesamten Christentumsgeschichte. Die dritte kirchengeschichtliche Epoche, von Rahner die Zeit der Weltkirche genannt, steht zum ersten Mal vollumfänglich unter den Bedingungen der Religionsfreiheit. In dieser Ära werden Kirchen zu Akteuren der Zivilgesellschaft, die nach dem Zweiten Vatikanischen Konzil ihre Rechte nur einfordern können, wenn sie zugleich die Rechte der anderen, auch ihrer Gegner mitfördern. Bei dieser Epocheneinteilung ist zu beachten, dass diese Epochen sich nicht chronologisch ablösen. Für viele Christgläubige ist die erste Epoche immer noch bittere Realität.[28] Auch wenn das Martyrium eine besondere Gnade und die höchste Realisierung der Gegenwart Christi in dieser Zeit darstellt, gehe ich in meiner Argumentation davon aus, dass es kein Ziel christlichen Lebens sein kann und darf, das Martyrium direkt anzustreben.[29] Aus diesem Grunde verstehe ich die Erklärung *„Dignitatis humanae"* in dem Sinne, dass es zur Sendung der Kirche gehört, dafür einzutreten, dass alle Menschen ihr Leben in Freiheit leben können.

Ohne die Entwicklung der Reformation hier in allen Details entfalten zu können, wurde es für die lutherische Reformation, weil die römische Kirche nicht auf die Grundanliegen der Kritik sachgemäß eingegangen ist, seit ca. 1520 zwingend erforderlich, die

27 Als erste Epoche hält Rahner das Christentum in seiner jüdischen Verfasstheit, ja als jüdische Sekte oder Gruppe, fest. Die zweite Epoche wird durch den Übergang des Paulus bestimmt und als Epoche der abendländischen Christenheit verstanden. Diese Epoche wäre wohl angemessener als europäische Epoche der Christenheit anzusprechen. Das Konzil würde nun den Übergang in die Epoche der Weltkirche darstellen, die in der Grammatik der Verkündigung, den unterschiedlichen Inkulturationsformen in der Pluralität der Kulturen auf allen Ebenen charakterisiert sein wird (RAHNER, Karl, *Theologische Grundinterpretation des II. Vatikanischen Konzils* [Sämtliche Werke, Band 21], Freiburg / Basel / Wien 2013, 970–981).

28 Siehe: KAUDER, Volker (Hg.), *Verfolgte Christen. Einsatz für die Religionsfreiheit*, Holzgerlingen 2012.

29 Siehe: SIEBENROCK, Roman A., *Christliches Martyrium. Worum es geht*, Kevelaer 2009.

Obrigkeit in den Kampf für die Reinheit des Evangeliums einzubeziehen. Weil nicht nur der Kaiser, sondern auch die Landesfürsten nach dem Reichsrecht die Sorge um die Religion („*cura religionis*") aufgetragen war, war dieser Schritt von der Reichsverfassung gedeckt. Der Aufruf, der sich zunächst an die Pflicht eines jeden Getauften richtet und ihn in eine neue Freiheit ruft, wurde sehr früh von den Städten und in kluger Abgewogenheit vor allem von Luthers Landesherr, Friedrich dem Weisen, gehört und befolgt. Der Schutz und das Mitwirken der Obrigkeit für die Anliegen der Reformation werden nach dem Bann über Luther (Jänner 1521) und der Verhängung der Reichsacht (nach dem Reichstag zu Worms 1521) unausweichlich, ja überlebensnotwendig.[30] In der folgenden Darstellung der Lehre konzentriere ich mich auf die Fassung, wie sie in der

30 Mit der Schrift „*An den christlichen Adel deutscher Nation von des christlichen Standes Besserung*" (1520) und dem Programm „*Von der Freiheit eines Christenmenschen*" (1520) wurden die reformatorischen Grundanliegen weit verbreitet – und entwickelten eine Eigendynamik, die nicht immer im Sinne des Autors war. So stellte Luther sich unter dem Eindruck von Ausschreitungen in Wittenberg mit der Schrift „*Eine treue Vermahnung zu allen Christen, sich zu hüten vor Aufruhr und Empörung*" (1521) gegen die Versuche, die Reformation mit Gewalt zu realisieren. Als geistliche Bewegung des Glaubens hänge alles Wirken allein an Gottes Wort. Ein erstes umfassendes Konzept zum Verhältnis von christlichem Glauben und Obrigkeit in der Tradition der zwei Schwerter stellt der Text „*Von der weltlichen Obrigkeit, wie weit man ihr Gehorsam schuldig ist*" (1523) dar. Hier fasst er die klassischen Traditionen in der Weise zusammen, als der Obrigkeit immer Gehorsam zu leisten sei, solange sie nicht gegen Gottes Wort verstößt. Das bedeutet im zeitlichen Kontext, insofern sie die Reformation unterstützt. Sonst gelte Apg 5,29. Der der Obrigkeit geschuldete Gehorsam sei deshalb notwendig, weil nicht alle Menschen Christen sind und auch das Böse in der Welt anzutreffen ist. Während Christen durch Gottes Wort und Geist frei seien und daher keiner Obrigkeit bedürften, weil sie alles aus Liebe tun, weiß der Christ um das Böse in der Welt. Diesem zu wehren und es in Schranken zu weisen, ist die Aufgabe der Obrigkeit, die dieser von Gott gebotenen Pflicht aber nur mit dem Schwert nachkommen könne. Diesen Gehorsam aber leistet der Christ nicht aus egoistischen Gründen, sondern allein für das Wohl des Nächsten. Für sich selbst könnte er Tod und Martyrium annehmen und dulden, um des Nächsten willen aber weiß er um die Pflicht, Leben und Gut gegen die Bösen zu schützen.
Im Blick auf zwei epochale Entwicklungen seiner Zeit wird die frühere Gewaltfreiheit der Verkündigung aus politisch-religiösen Motiven massiv eingeschränkt, weil Aufruhr auch im Namen Gottes zu bekämpfen sei. In diesem Kontext gewinnt Röm 13 programmatische Bedeutung. Den ersten Einschnitt bildeten Luthers Polemiken gegen die Bauern, nachdem er zuerst um Verständigung („*Ermahnung zum Frieden auf die zwölf Artikel der Bauernschaft in Schwaben*", 1525) bemüht war. Angesichts der Aufstände wandelte sich sein Ton in mitunter wüste Polemik („*Auch wider die räuberischen und mörderischen Rotten der andern Bauern*", 1525). Gegen den Vorwurf der altgläubigen Kritiker, er sei der geistige Vater des Bauernaufstandes, antwortet er mit dem Text „*Sendbrief von dem harten Büchlein ‚Wider die Bauern*'" (1525). Unter diesem Eindruck wird der religiös motivierte Gehorsam gegenüber der Obrigkeit zum Normalfall eines Christenmenschen. Als zweites Ereignis ist der Kampf gegen die Wiedertäufer, „Schwärmer" genannt, zu nennen. Ein ähnliches Muster wie zuvor ist auch hier zu erkennen. Nach anfänglichen Versuchen, diese in der Kraft des Wortes zu bewegen, schwindet vor allem unter dem Eindruck des Täuferreiches in Münster (1534–1535) jeglicher Ansatz auf Toleranz. 1527 war Luther in seiner Schrift „*Von der Wiedertaufe an zween Pfarrherrn*" noch entsetzt über die Verfolgung und Tötung dieser Gruppe. Nur die Anführer sollten des Landes verweisen werden. Ab 1530 aber verhärtete sich, wie überall im Reich, seine Position. 1531 unterschrieben Luther und Melanchthon ein Votum, gegen die Täufer die Todesstrafe vor allem wegen Aufruhr zu verhängen. In beiden Kontexten stimmten die Positionen von Luther und Melanchthon inhaltlich weitestgehend überein, auch ist eine zunehmende Radikalisierung zu verzeichnen, die meiner Ansicht auch mit der erstarkenden politischen Bedeutung der reformatorischen Lehre zusammenhängt. Sie wird staatstragend und gerät in die Logik der „konstantinischen Epoche".

Augsburger Konfession 1530 vorgelegt worden ist. Zu diesem Zeitpunkt hatte die Lehre schon in etlichen Gebieten Fuß gefasst, wurde von der Obrigkeit unterstützt und mit Visitationen und ähnlichen von Theologen und Obrigkeit organisierten und durchgeführten Maßnahmen gestärkt. Auch wenn die *Confessio Augustana* die Handschrift Philipp Melanchthons trägt, kann sie aus zwei Gründen als normative Grundlage gelten. Zum einen hat Martin Luther diesen Text vollinhaltlich mitgetragen. Zum anderen ist diese Bekenntnisschrift 1555 Reichsrecht geworden und gilt noch heute als Grundlage der lutherischen Tradition; ja nicht nur dieser.[31]

Die Zwei-Regimente-Lehre nach dem Augsburger Bekenntnis

Für das Verständnis dieser Lehre sind zwei Artikel der *„Confessio augustana"* (CA; „Augsburger Bekenntnis") einschlägig: Artikel 16 und Artikel 28. In Artikel 16 heißt es: „Von Polizei und weltlichem Regiment wird gelehret, daß alle Obrigkeit in der Welt und geordnete Regiment und Gesetze gute Ordnung von Gott geschaffen und eingesetzt sind, und daß Christen mögen in Obrigkeit, Fürsten- und Richter-Amt ohne Sunde sein, nach kaiserlichen und anderen ublichen Rechten Unheil und Recht sprechen, Ubeltäter mit dem Schwert strafen, rechte Kriege fuhren, streiten, kaufen und verkaufen, aufgelegte Eide tun, Eigens haben, ehelich sein etc. [...]."[32] Also ist auch die mit dem Schwert notwendigerweise vorgehende Obrigkeit von Gott gewollt und eine Weise, wie Gott selbst die Welt regiert.[33] Mit zwei Abgrenzungen wird das Anliegen verdeutlicht. Die Wiedertäufer werden verworfen, weil sie die christliche Vollkommenheit allein darin sehen würden, Frau und Hof zu verlassen, sich also aus der Welt zurückzuziehen. Demgegenüber müsse die weltliche Aufgabe mit christlichem Geist erfüllt werden.[34]

---

31 Siehe zur allgemeinen Bedeutung der CA: KIRCHENAMT DER EVANGELISCHEN KIRCHE IN DEUTSCHLAND (Hg.), *Soll das Augsburger Bekenntnis Grundbekenntnis der Evangelischen Kirche in Deutschland werden? Ein Votum der Kammer der Evangelischen Kirche in Deutschland für Theologie*, Hannover 2009. An dieser wichtigen Weichenstellung irritiert nur der Singular: Warum heißt es nicht „der evangelischen Kirch*en* in Deutschland"?

32 „De rebus civilibus docent, quod legitimae ordinationes civiles sint bona opera Dei, quod Christianis liceat gerere magistratus, exercere iudicia, iudicare res ex imperatoriis et aliis praesentibus legibus, supplicia iure constituere, iure bellare, militare, lege contrahere, tenere proprium, iurare postulantibus magistratibus, ducere uxorem, nubere" (Die Augsburgische Konfession. Confessio oder Bekanntnus des Glaubens etlicher Fürsten und Städte uberantwort Kaiserlicher Majestat zu Augsburg Anno 1530. Confessio fidei exhibita invictissimo Imperatori Carolo V. Caesari Augusto in comitiis Augustae Anno MDXXX, in: *Die Bekenntnisschriften der evangelisch-lutherischen Kirche.* Herausgegeben im Gedenkjahr der Augsburgischen Konfession 1930, Göttingen 1982, 31–137, hier: Artikel XVI [70–71]).

33 Daher scheint es sachlich angemessener zu sein, von „Zwei Regimenten" statt von „Zwei Reiche" zu sprechen. Denn die theologische Idee unterscheidet immer die Weisen, wie Gott in der Welt wirkt und sie lenkt.

34 Die Apologie der CA verdeutlicht diese These. Die *„potestas ordinis"* beziehe sich auf Predigt, Sakrament und Bann, also innerkirchliche Klärung um des Evangeliums willen. Diese Vollmacht darf nicht tyrannisch sein, das heißt ist an Gesetze gebunden, die wiederum ihre Autorität allein vom Wort Gottes her

Noch deutlicher wird der Unterschied in Artikel 28 herausgearbeitet. Kritisch wird die damalige Situation beurteilt, dass und wie Bischöfe weltliches Regiment ausüben. Dadurch seien viel Leid, Krieg und Verwirrung entstanden. Zudem hätten sie durch weltliches Recht und weltliche Zufälligkeit die Gewissen der Glaubenden bedrängt und belastet. Weil diese weltliche Herrschaft von Bischöfen nur weltliches Recht und ein Geschenk oder ein Auftrag des Kaisers darstellen könne, können die daraus folgenden Bestimmungen und Gesetzen die Glaubenden nicht in ihrem Gewissen binden. Denn geistliche Herrschaft wird niemals mit dem Schwert ausgeübt. Weil geistliches und weltliches Regiment aber nun zwei unterschiedliche Zielrichtungen und Methoden aufweisen würden, dürfen sie nie vermengt werden. Während die geistliche Zielsetzung, der Glaube und das Heil im Vertrauen auf Gott, allein durch geistliche Mittel, das Wort, die Predigt und das Sakrament erzielt werden können, ist das Ziel der weltlichen Gewalt zeitlich, das heißt es hat Leib und Gut zu schützen. Der Artikel verwirft also nicht grundsätzlich das weltliche Regieren von Bischöfen, sieht darin aber eine große Gefahr, weil weltliche Ziele mit geistlicher Autorität und Gehorsamsforderung erzwungen würden, die die Menschen im Gewissen belasten, ohne vom Evangelium gedeckt zu sein. Mit dieser Unterscheidung und Zuordnung ist also die Vorstellung einer komplexen Einheit des göttlichen Wirkens in der Welt verbunden.

Als entscheidende Quelle für die Religionsfreiheit wird von vielen Interpreten der lutherische Glaubensbegriff angesehen, der notwendigerweise die Freiheit von aller staatlichen Gewalt fordere, auch wenn Luther sich nicht konsequent an seine ursprünglichen Einsichten gehalten habe.[35] Die grundsätzliche Unterscheidung und damit eine grundlegende Pluralität seien damit aber gegeben. Unter dieser Rücksicht steht Luther einerseits in jener Tradition christlichen Denkens, die auch auf *„Dignitatis humanae"* eingewirkt hat. Die Glaubenszustimmung muss frei sein. Andererseits betont er stärker die

bekommen. Ein *„mandatum cum libera"* (401) ist unmöglich. Wenn die Bischöfe das Wort Christi predigen, dann gilt das Wort: wer euch hört, der hört mich. Daher ist der Gehorsam gegenüber den Bischöfen an deren Evangeliumspredigt gebunden. Ein anderes Evangelium, und wenn es ein Engel verkünden würde, sei zu verwerfen (402 mit Verweis auf Gal 1,8). Der Bischöfe Regiment ist allein das Regiment des Evangeliums (Apologia confessionis Augustanae. Apologia der Confession, in: *Die Bekenntnisschriften der evangelisch-lutherischen Kirche.* Herausgegeben im Gedenkjahr der Augsburgischen Konfession 1930, Göttingen 1982, 139–404, hier 396–403). In dieser Klarstellung spitzt sich das Problem auf die Fragestellung zu, wer die Letztkompetenz für die Auslegung des Evangeliums besitze. Ohne eine von allen anerkannte Autorität gibt es nur den Weg in die nicht einholbare Pluralisierung. Diesen Weg ist die Reformation gegangen – und wurde faktisch nur durch die weltliche Autorität in den jeweiligen Territorien beschränkt.

35 Wenz fasst diesen Impuls in folgender Weise zusammen: „als zu den unveräußerlich Gehalten des Glaubens die Überzeugung gehört, daß Gewißheit nicht zu erzwingen ist, der Streit der Gewissen daher durch kein Gewaltmittel entschieden werden kann und darf, sondern einzig und allein gewaltlos auszutragen ist. Daß dies entsprechend geschehen kann, dafür hat eine prinzipiell nichttotalitäre Ordnung des Gemeinwesens politisch zu sorgen, welche Sorge den möglichen Einsatz rechtlich geordneter, auf Schutz und Erhalt von Leib und Leben ausgerichteter und der Gewaltlimitierung und -minimierung dienender Zwangsmittel nicht aus-, sondern einschließt." (WENZ, Gunther, *Theologie der Bekenntnisschriften der evangelisch-lutherischen Kirche. Eine historische und systematische Einführung in das Konkordienbuch*, Berlin / New York 1996–1998, I, 121).

Subjektivität des vertrauenden Glaubensaktes, der allein vom Wort und der darin ergehenden Verheißung Gottes getragen wird. Nach Luther fallen beide Regimente aber nun nicht auseinander. Ausgehend von der Gegenüberstellung der zwei Gesellschaften nach Augustinus entwickelt Luther immer mehr eine von Gott getragene Einheit beider. Auch das weltliche Regiment ist insofern von Gott getragen, weil es die Erhaltung der Welt gegen die Sünde fördere. „Das weltliche Regiment wird daher als Schwertgewalt bestimmt, welche die äußere Sphäre der Freiheit, der Gerechtigkeit und des Friedens zu gewährleisten hat."[36] Legitimität gewinnt sie durch Gesetzeskonformität, Vernünftigkeit und Gemeinwohlorientierung durch Gewalteinschränkung. Postlapsarisch aber ist die menschliche Vernunft aus sich allein zur notwendigen Unterscheidung in der Ambivalenz nicht fähig. Sie ist nicht nur fehlbar, sondern auch immer durch verschiedenste Interessen in der Gefahr, fehlgeleitet zu werden. Sie bedarf des geistlichen Dienstes, der vor allem dem Hang zur Vermessenheit und Totalitarisierung zu widerstehen habe. Das leistet die geistliche Ermahnung mit der Lehre von der Differenz der Zwei Reiche beziehungsweise Zwei Regimente. Damit wird ein Grundanliegen der christlichen Tradition gewahrt, zwischen den Mächten zu unterscheiden. Weil aber Luther nicht konsequent genug die weltlichen Bedingungen der Eigenständigkeit der geistlichen Macht reflektiert, fordert seine Theologie unter den Bedingungen seiner Zeit eine neue Form des Staatskirchentums.[37] Weil die Kirche immer auch leibliche Gestalt trägt, bedarf sie der Jurisdiktion und kann deshalb vom „Reich zu Linken" nicht abgelöst werden.[38] Während die römisch-katholische Tradition die Eigenständigkeit der geistlichen Macht mit den Bedingungen der Feudalpolitik entwickelte und daher konsequent die Souveränität des Bischofs von Rom unter den Kategorien weltlicher Überlegenheit ausarbeitete, gelang es in den reformatorischen Traditionen nur bedingt, die Eigenständigkeit der geistlichen Macht über das prophetische Amt der Theologie und der Pfarrer zu etablieren. Dennoch ist mit Luthers Theologie klargestellt, dass es keinen Krieg im Namen Jesu Christi geben kann. Gerecht könne ein Krieg nur genannt werden, insofern er sich auf die Verteidigung irdischen Leibes und Lebens beschränkt.[39] Er kann, wenn überhaupt, nur ethisch als Verteidigung begründet werden.

---

36 A. a. O., II, 443.

37 „Von kirchlichem Gesichtspunkt zeigten diese deutschen Fürstentümer eine bemerkenswerte Besonderheit: Infolge der von den Päpsten oder den Bischöfen gewährten Bewilligungen besaßen ihre Herren zuweilen sehr ausgedehnte Rechte auf geistlichem Gebiet. Auf manche von ihnen konnte man die Redensart anwenden, die über den Herzog von Cleve in Umlauf war: *dux Cliviae est papa in terris suis*, oder die Erklärung Rudolfs IV. von Österreich im 14. Jahrhundert: ‚In meinem Lande will ich Papst sein, Erzbischof, Bischof, Erzdiakon und Dechant'." (Fußnote 2, S. 228: zitiert nach: HASHAGEN, Justus, *Staat und Kirche vor der Reformation*, Essen 1931, 550ff; bzw. WERMINGHOFF, Albert, *Verfassungsgeschichte der deutschen Kirche im Mittelalter*, Berlin 1931, 88–90). „Diese Tatsache hatte ernste Folgen für die Zukunft. Wir müssen sie als Ansatzpunkt für die kirchliche Souveränität des Fürsten auffassen, wie sie ihm durch die Reformation zuerkannt werden sollte, und im Jahre 1555 im Frieden zu Augsburg ihre Bestätigung zu erfahren" (LECLER, Joseph, *Geschichte der Religionsfreiheit*, I, 228).

38 Dieser Abschnitt zitiert nach: a. a. O., II, 442–464.

39 A. a. O., II, 455.

Die Zwei-Regimente-Lehre als Quelle der Religionsfreiheit? Stärken und Schwächen

Die lutherische Unterscheidung entspricht der durchgehenden Spannung in seiner Theologie von Gesetz und Evangelium sowie der Lehre vom inneren und äußeren Menschen, die wiederum der Unterscheidung von Geistlichem und Weltlichem entspricht. Insofern ist dieses Lehrstück kein Anhängsel, sondern aus der prägenden Achse seiner Theologie gewonnen und gehört bis heute zu den Prinzipien der lutherischen Lehrunterscheidungen.[40] Ein Urteil über dieses Lehrstück muss daher auch die Grundperspektive beachten, aus der sie erwächst. Dass die lutherische Lehre nicht einfach als Quelle der Religionsfreiheit rezipiert werden kann, wird schon durch die geschichtliche Wahrnehmung deutlich, dass die Religionsfreiheit nicht aus diesen Traditionen erwachsen ist und im Zeitalter der Reformation es kein lutherisches Gebiet gegeben hat, welches eine Toleranz verschiedener Kulte gestattet. Die Reformation einführen hieß immer, andere Traditionen zu verbieten; nicht nur die altgläubige, auch jene der Wiedertäufer und zu guten Teilen – mit wenigen Ausnahmen – auch jene Calvins im 16. Jahrhundert.

Eine uneingeschränkte Bedeutung für die Religionsfreiheit hätte aber, wie es heute fast konsensmäßig hervorgehoben wird, der sozial und gesellschaftlich entfaltete Glaubensbegriff Luthers gewinnen können.[41] Damit stand er sachlich, wie schon erwähnt, in der Überlieferungstradition des theologischen Denkens seiner Zeit. Doch es wird heute eher verdrängt, dass Luther aufgrund seiner apokalyptischen Vorstellungen seit 1520 nicht nur die Altgläubigen, sondern mehr oder weniger alle, die seiner Lehre nicht zustimmten, im Bild des Antichristen unter den Einfluss des Satans stellte. Unter diesen Voraussetzungen wäre jede Form von Toleranz Verrat am Evangelium selbst. Damit aber wird Pluralität nur im Brauchtum beziehungsweise den Zeremonien oder Riten möglich. Das aber hat Konsequenzen für die Frage nach der Bedeutung der Obrigkeit. Widerstand und Abweichung gegen sie ist nur möglich, insoweit diese nicht die reformatorische Predigt unterstützt. Aber auch sein Glaubensbegriff selbst, der den inneren und den äußeren Menschen trennend unterscheidet, birgt die Gefahr in sich, durch das landeskirchliche Regiment der Fürsten eine Staatskirche zu etablieren, die faktisch das gesamte Leben der Glaubenden, wenn auch unter nur äußerlicher Rücksicht, der Kontrolle der Obrigkeit unterwirft. Denn Religionsfreiheit betrifft immer auch den äußeren, weltlichen Menschen.

Dass die reformatorischen Aufbrüche das Potential hatten, für die Religionsfreiheit zu wirken, ist nach meiner Ansicht mehr an jenen „entlaufenen Kindern" zu erkennen,

40 Siehe: EBELING, Gerhard, Das rechte Unterscheiden. Luthers Anleitung zu theologischer Urteilskraft, in: DERS., *Wort und Glaube,* Band 4: Theologie in den Gegensätzen des Lebens, Tübingen 1995, 420–459.

41 Aspekte seiner Lehre lassen sich in DH 9 und 10 nachweisen, weil auch der zweite Teil unserer Erklärung aus der breiten Tradition schöpft, zu der immer auch Augustinus gehört (siehe: DH 19, Anm. 8).

die nach der staatlichen Etablierung der Reformation in der Schweiz und in Deutschland nach Amerika auswanderten. Denn in diesen europäischen Traditionen zeigen sich weniger die Verantwortung der Laien für die Kirche, sondern der Wille und die Absicht der Obrigkeit, die seit dem hohen Mittelalter Papst im eigenen Territorium sein wollte.[42] Zum einen wäre die Verinnerlichung des Glaubens bei den mystischen Spiritualisten zu nennen, die später im Pietismus Wirkung entfalten werden. Vor allem aber sind es die Wiedertäufer, die sich nach der Zurückweisung der Katastrophe von Münster in Menno Simons zu radikalem Pazifismus bekehrten, zum ersten Mal durch die Verweigerung des Eids Staat und Kirche trennten und damit der jesuanischen Grunddifferenz eine neue politische Chance ermöglichten.[43] Damit aber wären die Christen gerufen, eine Gegengesellschaft zu formieren[44] – und nicht die tatsächliche Gesellschaft zu prägen.

Für die Religionsfreiheit aber haben auch andere Faktoren gewirkt, die sich quer zu den damaligen Konfessionsfronten entwickelten, wie z. B. der christliche Humanismus, der sich vor allem den Nachwirkungen des Erasmus von Rotterdam verdankte. In Frankreich sind es jene politischen Denker, die das Interesse des Staates von religiösen Motiven abkoppelten und zum Beispiel in Kardinal Richelieu einen außerordentlichen Befürworter der Staatsräson kannten. Strömungen der Ziviltoleranz mühten sich, wie Castellio, darum, die Kernüberzeugungen des Glaubens von den weniger bedeutsamen Aspekten des Bekenntnisses zu unterscheiden. Diese Reduktion führt im Horizont des einsetzenden Rationalismus zum Deismus und zur Vorstellung einer natürlichen Religion und Theologie. Von besonderem wirkungsgeschichtlichem Gewicht waren aber zwei Themenbereiche. Die Bedeutung des Gewissens, auch des irrenden, wurde mit der Würde der Person verknüpft, die vom Evangelium her zu achten sei. Viele katholische Toleranztheoretiker erweiterten die Lehre vom irrenden Gewissen, die nach Thomas nur für Heiden und Juden galt, bald auch auf die Nachkommen der reformatorischen Eltern. Als zweites Theorem ist jene Idee des höheren Guts der Gesellschaft zu nennen, welches Toleranz und mögliche Pluralität in einer Herrschaft über eine durch Gewalt erreichte Vereinheitlichung stellte. Die Lehre des Christentums könne nicht von seiner Ethik und Moral unterschieden werden, wie der Schlüsseltext Eph 4,15 es klarstellte.

Trotz dieser Ansätze war es nach meiner Überzeugung aus einem theologischen Tiefengrund damals nicht möglich, die entsprechenden Konsequenzen zu ziehen. Das lag nicht nur an den einschlägigen politischen Konstellationen und Interessen. Theologisch sehe ich den Grund im langen Schatten des augustinischen Heilspessimismus. Um

42 Vgl. Anm. 37. Das Problem in dieser Entwicklung liegt nicht allein im Faktum einer Staatskirche, sondern darin, dass Luthers Lehre eine solche problemlos favorisiert, soweit sie reformatorisch im Sinne Luthers agiert. Das aber kann nach ihm von den Theologengenerationen nicht mehr in der gleichen Weise aufrechterhalten werden (siehe: LECLER, Joseph, Geschichte der Religionsfreiheit, I, 231–252).

43 Hier folge ich der bis heute an aufgearbeiteten Quellen unübertroffenen historischen Studie von Lecler (LECLER, Joseph, Geschichte der Religionsfreiheit, II, 579–616).

44 Diese Idee findet sich auch zum Beispiel bei Gerhard Lohfink und der sogenannten „Integrierten Gemeinde" auf katholischer Seite heute (LOHFINK, Gerhard, Wie hat Jesus Gemeinde gewollt? Kirche im Kontrast, Stuttgart 2015).

Menschen vor der ewigen Verdammnis zu bewahren, schienen auch Gewaltmittel berechtigt zu sein. Dieser Heilspessimismus verband sich zudem mit einer religionspolitischen Auffassung, die sowohl in der Bibel auch in der heidnisch-römischen Tradition anzutreffen war. Das Schicksal eines Imperiums und einer Volkes hing nach dieser Auffassung von der rechten Weise des Gottesdienstes ab, weil sich der Zorn der Götter (oder der Zorn des einen Gottes beim Götzendienst) als geschichtliche Strafe stets vollziehen könnte und der rechte Gottesdienst diesen einhegt.[45] Erst dadurch, dass beide Theoreme entkräftet wurden, konnte sich Religionsfreiheit als grundlegender gesellschaftlicher Wert durchsetzen. Erst wenn das ewige Heil nicht mehr identisch ist mit der rechtlich-geschichtlichen Zugehörigkeit zu einer bestimmten Bekenntnistradition ist, kann das Unkraut mit dem Weizen wachsen (Mt 13,25–40) und diese Frage tatsächlich Gottes Urteil am Ende der Zeiten anvertraut werden. Erst wenn erkannt wird, dass Gottes Wille und die Anerkennung der Menschenrechte miteinander übereinstimmen, kann die Vorstellung von der göttlichen Strafe als Reaktion auf den falschen Gottesdienst entkräftet werden.

Eine letzte Überlegung muss aber im Blick auf die Zwei-Regimente-Lehre abschließend gerade heute noch angesprochen werden. Die Interpretation einer strikten Gewaltlosigkeit des Handelns Jesu, wie sie zum Beispiel im Weg von Raymund Schwager im Kontext der Friedensbewegung der frühen 80er Jahre entwickelt worden ist[46] und auch von protestantischer Seite in dieser Zeit als Kritik an der Zwei-Reiche-Lehre vorgetragen wurde, kann letztlich eine legitime Gewaltanwendung zur Abwehr des Bösen nicht mehr theologisch begründen; höchstens noch ethisch. Wenn jede Form der Gewaltanwendung eine Form jener satanischen Macht in der Geschichte ist, die die Kultur des Menschen zutiefst bestimmt, dann wäre jede weltliche Politik Sünde und den Christen bliebe nur jene Form der Weltflucht, die Menno Simons mit seiner Gemeinde zu leben suchte. Denn nach dieser theologischen Grundüberzeugung stellt jede Gewaltanwendung, wie ethisch berechtigt sie auch immer sein mag, kein christliches Handeln nach dem reinen Evangelium mehr dar. Luther hat diese Weise der Gewaltfreiheit anerkannt, wenn es um das eigene Leben allein geht. Wenn aber Leben und Sein des Nächsten betroffen ist, könne so nicht mehr argumentiert werden. Das war sein Hauptargument gegen die „Schwärmer“. Könnte, ja müsste nicht die Lehre der lutherischen Tradition in einer Weise neu formuliert werden, so dass Gottes Handeln in der Welt ihn nicht letztlich als „schizophren“ charakterisieren würde: einmal mit dem Schwert

45 Diese Tradition geht auf die Vorschrift der Kultreinheit des Heiligen Landes zurück. Nach der Thora werden Gotteslästerung (Lev 24,1–16), Götzendienst (Dtn 13,6–16; 17,2–16) und falsche Prophetie (Dtn 13,2–6) mit schwersten Strafen, auch der Todesstrafe, belegt (LECLER, Joseph, *Geschichte der Religionsfreiheit*, I, 65–67). Noch Martin Luther wird, wie das Mittelalter, mit diesen Belegen die Bestrafung der Häretiker von der staatlichen Gewalt fordern.

46 MOOSBRUGGER, Mathias, Theologietreiben in Zeiten des (Kalten) Krieges. Zur Entwicklung der Theologie Raymund Schwagers vor dem Hintergrund eines abgründigen Zeichens der Zeit, in: *Zeitschrift für Katholische Theologie* 136 (2014), 192–209.

und einmal mit der geistlichen Überzeugungsmacht. Könnte eine Form der Notwehr entwickelt werden, die einerseits nicht strikt gewaltfrei ist, und anderseits tatsächlich dem Evangelium zu entsprechen vermag? Und müsste dann nicht die Würde des Menschen und seine Entfaltung in die Mitte jenes Beitrags von Christgläubigen gestellt werden, der immer um die Bedrohtheit des Menschen durch sich selbst weiß? Die Täufer haben in diesem Dilemma den Weg des klassischen Mönchtums gewählt; als kleine Gegengesellschaften. Wenn dieser Weg nicht als alleiniger anerkannt zu werden vermag, wird die Frage brennend, wie Ethik und Erlösung zueinander sich verhalten.[47]

Ceterum censeo: Die polnische Toleranz darf nicht vergessen werden!

Für den westeuropäischen Sprachraum muss aber im Zeitalter der Reformation ausdrücklich an den Weg Polen seit der Warschauer Konföderation[48] erinnert werden.[49] Kardinal Hosius nannte damals Polen das „Asyl aller Häresien". Dies wird auch in der neueren Geschichtsschreibung zur Reformation anerkannt, aber nicht mit entsprechenden Gründen ausgewiesen und daher eher als Zufall eingeschätzt.[50] Doch es gibt hierfür

47 In einer Denkschrift hat in Kontinuität und Korrektur zu Luther die EKD diese Frage aufgegriffen (EKD (Hg.), Evangelische Kirche und freiheitliche Demokratie. Der Staat des Grundgesetzes als Angebot und Aufgabe; eine Denkschrift der Evangelischen Kirche in Deutschland, Gütersloh [4]1990). Das Problem des Krieges wurde nicht behandelt. Die Haltung der Reformatoren zum Verhältnis von Gehorsam und Widerstand gegenüber der Obrigkeit wird in folgender Weise zusammengefasst: „Um seine Ordnungsaufgabe nach Gottes Gebot erfüllen zu können, kann und muß der Staat als Obrigkeit in erster Linie Gehorsam verlangen – so wie die Obrigkeit selbst zum Gehorsam vor Gott berufen ist. Eine Pflicht zum Widerspruch und zum (gewaltlosen) Widerstand haben die Reformatoren dann als gegeben betrachtet, wenn der Staat in die Freiheit des Glaubens eingreift. Für die theologische Begründung der Gehorsamsforderung hat die Auslegung des Paulus-Wortes eine entscheidende Rolle gespielt: ‚Jedermann sei untertan der Obrigkeit, die Gewalt über ihn hat. Denn es ist keine Obrigkeit außer von Gott; wo aber Obrigkeit ist, die ist von Gott angeordnet' (Römer 13,1). Die von Martin Luther bestimmte theologische Tradition hat in der Sündigkeit und Fehlbarkeit des Menschen den wichtigsten Grund für die Erfüllung der ihm nach „Anordnung Gottes" gestellten Aufgabe durch den Staat gesehen" (ebd., 15). Es scheint mir ungenügend zu sein, das Kriterium „Freiheit des Glaubens" allein anzuführen. Denn der Staat hat nach Luther auch die Aufgabe, die evangeliumsgemäße Predigt zu garantieren und den Götzendienst zu verbieten.

48 Text a. a. O., I, 537–538. Es ist für diese Zeit selbstverständlich, dass Toleranz und Wahl der Religion nur der Obrigkeit gebilligt worden ist.

49 A. a. O., I, 517–567.

50 Beispielhaft sei verwiesen auf: LEPPIN, Volker, *Die Reformation*, Darmstadt [2]2017, 121–122. Er nennt wohl Polen und Siebenbürgen als Länder der Toleranz, gibt aber keine Gründe an – vor allem zitiert er keine handelnden Personen, sondern nur die Entscheidung des Sejm von 1573. Wenn er dann feststellt, dass erst im 17. Jahrhundert die evangelischen Ansätze zurückgedrängt wurden und der Katholizismus zur dominanten Religion wurde, darf die Rückfrage erlaubt sein, ob nicht genau diese Entwicklung, wie Lecler nachweist, an der katholischen Toleranz von oben und der katholischen Beharrlichkeit der Bevölkerung, also von unten, gelegen ist. Denn Toleranz bezog sich auch in Polen im 16. Jahrhundert immer nur auf die Obrigkeit. Dann aber hat die katholische Bevölkerung in der Anerkennung der Gewissensfreiheit durch die katholischen Könige die besten Gründe, ihren Glauben zu bewahren."

klare theologische Gründe. Auf zwei Gründe, nach christlicher Auffassung grundsätzlich Toleranz zu üben, möchte ich abschließend mit zwei Zitaten hinweisen, die von glühenden Katholiken stammen. Sie müssen nicht mehr kommentiert werden, denn sie sprechen für sich.[51]

Die Herrschaft von Stephan Bathory (1576–1586), einem glühenden Katholiken aus Siebenbürgen, gilt in Polen als eine ruhmvolle Zeit. Er achtete die Religionsfreiheit seiner Untertanen. Von ihm stammt das Wort: „Ich bin König der Völker und nicht der Gewissen. [...] Gott hat sich drei Dinge vorbehalten: Aus nichts etwas zu schaffen, die Zukunft zu kennen und über die Gewissen zu herrschen“.[52] Von seinem Kanzler Jan Zamojski (1542–1605) ist folgende Aussage überliefert: „Ich gäbe eine Hälfte meines Lebens, sagte er zu den Protestanden, für eure Rückkehr zur Katholischen Kirche, und ich behielte die andere Hälfte, um mich über eure Bekehrung zu freuen. Doch wenn euch jemand zwingen wollte, gäbe ich zu eurer Unterstützung mein ganzes Leben, ehe ich eine solche Knechtschaft in einem freien Staat mit ansähe.“[53] Es würde der deutschen Geschichtsschreibung zu Europa im Zeitalter der Reformation gut anstehen, den Beitrag Polens zur Geschichte von Toleranz und Religionsfreiheit grundlegend zu würdigen.

---

51 Es ist mehr als bedauerlich, dass Forst (Forst, Rainer, *Toleranz im Konflikt*, vgl. Anm. 9), obwohl er Lecler kennt, diese Beispiele nicht aufgreift – ja grundsätzlich die altgläubige, katholische Toleranztradition nicht kennt.

52 Lecler, Joseph, Geschichte der Religionsfreiheit, I, 543 (zitiert nach: Wegierski, André, Slavonia reformata, Amsterdam 1679, 215).

53 Lecler, ebd. (zitiert nach: a. a.O., 135).

Verzeichnis der Autoren

ANTES, Peter, Dr. phil., Dr. theol., Professor em. für Religionswissenschaft am Institut für Theologie und Religionswissenschaft der Philosophischen Fakultät der Leibniz Universität Hannover

EBERTZ, Michael N., Dr. rer. soc., Dr. theol., Professor für Sozialpolitik, Freie Wohlfahrtspflege und kirchliche Sozialarbeit sowie Leiter des Zentrums für Kirchliche Sozialforschung der Katholischen Hochschule Freiburg

HEINZMANN, Richard, Dr. theol., Professor em. für Christliche Philosophie und Theologische Propädeutik sowie Mitvorstand des Martin-Grabmann-Instituts zur Erforschung der Mittelalterlichen Theologie und Philosophie der Ludwig-Maximilians-Universität München

HILPERT, Konrad, Dr. theol., Professor em. für Moraltheologie an der Katholisch-Theologischen Fakultät der Ludwig-Maximilians-Universität München

HOMOLKA, Walter, BD MPhil PhD PhD DHL, Rabbiner, Professor für Religionsphilosophie der Neuzeit und Geschäftsführender Direktor der School of Jewish Theology an der Universität Potsdam, Rektor des Abraham Geiger Kollegs zur Ausbildung von Rabbinern und Kantoren

KIRCHHOF, Paul, Dr. iur., Professor em. für öffentliches Recht und Steuerrecht sowie Seniorprofessor distinctus an der Ruprecht-Karls-Universität Heidelberg, Bundesverfassungsrichter a. D., Präsident der Heidelberger Akademie der Wissenschaften

KREß, Hartmut, Dr. theol., Professor für Systematische Theologie, insbesondere Ethik, an der Evangelisch-Theologischen Fakultät der Rheinischen Friedrich-Wilhelms-Universität Bonn

ÖZSOY, Ömer, Dr. theol., Professor für Koranexegese am Fachbereich Sprach- und Kulturwissenschaften sowie geschäftsführender Direktor des Instituts für Studien der Kultur und Religion des Islam der Goethe-Universität Frankfurt am Main

PLATZEK, Arik, Journalist und Bürgerrechtler, Pressesprecher des Humanistischen Verbandes

SIEBENROCK, Roman A., Dr. theol., Professor für Dogmatik sowie Institutsleiter am Institut für Systematische Theologie der Katholisch-Theologischen Fakultät der Universität Innsbruck

SWARAT, Uwe, Dr. theol., Professor für Systematische Theologie und Dogmengeschichte sowie Studienleiter der Theologischen Hochschule Elstal

UNTERBURGER, Klaus, Dr. theol., Professor für Mittlere und Neue Kirchengeschichte der Katholisch-Theologischen Fakultät der Universität Regensburg

DE WALL, Heinrich, Dr. iur., Professor für Kirchenrecht, Staats- und Verwaltungsrecht an der Rechts- und Wirtschaftswissenschaftlichen Fakultät sowie Vorstand des Hans-Liermann-Instituts für Kirchenrecht der Friedrich-Alexander-Universität Erlangen-Nürnberg

WENZ, Gunther, Dr. theol., Professor em. für Systematische Theologie an der Evangelisch-Theologischen Fakultät der Ludwig-Maximilians-Universität München sowie Leiter der Pannenbergforschungsstelle der Hochschule für Philosophie München

Die Eugen-Biser-Stiftung · Dialog aus christlichem Ursprung

Martin Thurner · Stefan Zinsmeister

Die Stiftung ist im Christentum verankert und dem Gedankengut Eugen Bisers verpflichtet, dessen Werk sie erschließt und verbreitet. Eugen Biser verstand die christliche Botschaft der bedingungslosen Liebeszusage Gottes als Ermutigung für den Menschen, sein Leben auf die Zukunft hin offen und angstfrei zu gestalten.
Der Mensch – das uneingelöste Versprechen, so lautet ein Buchtitel von Eugen Biser. Seiner Auffassung nach ist der Mensch noch weit entfernt von dem, was er sein kann und soll, denn er wird in seiner Entwicklung von der Angst gehemmt, nicht als der angenommen zu werden, der er ist. Religionen helfen dabei, mit ihren je eigenen Wahrheiten, diese Ängste durch Zusagen von Hoffnung und Sinn zu überwinden. Bei einem Zusammentreffen mehrerer Religionen ist es Voraussetzung für einen friedlichen, zielführenden Dialog, dass die Dialogpartner ihre je eigene Religion verstehen. Getreu ihrem Motto „Dialog aus christlichem Ursprung" sieht sich die im Jahr 2002 gegründete, gemeinnützige Eugen-Biser-Stiftung als Brückenbauer zwischen den Religionen. Ihr Kernanliegen ist die Förderung des Friedens zwischen den Religionen als Beitrag für ein gelingendes Zusammenleben in der demokratischen Gesellschaft.

„Zukunft des Christentums" in theologischer und in gesellschaftlicher Hinsicht

Eugen Bisers „Theologie der Zukunft" gibt dem unsere Kultur prägenden christlichen Glauben eine Deutung, die ihn als Impuls für die Bewältigung der Probleme der Gegenwart neu wirksam machen kann. Die hohe Sensibilität Eugen Bisers für die aktuellen Probleme von Kirche und Welt macht ihn zu einem in die Zukunft weisenden und im besten Sinne modernen Denker. Seine visionäre und innovative Kraft reicht weit über den christlichen Raum hinaus und gewinnt dadurch für Mensch und Gesellschaft grundsätzliche Bedeutung. Deshalb widmet sich die Eugen-Biser-Stiftung der Bewahrung, Erschließung, Fortführung und Verbreitung seines theologischen und philosophischen Werkes, zu dem eine vollständige Bibliographie im Internet gepflegt wird: www.bibliographie.eugen-biser-stiftung.de. Die Stiftung setzt sich wie ihr Namensgeber für die Vermittlung der Grundwerte des Christentums ein und gibt Impulse in Veranstaltungsreihen, Tagungen, Symposien, Fernsehsendungen, Einzelveranstaltungen sowie in einem breiten Angebot von Publikationen.

Eugen-Biser-Stiftungslehrstuhl

Die Bedeutung der Religionsphilosophie Eugen Bisers für die Vermittlung des Kerns der christlichen Botschaft in die moderne Welt hinein war der Grund, weshalb Freunde und Förderer durch ihre Finanzierungszusagen der Eugen-Biser-Stiftung im Jahr 2014 die Er-richtung eines Eugen-Biser-Stiftungslehrstuhls an der „Hochschule für Philosophie" in München ermöglicht haben. Der Inhaber des Lehrstuhls soll aus dem Geist und Denken Eugen Bisers die Schnittstellen der christlichen Existenzanalyse zur Religions- und Subjektphilosophie aufzeigen, um gemäß Bisers Wirken, die christliche Offenbarung als Antwort auf die Fragen der Menschen der Gegenwart darzulegen.

„Dialog aus christlichem Ursprung" mit anderen Weltreligionen, Weltanschauungen und Kulturen

Im interreligiösen und interkulturellen Dialog, den die Eugen-Biser-Stiftung „aus christlichem Ursprung" führt, befasst sie sich aufgrund der großen gesellschaftlichen Bedeutung gegenwärtig vor allem mit der Verständigung zwischen Christen und Muslimen. Als Fundament für ihre Bildungsveranstaltungen in Religion, Gesellschaft und Politik dienen das von der Stiftung in Kooperation mit Wissenschaftlern der Universität Ankara erarbeitete mehrsprachige christlich-islamische Lexikon des Dialogs sowie das Handbuch Christentum und Islam in Deutschland, das gesellschaftliche, rechtliche und politische Aspekte umfasst. Hinzu kommt die Durchführung von Symposien, Expertentagungen, christlich-islamischer Summer Schools und Veröffentlichungen.

Eugen-Biser-Preis

Die Stiftung vergibt den Eugen-Biser-Preis in unregelmäßigen Abständen. Sie ehrt damit Persönlichkeiten, die sich wissenschaftlich mit dem Werk Eugen Bisers befassen oder die sich aktiv für den Dialog und die Begegnung mit anderen Religionen, Weltanschauungen und Kulturen einsetzen in dem Bemühen um Freiheit, Toleranz und Frieden. Preisträgerinnen und Preisträger sind Dr. h. c. Charlotte Knobloch, Präsidentin der Israelitischen Kultusgemeinde München und Oberbayern (2016), Prof. Dr. Norbert Lammert, Präsident des Deutschen Bundestages (2012), Prinz Ghazi bin Muhammad bin Talal, Haschemitisches Königreich von Jordanien, Dr. Mustafa Cerić, Großmufti von Bosnien und Herzegowina, Scheich Habib Ali Zain al-Abideen al-Jifri, Vereinigte Arabische Emirate (2008), Prof. Dr. Dr. Dr. h. c. mult. Karl Kardinal Lehmann, Bischof von Mainz und Vorsitzender der Deutschen Bischofskonferenz (2005), Prof.

Dr. Dr. h. c. Ferdinand Hahn, Lehrstuhl für Neues Testament an der Evangelisch-Theologischen Fakultät der Ludwig-Maximilians-Universität München (2003).

Gremien der Eugen-Biser-Stiftung

Ehrenpräsident der Stiftung ist Prof. Dr. Richard Heinzmann. Dem ehrenamtlich tätigen Stiftungsrat gehören Prof. Dr. Martin Thurner (Vorsitz), Dr. Heiner Köster (stellvertretender Vorsitz), Prof. Dr. Martin Arneth, Prof. Dr. Walter Homolka, Prof. Dr. Ömer Özsoy und Prof. Dr. Markus Vogt an. Die ehrenamtlichen Mitglieder des Vorstands sind Marianne Köster (Vorsitz) und Michaela Leitner; hauptamtliches Mitglied ist Stefan Zinsmeister. Der Vorsitzende des ehrenamtlichen Kuratoriums ist Dr. Günther Beckstein, sein Stellvertreter Dr. Thomas von Mitschke-Collande.

Dank

Ihre Arbeit kann die Eugen-Biser-Stiftung nur leisten aufgrund der ehrenamtlichen Mitarbeit vieler Freunde der Stiftung, großzügiger finanzieller Förderung und dem treuen Engagement ihres Freundeskreises. Für diese und jede weitere Unterstützung ist die Stiftung außerordentlich dankbar.

EUGEN-BISER-STIFTUNG
Pappenheimstraße 4 · 80335 München
Telefon 089–18 00 68–11 · Fax 089–18 00 68–16
kontakt@eugen-biser-stiftung.de
www.eugen-biser-stiftung.de